선생님이 **강** 력 **추** 천하는

국어

개념 PLUS +
단원평가

6-1

차례

⭐ 읽을 책 정하기

🔅 우리 사회에서 일어나는 문제를 주제로 이야기 나누기

또 어떤 문제가 있을까요?

> 환경 오염, 인공 지능 발달, 분별없는 외국어 사용 같은 다양한 문제를 이야기해 봐요.

> 최근에 본 뉴스나 신문 기사를 참고할 수 있어요. 도서관에서 사회 분야를 다룬 책을 찾아 문제를 살펴볼 수도 있어요.

🔅 자신이 관심 있는 문제 정하기

관심 있는 문제	관심 있는 까닭
공기 오염의 원인과 해결 방안	요즘 공기 오염이 심각하고 미세 먼지로 생기는 피해가 점점 커지고 있기 때문이다.

🔅 친구들과 문제에 대해 이야기 나누기

그 문제가 왜 생긴 걸까?

그 문제가 우리에게 어떤 영향을 끼칠까?

그 문제는 어떻게 해결할 수 있을까?

모둠이나 학급 전체가 관심 있는 문제를 정하고 문제와 관련 있는 책을 찾아봐요.

앞에서 정한 문제와 관련해 자신이 읽을 책 정하기

• 누구와 읽을지 정하기

반 전체　　　모둠　　　혼자　　　?

• 어떤 책을 찾아보면 좋을지 생각하기

읽을 책을 정하고 책 내용 예측하기

같은 문제를 다룬 책이라도 어떤 책은 이야기 글로, 또 어떤 책은 정보를 전달하는 글이나 주장하는 글로 되어 있어요. 글의 종류가 다른 책들을 비교하며 읽을 책을 찾아봐요.

• 스스로 기준을 만들어 읽을 책 평가하기

기준	평가	
	예	아니요
모둠에서 관심 있는 문제와 관련이 있나요?		
책 분량은 알맞나요?		
책 내용이 너무 어렵거나 쉽지 않나요?		

주변에서 찾을 수 있는 책은 직접 찾아 살펴보고, 주변에서 찾지 못한 책은 인터넷을 활용해 제목, 표지, 차례, 서평이나 머리말 따위를 훑어보고 판단해요.

• 한 학기 동안 읽을 책을 정하고 그 책을 고른 까닭 이야기하기

책 제목	글쓴이	쪽수	출판사
고른 까닭			

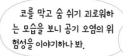 책 내용 예측하기

⬟ 자신이 정한 책의 제목과 표지를 보고 내용 예측하기

⬟ 자신이 정한 책의 차례와 그림을 살펴보고 내용 예측하기

차례

책 제목과 표지, 차례와 그림으로 책 내용을 짐작할 수 있어요.

💠 자신이 정한 책을 추천하는 글을 읽고 내용 예측하기

『미세 먼지 대탈출』을 추천하는 글

우리는 날마다 숨을 쉽니다. 그래서 공기는 우리 삶과 매우 밀접한 관련이 있습니다. 그런데 요즘은 마음 편히 숨 쉬기도 쉽지 않습니다. 바로 미세 먼지 때문입니다.

이 책에서는 미세 먼지가 어떻게 생기는지, 우리 몸에 어떤 영향을 미치고 얼마나 위험한지를 자세히 안내하고 있어서 미세 먼지 문제를 해결하는 데 도움을 얻을 수 있습니다. 특히 이렇게 위험한 미세 먼지를 막으려면 어떻게 해야 하는지를 최신 연구 결과와 통계 자료를 근거로 설명하고 있습니다. 초등학생들에게 쉽고 재미있는 설명과 사실에 가까운 깔끔한 그림으로 다가갑니다. 미세 먼지를 궁금해하는 친구들이라면 꼭 읽어 보기 바랍니다.

박○○(밝은환경연구회 대표)

> 이 책을 추천하는 까닭, 책의 중심 내용이 나와.

> 이 책을 누구에게 추천해 주고 싶은지가 나와.

• 추천하는 글을 읽고 책이 어떤 내용일지 생각하기

> 이 책은 미세 먼지가 생기는 까닭과 미세 먼지로 생기는 문제를 해결할 방법을 소개한 책이라는 것을 알았어. 추천하는 글을 읽고 나니 책이 더 읽고 싶어졌어.

> 책을 추천하는 글에는 추천하는 까닭, 책의 주제나 구성을 알려 주는 내용, 추천해 주고 싶은 사람이 나와요.

책을 깊이 있게 읽기

다음과 같은 점을 생각하며 앞에서 정한 책을 꼼꼼히 읽기

**주장이나 설명하려는 것이
무엇인지 생각하며 읽기**

제목이나 내용을
보며 글쓴이가 글을 쓴
목적을 생각해 봐요.

**중심 내용을
찾으며 읽기**

문단이나 책 전체에서
중요한 내용이 무엇인지
생각해 봐요.

**책을 읽을 때
생각할 점**

**자신의 생각과
비교하며 읽기**

글쓴이의 생각과
같은 점, 다른 점을
생각해 봐요.

스스로 점검하며 읽기

자신이 지금
책을 제대로 읽는지
생각해 봐요.

질문하며 읽기

책을 읽고 궁금한
점을 묻고 답하며
생각을 넓혀요.

책을 깊이 있게 읽기

책을 읽으면서 '스스로 점검하며 읽기'나 '중심 내용을 찾으며 읽기'가 어려울 때 참고 1 이나 참고 2 살펴보기

참고 1 스스로 점검하며 읽기

🔅 스스로 점검하며 읽기가 어려울 때 참고하기

자신이 책을 제대로 읽는지 점검하며 읽으면 책 내용을 더 깊이 있게 이해할 수 있어요. 어떻게 하면 스스로 점검하며 읽을 수 있을까요?

미세 먼지가 심한 날, 이렇게 하세요

> 되도록 외출을 자제한다는 구절이 무슨 뜻인지 잘 모르겠네. △ 표시를 하고 앞뒤 부분을 다시 봐야겠다.

미세 먼지는 일반 먼지보다 크기가 매우 작아서 눈에 보이지 않습니다. 공기 중에 머물러 있다가 호흡기를 통해 우리 몸속으로 들어와 건강에 좋지 않은 영향을 미칠 수 있습니다. 이렇게 우리 건강을 위협하는 미세 먼지, 어떻게 대처하면 좋을까요?

첫째, 미세 먼지가 심한 날에는 되도록 외출을 자제하는 것이 좋습니다. △ 야외에서 만나는 모임이나 실외 활동을 최소화하도록 합니다. 특히 격렬한 외부 활동은 호흡량을 늘려 더 많은 미세 먼지를 마시게 하므로 조심하는 것이 좋습니다.

> 새롭게 안 내용이네. ☆ 표시를 해야겠어.

둘째, 꼭 외출을 해야 한다면 옷차림에 신경을 써야 합니다. 먼저 보건용 마스크를 쓰는 것이 좋습니다. 보건용 마스크는 미세 먼지가 몸속으로 들어가는 것을 막아 줍니다. 그리고 긴 소매 옷과 장갑 따위로 몸을 가리는 것이 좋습니다. 옷이 두껍고 올이 촘촘할수록 미세 먼지를 더 많이 막아 줍니다. ☆

> 새롭게 안 내용이나 더 알고 싶은 내용은 표시를 하는 게 좋겠어.

> 내용을 잘 이해하지 못할 때에는 두세 번 더 천천히 읽어 봐.

> 책을 읽다가 종종 읽기를 멈추고 읽은 내용을 다시 생각해 봐.

> 읽기에 집중이 잘 안될 때에는……

셋째, 미세 먼지가 몹시 심한 날에는 문을 열어 환기하지 않습니다. 문을 닫아서 미세 먼지가 들어오지 못하도록 합니다. 그리고 물걸레로 미세 먼지를 닦아 주는 것이 좋습니다. 또 실내에서는 공기 청정기를 켜서 공기를 깨끗하게 할 수 있습니다. 이때 거름망[필터]을 주기적으로 점검하고 교체해야 합니다.

넷째, 외출했다가 돌아와서는 몸을 깨끗이 씻는 것이 중요합니다. 온몸을 구석구석 씻고 특히 손, 발, 눈, 코를 흐르는 물에 깨끗이 씻습니다. 그리고 양치질도 합니다. 또 옷을 털어서 옷에 붙은 미세 먼지를 떨어냅니다. 이렇게 몸에 달라붙은 미세 먼지를 제거합니다.

끝으로, 미세 먼지가 심한 날에는 물을 충분히 마십니다. 물은 기관지가 건조해지지 않도록 도와주며 몸속 노폐물을 배출하는 데 중요한 역할을 합니다. 또 다시마, 미역 같은 해조류나 당근, 시금치와 같이 섬유질이 풍부한 녹황색 채소를 자주 먹습니다. 이런 해조류와 채소는 ☆장운동을 활발하게 해 몸속에 쌓인 중금속을 내보내는 효과가 있다고 알려져 있습니다.

> 집중이 잘 안되네. 첫 문장부터 다시 읽어야겠어.

> 지금까지 읽은 내용을 한번 떠올려 볼까?

> 장운동을 더 알고 싶어. 다른 책을 찾아봐야겠어.

참고 ② 중심 내용을 찾으며 읽기

🔅 중심 내용을 찾으며 읽기가 어려울 때 참고하기

> 어떻게 하면 문단의 중심 내용을 잘 찾을 수 있을까요?

> 무엇을 다룬 글인지 생각해야 해.

> 문단의 중심 내용은 문단 전체 내용을 포함할 수 있어야 해.

오염된 공기를 정화하는 일은 몹시 어렵습니다. 공기는 한곳에 모아 소독하기 어렵고 특히 미세 먼지와 같은 오염 물질은 크기가 너무 작아 잘 걸러지지 않습니다. 또 사람이 다니는 모든 곳에 공기 정화 장치를 설치하기는 어려울 뿐만 아니라 자동차 사용을 금지하거나 공장 문을 닫게 하는 것도 힘듭니다.

> 문단의 중심 내용은 문단 첫머리나 끝머리에 오는 경우가 많아.

> 중심 내용이 글에 드러난 경우도 있지만 숨겨진 경우도 있어.

숲의 나무들은 미세 먼지와 같은 오염 물질을 흡수하거나 흡착해 공기를 맑게 해 줍니다. 그래서 사람들은 도심 속에 숲을 만들기도 하고 길가에 가로수를 심기도 합니다. 도시의 공기 1리터에 먼지 알갱이가 10만~40만 개나 있지만 숲의 공기에는 그 수가 현저히 적습니다. 이렇게 숲은 공기를 깨끗이 하는 공기 정화기의 역할을 합니다.

책 내용을 간추리고 생각 나누기

⭐ 책 내용에 대한 질문을 만들고 내용 간추리기

🔄 책을 읽으며 궁금한 점 생각하기

책 제목을 왜 『달려라, 지구』라고 했을까?

생활 속에서 이 문제를 해결하려면 어떻게 해야 할까?

어떤 문제를 다룬 책일까?

이 문제를 책 내용과 다르게 생각할 수는 없을까? 반대 의견에는 어떤 게 있을까?

내용을 확인하려는 질문인지 비판하기나 감상하려는 질문인지 생각해 봐요.

🔄 친구들과 궁금한 점을 서로 묻고 답하기

❶ 질문 카드에 질문을 쓴다.
❷ 질문 카드를 뜯어서 모둠 친구들과 질문 내용을 공유한다.
❸ 모둠 친구들과 함께 질문 카드를 보며 궁금한 점을 서로 묻고 답한다.

🔄 친구들의 질문을 기준에 따라 분류하기

기준	• 책에서 답을 찾을 수 있는 질문 • 책 내용으로 미루어 생각했을 때 답을 찾을 수 있는 질문 • 책 평가나 감상과 관련한 질문

앞에서 한 활동을 바탕으로 하여 책 전체 내용 간추리기

어떤 내용을 다룬 책인가?

환경 오염의 위험함을 알리고 환경 보전 방법을 소개한 책이야.

책 제목과 표지는 어떤 뜻을 담고 있는가?

책 제목이 『달려라, 지구』로 밝은 느낌을 주네. 지금은 힘들어도 더 힘을 내 달리라는 뜻 같아. 표지에 지구가 힘차게 달리는 모습이 그려져 있어.

책 차례는 어떠한가?

지구 환경의 종류, 환경 오염의 심각성, 환경 보전의 필요성, 미래 시대에 환경을 보전하는 방법으로 나누어져 있어. 마지막 장이 중요해.

이 책의 중심 내용은 무엇인가?

환경 오염 대책과 환경 보전 활동이 중심 내용이야.

글의 구조는 어떠한가?

환경 오염이 왜 일어났는지 알아보고 해결 방안을 제시하는 구조야.

생각 나누기

독서 토론 하기

독서 토론을 할 만한 주제로 이야기 나누기

- 토론 주제로 '공기 오염을 막으려면 자동차 사용을 제한하자'는 어떨까?
- '인터넷에서 줄임 말을 사용해도 된다'를 주제로 토론해 보고 싶어.
- '동물 실험을 금지해야 한다'를 주제로
  토론해 보면 어떨까?

한 주제로 학급 전체가 토론할 수도 있고 모둠별로 토론할 수도 있어요.

다음과 같은 점을 생각하며 독서 토론 주제 정하기

우리 사회에서 일어나는 문제와 관련이 있는가?

자신이 읽은 책 내용과 관련이 있는가?

찬반 의견이 나올 수 있는가?

🔷 독서 토론 주제에 따라 자신의 주장과 근거를 정리하며 독서 토론 준비하기

🔷 토론 절차를 생각하며 독서 토론 하기

주장 펼치기	근거를 들어 주장을 펼칩니다. 이때 근거를 뒷받침하는 자료를 제시합니다.
반론하기	상대편 주장이 타당하지 못하거나 근거가 적절하지 않은 점을 밝힙니다.
주장 다지기	자기편 의견을 다시 강조하면서 상대편 반론을 반박합니다.
정리하기	찬성편과 반대편의 잘한 점과 부족한 점을 검토하고 필요하면 판단을 내립니다.

🔷 독서 토론을 마치고 새롭게 안 점이나 생각이 바뀐 점 생각하기

다음 활동 가운데에서 하나를 선택하기

선택 1 포스터 만들기

🔷 사회 문제를 알리는 포스터 살펴보기

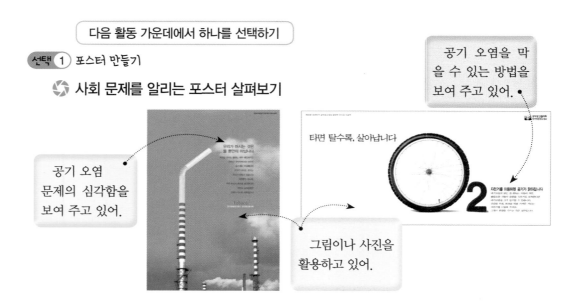

공기 오염을 막을 수 있는 방법을 보여 주고 있어.

공기 오염 문제의 심각함을 보여 주고 있어.

그림이나 사진을 활용하고 있어.

🔷 다음 내용을 생각해 포스터 만들 준비 하기

- 무엇을 알리려는 포스터인가요?
- 누구를 대상으로 하나요?
- 어떤 그림이나 글을 넣고 싶나요?

🔹 읽은 책 내용을 바탕으로 하여 포스터 만들기

🔹 포스터를 잘 만들었는지 살펴보고 전시하기

알리려는 내용이 잘 드러난다.	▶	○ ○ ○
그림과 글이 잘 어울린다.	▶	○ ○ ○
생각을 창의적으로 잘 표현했다.	▶	○ ○ ○

매우 잘함: ● ● ●, 잘함: ● ●, 보통임: ●

선택 ② 건의하는 글 쓰기

🔹 읽은 책 내용을 바탕으로 하여 건의하는 글을 쓸 때 생각할 점 알아보기

- 어떤 문제를 다룰 것인가요?
- 누구에게 쓸 것인가요?
- 문제를 해결하려고 어떤 방안을 제시할 것인가요?
- 건의하는 글을 어떤 방법으로 보낼 것인가요?

🔹 건의하는 글을 살펴보고 건의할 내용 정리하기

○○시청 관리자분께 ····················· • 쓰는 대상

안녕하세요? 저는 ○○초등학교 6학년 김민규라고 합니다.

제가 이렇게 편지를 쓰는 까닭은 공장 주변에서 나는 매연과 악취로 생활에 불편함을 많이 느끼기 때문입니다. 우리 마을에는 ○○산업이라는 공장이 있습니다. 이 공장에서는 여러 가지 생활용품을 만듭니다. 그런데 이 생활용품을 만드는 과정에서 생긴 폐기물을 그냥 태워 버리는 경우가 많습니다. 그래서 주변이 오염되고 태울 때 나는 냄새도 몹시 지독합니다. ····· • 문제 상황

그러므로 공장에서 물건을 만들면서 생기는 폐기물을 잘 처리하도록 관리해 주세요. 만약 태워야 한다면 연기가 밖으로 나오지 않게 해 주세요. 또 태울 때 나는 연기가 공기를 오염시키지 않도록 공기를 깨끗하게 정화하는 장치를 마련하게 해 주세요. 그러면 앞으로는 냄새나는 오염 물질로 피해를 보지 않을 것입니다. ····· • 기대하는 효과

······ • 해결 방안이나 요구 사항

20○○년 4월 9일

김민규 올림

🔹 건의하는 글 쓰기   🔹 건의하는 글을 다시 한번 읽고 고쳐 쓰기

🔹 고쳐 쓴 글을 활용해 상황에 알맞은 방법으로 건의하기

독서 활동 돌아보기

🔄 이 단원에서 공부한 내용을 살펴보고 스스로 평가 기준을 만들어 평가하기

평가 기준	평가		
	매우 잘함	잘함	보통임
독서 토론에 열심히 참여했다.			

🔄 자신에게 부족한 점이 무엇인지 살펴보고 어떻게 개선할지 생각하기

부족한 점		개선 방안	

> 책의 중심 내용을 잘 파악하지 못했는데 글쓴이 의도를 생각하면 좋을 것 같아.

> 독서 토론을 할 때 주장에 따른 근거를 잘 마련하지 못했어. 자료를 좀 더 찾아보면 좋겠어.

> 책을 읽을 때 내가 제대로 이해하는지를 점검하며 읽으면 책 내용을 더 깊이 있게 이해할 수 있을 것 같아.

더 찾아 읽기

🔄 이 단원에서 공부한 주제와 관련해 더 읽고 싶은 책 목록 만들기

책 제목	글쓴이	이 책을 고른 까닭

🔄 왜 그 책을 읽고 싶은지 모둠 친구들과 이야기하기

💠 보기 와 같은 독서 달력을 만들어 독서 계획을 세우고 실천하기

보기

일	월	화	수	목	금	토
					1	2
3	4	5	6	7	8	9
10	11	12	13	14	15	16
		◄──「지구촌에서 더불어 살아가요」, 이은진, 다정출판사. ──►				
17	18	19	20	21	22	23
		◄──「미래에서 온 편지」, 장혜영, 가온. ──►				
24	25	26	27	28	29	30
◄──「인공 지능과 우리 삶」, 김은솔, 행복나라. ──►						
31						

> 자신이 읽은 책과 관련이 있는 다른 책을 더 찾아 읽어 봐요.

(독서 습관 기르기)

💠 이번 학기 동안 자신이 읽은 책을 때때로 기록하기

책 제목	
읽은 날짜	
한 줄 평	

💠 다음과 같은 독서 태도 기록표를 만들어 때때로 자신의 독서 태도 점검하기

기준	책 제목:
	월 일 ~ 월 일
우리 주변 문제와 관련 있는 내용을 다룬 책을 읽는다.	
책 표지와 차례를 보고 내용을 예측하며 읽는다.	
중심 내용을 파악하며 읽는다.	
읽기 과정을 스스로 점검하며 읽는다.	
책을 읽고 난 뒤에는 중요한 내용을 정리한다.	
읽은 내용을 바탕으로 하여 자신의 의견을 제시한다.	

매우 잘함: ◎, 잘함: ○, 보통임: △

연극과 극본의 관계 살펴보기

1 다양한 형식으로 표현한 작품을 살펴봅시다.

(1) 세 작품에는 어떤 공통점이 있나요?

장영실이 주인공으로 나옵니다. / 장영실의 삶과 업적이 나오고 내용이 비슷합니다. / 등장인물이 모두 한복을 입고 있습니다.

(2) 세 작품은 각각 어떤 형식으로 표현했나요?

전기문, 드라마, 연극으로 표현됐습니다.

2 연극을 보았거나 했던 경험을 말해 봅시다.

3 연극으로 표현하고 싶은 이야기를 떠올려 봅시다.

나는 「도깨비감투」를 연극으로 표현하고 싶어. 도깨비가 나오는 부분을 재미있게 표현할 수 있을 거야.

나는 「꿈나무 시집」을 연극으로 표현하고 싶어. 말없이 표정이나 몸짓으로 연기하면 느낌을 잘 살려 표현할 수 있을 거야.

「안네의 일기」를 연극으로 표현하고 싶어. 숨어 살아야 했던 안네의 상황을 깜깜한 무대로 표현할 수 있을 거야.

나는 「미래 로봇」을 연극으로 표현하고 싶어. 로봇이 어색하게 움직이는 행동을 재미있게 표현할 수 있을 거야.

4 연극이 다른 형식의 작품들과 다른 점을 말해 봅시다.

(1) 연극이 다른 형식의 작품들과 다른 점은 무엇인가요?

연극은 무대 공연을 위한 것입니다. / 인물이 무대 위에 등장해서 말과 행동을 합니다. / 음향, 음악, 의상, 조명 등이 있습니다.

배우는 대사를 외워서 말해야 해.

인물이 무대에서 행동하며, 직접 관객을 만나기도 해.

인물의 말과 행동, 무대 설명을 적은 글이 있어야 해.

또 다른 점은 없을까?

(2) 연극을 하려고 인물의 대사나 행동 따위를 적은 글을 무엇이라고 하나요?

극본입니다.

5 자신이 좋아하는 이야기와 극본을 관련지어 말해 봅시다.

아버지를 아버지라 부르지 못하고……

「홍길동전」을 극본으로 만들면 어떨까?

점심시간에 뭐 하고 놀까?

점심시간에 있었던 일을 극본으로 쓰면 재미있을 거야.

6 연극과 극본의 관계를 살펴봅시다.

별주부: 제가 토끼를 잡아 오겠습니다. 저는 용왕님의 병환이 하루빨리 낫기만을 바랄 뿐이옵니다.
용왕: 오! 장한지고, 장한지고. (눈물이 날 만큼 감격한다.) 여봐라.
대신들 1, 2, 3: 예이.
용왕: 땅 나라로 떠나는 별주부에게 토끼의 그림을 주고, 용돈도 후하게 주도록 해라. 또 가족에게 상금을 많이 내리도록 해라.

극본에서 인물의 대사는 어떻게 나타냈을까?

극본에서 인물의 행동은 어떻게 나타냈을까?

극본에서 무대 배경은 어떻게 나타냈을까?

제가 토끼를 잡아 오겠습니다.

연극을 하려면 잘 짠 극본이 있어야 하는구나.

 극본의 특성 이해하기

1 다음은 「버들잎 편지」의 처음 부분입니다. 빨간색, 파란색, 초록색으로 쓰인 부분이 무엇을 나타내는지 알아봅시다.

버들잎 편지

주평

- 때: 이른 봄
- 곳: 서울 영이의 집
- 나오는 사람들: 영이, 할아버지, 복순

막이 열리면 복순이 콧노래를 부르며 방을 청소하고 있다. 조금 뒤, 창가로 가서 밖을 향하여 소리친다.

복순: 할아버지!

할아버지: (소리만) 오냐.

복순: 다 됐어요?

할아버지: (소리만) 오냐, 다 되어 간다.

복순: 어머! 웬 사람이 저렇게 쏟아져 나왔을까?

(시계를 보며) 그런데 영이는 왜 여태 안 올까?

할아버지, 캔버스 받침을 들고 들어온다.

극본에서 때, 곳, 나오는 사람, 무대와 무대 바뀜 따위를 설명하는 부분을 해설이라고 해.

인물이 직접 하는 말을 대사라고 해.

괄호 안에 써서 인물의 행동이나 표정을 나타내는 부분이 지문이야.

2 극본의 특성을 정리해 봅시다.

- 극본은 ___연극___ 을/를 공연하려고 쓴 글이다.
- 극본에서 이야기는 ___해설___ , ___지문___ , ___대사___ (으)로 나타낸다.
- 극본은 인물의 ___말___ 과/와 ___행동___ 을/를 직접 나타낸다.
- 극본에서는 대사와 지문으로 인물의 ___마음___ 을/를 드러낸다.

> 극본은 무대 위에서 공연할 것을 생각해 대사를 중심으로 쓴 문학 작품이에요. 극본은 동화처럼 이야기를 다루지만 해설, 대사, 지문으로 이야기를 나타낸다는 점에서 동화와 이야기를 전달하는 형식이 달라요.

3 극본의 특성을 생각하며 「숲이 준 마법 초콜릿」을 읽어 봅시다.

(1) 「숲이 준 마법 초콜릿」의 앞부분이에요. 어떤 일이 있었나요?

성민이는 주변 친구들에게 느리다고 놀림을 받는 아이이다. 그러나 엄마는 그런 성민이를 위로하고 격려한다. 어느 날 미술 시간에 혜지가 성민이의 다리에 걸려 넘어진다. 혜지가 성민이에게 다리를 오므리라고 했지만 성민이가 다리를 오므리려고 할 때 이미 혜지가 넘어진 상태였다. 성민이는 침울해한다.

(2) 「숲이 준 마법 초콜릿」의 제4장을 읽어 보세요.

4 「숲이 준 마법 초콜릿」의 제4장을 실감 나게 낭독해 봅시다.

(1) 성민이에게 어떤 일이 일어났나요?
　　숲에서 숲의 마음 할아버지를 만나 마법의 무지갯빛 초콜릿을 받았습니다.

(2) 앞으로 성민이에게 무슨 일이 벌어질까요?
　　마법의 무지갯빛 초콜릿을 친구들에게 먹게 하여 친구들의 마음을 바꿀 것 같습니다. / 더 이상 놀림을 받지 않을 것 같습니다.

(3) 이 극본을 읽고 어떤 생각이나 느낌이 들었나요?
　　극본을 연극으로 공연하고 싶은 생각이 들었습니다.

(4) 다음 장면에서 인물의 마음은 어떠할까요? 인물의 마음에 알맞은 목소리는 어떻게 해야 할까요?

장면	인물	인물의 마음	알맞은 목소리
• 숲의 마음 할아버지가 마법을 떠올리는 장면	성민	문제가 해결될 것 같아 기대하는 마음	반갑고 명랑한 목소리
• 숲의 마음 할아버지가 성민이에게 초콜릿을 주는 장면	숲의 마음 할아버지	다른 사람을 돕고 싶은 마음	다른 사람에게 확신을 줄 수 있는, 자신감 넘치는 목소리

일상 경험을 극본으로 표현하기

1 요즘 학교에서 겪은 일 가운데에서 기억에 남는 일을 떠올려 봅시다.

쉬는 시간에 있었던 일

– 친구와 말다툼한 일
– 친구와 수다 떤 일

체험학습에서 있었던 일

– 김밥을 나누어 먹은 일
– 길을 잃어버린 일

학교에서 겪은 일

점심시간에 있었던 일

– 식판을 떨어뜨린 일
– 먹기 싫은 반찬을 먹어야 했던 일

수업 시간에 있었던 일

– 내 꿈을 발표한 일
– 멋진 그림을 그린 일

2 친구들과 극본으로 쓰고 싶은 경험을 정해 봅시다.

오랫동안 사이가 좋지 않았던 ○○(이)와 △△(이)가 화해를 한 일을 쓰고 싶습니다. / 체험학습에서 길을 잃어버렸는데 여러 사람의 도움으로 선생님과 친구들을 만날 수 있었던 일을 쓰고 싶습니다.

> 인상 깊었던 점을 떠올려 봐요.

> 왜 극본으로 표현하고 싶은지 생각하며 정해 봐요.

3 친구들과 극본 쓰기 계획을 세워 봅시다.

⑴ 등장인물에게 어떤 일이 일어났을까요?

활동 방법
❶ 친구들과 극본에 나올 인물을 정하고, 한 명씩 역할을 맡는다.
❷ 인물 가운데에서 한 명을 가상으로 초대해 빈 의자에 앉게 한다.
❸ 나머지 친구들은 초대한 인물과 인터뷰를 한다.
❹ 가상으로 초대된 친구는 자신이 맡은 인물처럼 말하고 행동한다.

> 등장인물이 어떤 대사나 몸짓을 하면 좋을까요?

> 등장인물 가운데에서 누가 주인공이면 좋을까요?

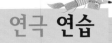

(2) 사건 흐름은 어떠한가요?

| 미술 시간에 내가 실수로 연우의 물통을 떨어뜨림. | ▷ | 연우의 옷이 젖고, 연우의 그림이 망가짐. | ▷ | 연우는 화를 내고, 나는 미안해서 어쩔 줄 몰라함. | ▷ | 연우에게 내 실수를 사과함. |

> 자신이 어떤 문제를 겪었고 그 문제를 어떻게 해결했는지 생각하며 사건 흐름을 정리해 봐요.

(3) 정리한 사건에 알맞은 말이나 행동, 몸짓을 어떻게 표현할까요?

4 극본을 쓸 때 어떤 점을 생각해야 할지 친구들과 묻고 답해 봅시다.

극본에서 때, 곳, 나오는 사람, 무대의 시작과 바뀜을 어떻게 나타낼까?

해설로 하면 돼.

인물의 행동이나 표정은 어떻게 나타낼까?

괄호 안에 써서 표현해.

인물이 직접 하는 말은 어떻게 나타낼까?

말하는 사람을 쓰고, 그 옆에 대사로 나타내.

5 극본 쓰는 방법을 떠올리며 친구들과 역할을 나누어 극본을 써 봅시다.

극본 낭독하기

1 낭독 공연을 할 때 주의할 점을 떠올려 봅시다.

(1) 극본을 낭독할 때 주의할 점을 지키지 않은 친구의 번호를 쓰고, 알맞은 조언을 해 보세요.

> ①, ②, ③, ④, ⑤ / 관람하는 학생이 들을 수 있을 정도로 큰 소리로 연기해야 합니다. / 인물의 말과 행동을 실감 나게 연기해야 합니다. / 진지한 태도로 낭독해야 합니다. / 연습을 충분히 해 자신 있게 참여합니다.

(2) 낭독 공연을 관람할 때 주의할 점을 지키지 않은 친구의 번호를 쓰고, 알맞은 조언을 해 보세요.

> ⑦, ⑧ / 진지한 태도로 낭독 공연을 관람합니다. / 떠들지 않습니다.

2 극본을 낭독하려면 무엇을 해야 할지 알아봅시다.

3 극본을 낭독할 계획을 세워 봅시다.

(1) 극본을 낭독하려면 어떤 준비물이 필요할까요?

> 극본, 초대장, 등장인물 이름표, 소품, 의상, 음악 등입니다.

(2) 등장인물을 맡은 사람은 누구누구인가요?

4 극본을 낭독하는 데 쓸 준비물을 만들고 낭독 연습을 해 봅시다.

(1) 극본 낭독 공연에 쓸 준비물을 만들어 보세요.
(2) 인물의 마음이 잘 드러나게 대사를 읽으려면 어떻게 해야 할까요?

5 극본을 낭독해 봅시다.

> 극본을 낭독할 때 대사가 잘 들리도록 알맞은 목소리로 읽어요.

> 친구들의 활동을 보며 진지하게 관람해요.

6 극본 낭독을 준비하면서 어떤 점을 가장 잘했는지 친구들과 이야기해 봅시다.

7 극본을 쓰고 낭독하면서 느낀 점을 써 봅시다.

1. 비유하는 표현

비유하는 표현

'뻥튀기가 사방으로 날리는 모양'을 '봄날 꽃잎'으로 표현한 것처럼 어떤 현상이나 사물을 비슷한 현상이나 사물에 빗대어 표현하는 것을 비유하는 표현이라고 합니다.

비유하는 표현은 대상 하나를 다른 대상에 빗대어 표현하기 때문에 두 대상 사이에는 공통점이 있습니다.

'봄비 내리는 소리'를 '교향악'으로 비유한 것처럼 '~은/는 ~이다'로 빗대어 표현하는 방법을 은유법이라고 합니다.

'친구'를 '풀잎 같은 친구'나 '바람 같은 친구'로 나타낸 것처럼 '~ 같이', '~처럼', '~듯이'와 같은 말을 써서 두 대상을 직접 견주어 표현하는 방법을 직유법이라고 합니다.

비유하는 표현은 대상을 새롭게 보게 해 줍니다.

따뜻한 손 같은 친구가 있으면 좋겠어요.

마음이 호수같이 맑은 친구가 생기면 좋겠어요.

자석같이 늘 붙어 다니는 단짝을 만들고 싶어요.

비유하는 표현의 효과 이야기하기

비유하는 표현이 대상을 더욱 실감 나게 느끼게 합니다.

비유하는 표현을 쓰면 시가 실감 나고 잘 이해됩니다.

익숙한 대상도 비유하는 표현을 사용하면 새롭게 느껴집니다.

비유하는 표현에는 시인의 마음이 드러납니다.

이야기 구조

발단	이야기의 사건이 시작되는 부분
전개	사건이 본격적으로 발생하고 갈등이 일어나는 부분
절정	사건 속의 갈등이 커지면서 긴장감이 가장 높아지는 부분
결말	사건이 해결되는 부분

질문 만들기

- 사실 질문: '사건이 언제, 어디에서 일어났나요?'와 같이 사실을 묻는 질문

- 추론 질문: '왜 …… 했을까요?', '까닭은 무엇일까요?'와 같이 이미 아는 사실을 바탕으로 하여 드러나지 않은 내용을 짐작하도록 하는 질문

- 평가 질문: '만약 나라면 …… 했을까요?'와 같이 사실에 대한 가치 판단을 묻는 질문

이야기를 요약하는 방법

이야기 구조를 생각하며 각 부분에서 중요한 사건이 무엇인지 찾습니다.
이야기 흐름에서 중요하지 않은 내용은 삭제하거나 간단히 씁니다.
중요한 사건이 일어난 원인과 그에 따른 결과를 찾습니다.
여러 사건이 관련 있을 때에는 관련 있는 사건을 하나로 묶습니다.

3. 짜임새 있게 구성해요

자료를 활용해 발표할 때의 좋은 점

자료를 활용해 발표하면 설명하는 내용을 쉽게 전달할 수 있습니다.

설명하는 내용을 한눈에 알아보기 쉽습니다.

공식적인 말하기 상황에서 활용할 수 있는 자료의 특성

〈우리 반 친구들이 좋아하는 운동〉

종목	축구	배드민턴	줄넘기	계
인원	10	5	8	23

• 여러 가지 자료의 수량을 비교하기 쉽습니다.
• 많은 양의 자료를 간단하게 나타낼 수 있습니다.

• 설명하는 대상의 정확한 모습을 보여 줄 수 있습니다.
• 설명하는 대상을 한눈에 보여 줄 수 있습니다.

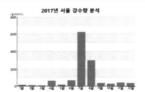

• 수량의 변화 정도를 알 수 있습니다.
• 정확한 수치를 나타낼 수 있습니다.

음악이나 자막을 넣어 분위기를 잘 전달할 수 있습니다.

자료를 활용해 짜임새 있게 발표할 때 주의할 점

발표 상황에 알맞은 자료 제시 방법을 정합니다.

듣는 사람이 이해하기 쉽도록 한꺼번에 너무 많은 자료를 제시하지 않습니다.

발표할 내용과 활용할 자료의 특성을 생각합니다.

4. 주장과 근거를 판단해요

🔹 논설문의 특성

논설문은 주장과 이를 뒷받침하는 근거로 이루어져 있습니다.

논설문은 서론, 본론, 결론으로 짜여 있습니다.

서론	글쓴이가 글을 쓴 문제 상황과 글쓴이의 주장을 밝힙니다.
본론	글쓴이의 주장에 적절한 근거를 제시합니다.
결론	글 내용을 요약하기도 하고 글쓴이의 주장을 다시 한번 강조할 수도 있습니다.

🔹 근거의 타당성과 표현의 적절성을 판단하는 방법

근거가 주장과 관련 있는지 살펴봅니다.

근거가 주장을 뒷받침하는지 살펴봅니다.

주관적인 표현, 모호한 표현, 단정하는 표현을 쓰지 않았는지 살펴봅니다.

주장을 뒷받침하는 근거가 타당하다면 내 생각과 다른 주장이라도 존중해야 해.

주장에 대한 근거가 적절하다면 다양한 주장을 존중해야 해.

🖐 속담을 사용하면 좋은 점

듣는 사람이 흥미를 느낄 수 있습니다.	조상의 지혜와 슬기를 알 수 있습니다.	자신의 의견을 쉽고 효과적으로 전달할 수 있습니다.

🖐 속담의 뜻

소 잃고 외양간 고친다	일이 이미 잘못된 뒤에는 손을 써도 소용이 없다는 말
티끌 모아 태산	아무리 작은 것이라도 모이고 모이면 나중에 큰 덩어리가 된다는 말
우물을 파도 한 우물을 파라	어떤 일이든 한 가지 일을 끝까지 해야 성공할 수 있다는 말
하룻강아지 범 무서운 줄 모른다	철없이 함부로 덤빈다는 말
발 없는 말이 천 리 간다	말은 비록 발이 없지만 천 리 밖까지도 순식간에 퍼진다는 말
가는 말이 고와야 오는 말이 곱다	내가 남에게 말이나 행동을 좋게 해야 남도 나에게 좋게 한다는 말
세 살 적 버릇이 여든까지 간다	어릴 때 몸에 밴 버릇은 늙어서도 고치기 힘들다는 말
천 리 길도 한 걸음부터	무슨 일이나 그 일의 시작이 중요하다는 말
지렁이도 밟으면 꿈틀한다	순하고 좋은 사람이라도 너무 업신여기면 가만있지 않는다는 말

🖐 속담을 활용해 자기 생각을 효과적으로 표현하는 방법

상황에 어울리는 속담을 활용합니다.	듣는 사람이 이해하기 쉬운 속담을 활용합니다.	자신의 생각을 효과적으로 드러낼 수 있는 속담을 활용합니다.

6. 내용을 추론해요

📎 말이나 행동에서 드러나지 않는 내용 짐작하기

낯선 곳에 잠깐 여행하는 것도 힘든 점이 많던데 잘 적응하며 사시는 게 놀라워.	표정이나 행동을 보면 모두 즐겁게 자신의 일을 하시는 것 같아.
자신의 경험 떠올리기	말이나 행동에서 단서 확인하기

우리 주변의 북한 이탈 주민들이 모두 같은 민족이자 하나의 겨레라는 뜻이구나!

이미 아는 정보를 근거로 삼아 다른 판단을 이끌어 내는 것을 추론이라고 합니다.

📎 드러나지 않은 내용을 추론하는 방법

인물의 말, 행동, 표정 따위를 보고 알 수 있는 사실을 자세히 살펴봅니다.

자신이 평소에 아는 사실을 바탕으로 하여 어떤 사실을 더 알 수 있는지 생각해 봅니다.

인물과 같은 상황이라면 마음이 어떨지 자신의 경험을 떠올려 추론해 봅니다.

들은 내용을 차례대로 요약하여 정리해 봅니다.

다의어 또는 동형어가 어떤 뜻으로 쓰였는지 국어사전에서 알맞은 뜻을 찾아봅니다.

◎ 자신의 언어생활 점검하기

언어생활 자기 점검표

언어생활 상태(하루 사용 정도)	횟수
① 나는 외국어를 사용한다.	
② 나는 줄임 말을 사용한다.	
③ 나는 비속어나 욕설을 섞어서 말한다.	

언어생활 상태(하루 사용 정도)	횟수
① 나는 다른 사람을 배려하며 말한다.	
② 나는 긍정하는 말을 자주 사용한다.	
③ 나는 올바른 우리말을 사용한다.	

◎ 올바른 우리말 사용에 대해 글을 쓰려면 어떻게 해야 할지 말하기

우리말 사용 실태를 조사한 내용을 근거로 해서 주장하는 글 쓰기를 하는 게 좋겠어.

글을 쓰는 목적에 따라 주장하는 글, 설명하는 글…….

글쓰기를 할 때에는 먼저 어떤 목적으로 쓸지 계획해야 해.

난 우리말을 올바르게 사용하자고 주장하는 글을 써 보고 싶어.

◈ 글쓴이가 말하고자 하는 생각을 찾으며 글을 읽으면 얻을 수 있는 점

글 내용을 더 깊이 이해할 수 있어.

글을 쓴 의도나 목적을 알 수 있어.

대상에 대한 자신의 생각을 다시 점검할 수 있어.

자신의 삶을 되돌아볼 수 있어.

> 　글쓴이가 말하고자 하는 생각을 글의 주제라고 합니다. 글의 제목, 중요한 낱말, 중심 문장을 살펴보면 글의 주제를 파악할 수 있습니다.

◈ 이야기에서 인물이 추구하는 가치를 파악하는 방법

인물이 처한 상황을 떠올려 봅니다.	인물이 처한 상황에서 인물이 한 말과 행동을 알아봅니다.	인물이 처한 상황에서 그렇게 말하고 행동한 까닭을 생각해 봅니다.

◈ 인물이 추구하는 가치를 자신의 삶과 관련짓는 방법

이야기와 관련한 자신의 경험을 생각해 봅니다.
인물과 자신의 삶을 비교해 보고 느낀 점을 생각해 봅니다.
자신이 처한 문제나 고민을 해결하는 데 도움을 준 인물의 말과 행동을 생각해 봅니다.

9. 마음을 나누는 글을 써요

🖐 마음을 나누는 글을 쓰면 어떤 점이 좋은지 이야기하기

> 직접 말로 하면 쑥스러울 때가 있는데 글로 쓰면 내 마음을 더 잘 전할 수 있어.

> 학급 누리집에 글을 써서 여러 친구들과 마음을 나눌 수 있어서 좋았어.

나누려는 마음을 편지로 쓰면 하고 싶은 말을 자세히 표현할 수 있습니다.

나누려는 마음을 문자 메시지로 쓰면 내 생각이나 느낌을 바로 전할 수 있습니다.

🖐 마음을 나누는 글 쓰기

- 마음을 나누려는 사람을 밝히고, 첫인사를 씁니다.
- 일어난 사건을 자세히 씁니다.

- 일어난 사건에 대한 자신의 생각과 행동을 표현합니다.

- 나누려는 마음을 표현하고 끝인사를 합니다.
- 글을 쓴 사람을 밝힙니다.

🖐 글을 쓸 계획을 세울 때 고려할 점

상황과 목적 파악하기	• 상황을 파악합니다. • 목적을 정합니다.
쓸 내용 정하기	• 일어난 사건을 떠올립니다. • 일어난 사건에 대한 자신의 생각이나 행동을 떠올립니다. • 나누려는 마음을 생각합니다.
표현하기	• 읽을 사람을 생각해서 표현합니다. • 맞춤법, 띄어쓰기를 잘 지켜 표현합니다.

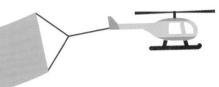

여러분의 꿈을 응원합니다!!!

민들레에게는
하얀 씨앗을 더 멀리 퍼뜨리고 싶은 꿈이 있고,

연어에게는
고향으로 돌아가 알알이 붉은 알을 낳고 싶은 꿈이 있습니다.

여러분도 가지각색의 아름다운 꿈을 가지고 있지요?
꿈을 향한 마음으로
좋은 결과를 얻기 위해 달려 보아요.

여러분의 아름답고 소중한 꿈을 응원합니다.

구성과 특징

권두 부록

독서 단원 + 연극 단원 + 단원 요점

교과서 특별 단원의 내용을 확인하고, 단원별 핵심을 정리했습니다.

1. 단원 요점 정리

교과서 내용 가운데 가장 중요하고 중심이 되는 내용을 보기 쉽게 정리했습니다.

2. 개념을 확인해요

교과서 개념에 대한 주요 내용을 간단한 문제를 통하여 확인할 수 있습니다.

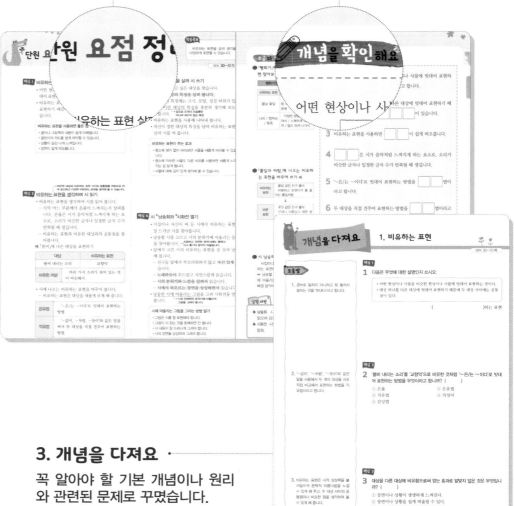

3. 개념을 다져요

꼭 알아야 할 기본 개념이나 원리와 관련된 문제로 꾸몄습니다.

4. 단원 평가

여러 가지 유형의 문제를 단원별로 구성하고, 도전, 실전으로 난이도를 구분하여 학습 목표를 이룰 수 있도록 하였습니다.

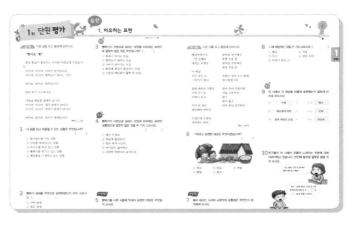

5. 창의 서술형 문제

서술형 평가에 대비할 수 있도록 다양한 문제로 구성하였습니다.

6. 100점 예상문제

핵심만 콕콕 짚어 중간 범위, 기말 범위, 전체 범위로 구분하여 구성하였습니다.

정답과 풀이

스스로 학습할 수 있도록 문제마다 자세한 풀이를 넣었으며 '더 알아볼까요!' 코너를 두어 문제를 정확하고 쉽게 이해할 수 있도록 하였습니다.

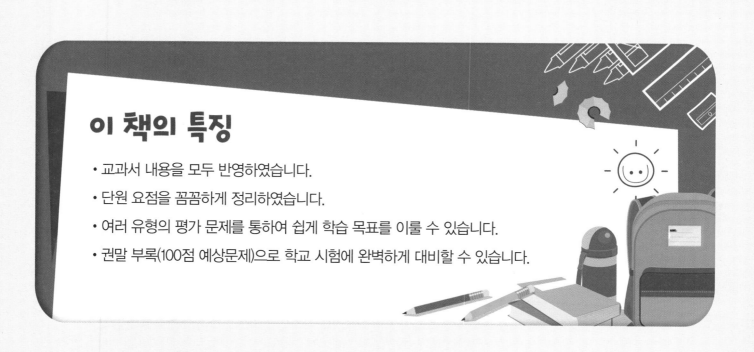

이 책의 특징

- 교과서 내용을 모두 반영하였습니다.
- 단원 요점을 꼼꼼하게 정리하였습니다.
- 여러 유형의 평가 문제를 통하여 쉽게 학습 목표를 이룰 수 있습니다.
- 권말 부록(100점 예상문제)으로 학교 시험에 완벽하게 대비할 수 있습니다.

차례

6·1

5~6학년군

국어 6-1

5~6
학년군

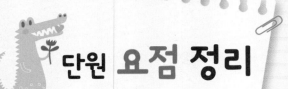

단원 요점 정리 · 1. 비유하는 표현

핵심 1 비유하는 표현 살펴보기

• 어떤 현상이나 사물을 비슷한 현상이나 사물에 빗대어 표현하는 것을 '비유하는 표현'이라고 합니다.
• 비유하는 표현은 대상 하나를 다른 대상에 빗대어 표현하기 때문에 두 대상 사이에는 공통점이 있습니다.

> **비유하는 표현을 사용하면 좋은 점**
> • 글이나 그림책의 내용이 쉽게 이해됩니다.
> • 글쓴이의 의도를 쉽게 파악할 수 있습니다.
> • 상황이 실감 나게 느껴집니다.
> • 장면이 쉽게 떠오릅니다.

핵심 2 비유하는 표현을 생각하며 시 읽기

→ 비유한 대상과 비유하는 표현 사이의 공통점을 바탕으로 하여 참신하고 다양한 비유하는 표현을 생각해 볼 수 있습니다.

• 비유하는 표현을 생각하며 시를 읽어 봅니다.
  – 시의 어느 부분에서 운율이 느껴지는지 살펴봅니다. 운율은 시가 음악처럼 느껴지게 하는 요소로, 소리가 비슷한 글자나 일정한 글자 수가 반복될 때 생깁니다.
  – 비유하는 표현과 비유한 대상과의 공통점을 찾아봅니다.
예 「봄비」에 나온 대상을 표현하기

대상	비유하는 표현
봄비 내리는 소리	교향악
비유한 까닭	여러 가지 소리가 섞여 있는 것이 비슷해서

• 시에 나오는 비유하는 표현을 바꾸어 봅니다.
  – 비유하는 표현은 대상을 새롭게 보게 해 줍니다.

은유법	'~은/는 ~이다'로 빗대어 표현하는 방법
직유법	'~같이, ~처럼, ~듯이'와 같은 말을 써서 두 대상을 직접 견주어 표현하는 방법

핵심 3 비유하는 표현을 살려 시 쓰기

• 시로 표현하고 싶은 대상을 찾습니다.
• 비유할 대상의 특징을 살펴봅니다.
  – 대상의 특징에는 크기, 모양, 성질 따위가 있으니 이런 대상의 특징을 충분히 생각해 보도록 합니다. → 겉으로 드러난 모습뿐만 아니라 보이지 않는 특징
• 비유하는 표현을 사용해 나타내 봅니다.
• 자신이 정한 대상의 특징을 담아 비유하는 표현을 살려 시를 써 봅니다.

> **비유하는 표현이 주는 효과**
> • 평소에 생각 없이 바라보던 사물을 새롭게 바라볼 수 있습니다.
> • 평소에 익숙한 사물도 다른 비유를 사용하면 새롭게 느껴지는 걸 알게 됩니다.
> • 사물에 대해 깊이 있게 생각해 볼 수 있습니다.

핵심 4 시 *낭송회와 *시화전 열기

• 시집이나 자신이 써 둔 시에서 비유하는 표현이 잘 드러난 시를 찾아봅니다.
• 낭송할 시를 고르고 시의 분위기에 어울리는 음악을 찾아봅니다. → 조용하고 잔잔한 분위기에는 클래식이나 통기타 음악이 어울립니다.
• 앞에서 고른 시의 비유하는 표현을 잘 살려 낭송해 봅니다.
  – 친구들 앞에서 부끄러워하지 않고 자신 있게 읽습니다.
  – 노래하듯이 부드럽고 자연스럽게 읽습니다.
  – 시의 분위기와 느낌을 살려서 읽습니다.
  – 시에서 떠오르는 장면을 상상하면서 읽습니다.
• 낭송한 시에 어울리는 그림을 그려 시화전을 열어 봅니다. → 시의 전체적인 분위기에 어울리게 그림을 그려야 합니다.

> **시에 어울리는 그림을 그리는 방법 알기**
> • 그림은 시를 잘 표현해야 합니다.
> • 그림이 시 읽는 것을 방해하면 안 됩니다.
> • 시 내용이 잘 드러나게 그려야 합니다.
> • 시의 장면을 상상하며 그려야 합니다.

조금 더 알기

「뻥튀기」에 나오는 비유하는 표현 찾아보기

뻥튀기가 사방으로 날리는 모양

비유하는 표현	비유한 까닭
봄날 꽃잎	뻥튀기가 봄날 꽃잎처럼 하늘에 흩날리기 때문에
나비 / 함박눈 / 폭죽	다양한 방향으로 움직여서 / 소복하게 내리니까 / 멀리 퍼져 나가서

「풀잎과 바람」에 나오는 비유하는 표현을 바꾸어 쓰기 예

비유하는 표현	풀잎 같은 친구 좋아 바람하고 엉겼다가 풀 줄 아는 풀잎처럼

⬇

바꾼 표현	꽃잎 같은 친구 좋아 언제나 아름답고 예쁜 꽃을 피우는 꽃잎처럼

시 낭송하기

시집이나 자신이 써 둔 시에서 비유하는 표현이 잘 드러난 시 찾아보기 ➡ 낭송할 시 고르기 ➡ 시의 분위기에 어울리는 배경 음악 찾아보기 ➡ 배경 음악에 맞추어 시 낭송하기

낱말 사전

★ 낭송회 시 따위를 소리를 내서 읽으며 감상하는 모임.
★ 시화전 시와 그림을 전시하는 전람회.

개념을 확인해요

1 어떤 현상이나 사물을 비슷한 현상이나 사물에 빗대어 표현하는 것을 ☐☐하는 표현이라고 합니다.

2 비유하는 표현은 대상 하나를 다른 대상에 빗대어 표현하기 때문에 두 대상 사이에는 ☐☐☐이 있습니다.

3 비유하는 표현을 사용하면 ☐☐이 쉽게 떠오릅니다.

4 ☐☐은 시가 음악처럼 느껴지게 하는 요소로, 소리가 비슷한 글자나 일정한 글자 수가 반복될 때 생깁니다.

5 '~은/는 ~이다'로 빗대어 표현하는 방법을 ☐☐법이라고 합니다.

6 두 대상을 직접 견주어 표현하는 방법을 ☐☐법이라고 합니다.

7 시 낭송을 잘하려면 ☐☐하듯이 부드럽고 자연스럽게 읽습니다.

8 시 낭송을 잘하려면 시에서 떠오르는 ☐☐을 상상하면서 읽습니다.

9 시에 어울리는 그림을 그리려면 시 ☐☐이 잘 드러나게 그려야 합니다.

10 시에 어울리는 그림을 그리려면 시의 ☐☐을 상상하며 그려야 합니다.

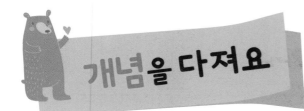

국어 30~51쪽

도움말

1. 곧바로 말하지 아니하고 빙 둘러서 말하는 것을 '빗대다'라고 합니다.

핵심 1

1 다음은 무엇에 대한 설명인지 쓰시오.

> • 어떤 현상이나 사물을 비슷한 현상이나 사물에 빗대어 표현하는 것이다.
> • 대상 하나를 다른 대상에 빗대어 표현하기 때문에 두 대상 사이에는 공통점이 있다.

(   )하는 표현

2. '~같이', '~처럼', '~듯이'와 같은 말을 사용해서 두 개의 대상을 서로 직접 비교해서 표현하는 방법을 직유법이라고 합니다.

핵심 2

2 '봄비 내리는 소리'를 '교향악'으로 비유한 것처럼 '~은/는 ~이다'로 빗대어 표현하는 방법을 무엇이라고 합니까? (   )

① 은율   ② 은유법
③ 직유법   ④ 의성어
⑤ 감상법

3. 비유하는 표현은 시적 상상력을 불러일으켜 문학적 아름다움을 느낄 수 있게 해 주고, 두 대상 사이의 공통점이나 비슷한 점을 생각하여 볼 수 있게 해 줍니다.

핵심 2

3 대상을 다른 대상에 비유함으로써 얻는 효과로 알맞지 않은 것은 무엇입니까? (   )

① 장면이나 상황이 생생하게 느껴진다.
② 장면이나 상황을 쉽게 떠올릴 수 있다.
③ 시의 내용을 더욱 깊이 이해할 수 있다.
④ 시의 내용이 어려워져 이해하기 힘들다.
⑤ 상황을 훨씬 구체적으로 표현할 수 있다.

핵심 3

4 오른쪽 그림 속 남학생은 어떤 대상을 정해 생각이나 마음을 표현하겠습니까?
（　　　　）

봄에 만난 꽃들의 아름다운 모습을 표현하고 싶어.

	새롭게 만난 대상	표현하고 싶은 생각이나 마음
①	사람	설렘, 기대, 희망
②	새 교실	낯섦, 어색함
③	꽃	화사함, 새로운 시작
④	날씨	변덕스러움, 따뜻함, 포근함
⑤	친구	반가움, 즐거움

핵심 3

5 비유하는 표현을 살려 시를 쓰려고 합니다. 봄이 되면 만날 수 있는 꽃을 비유적으로 표현하지 <u>못한</u> 것은 어느 것입니까? （　　　　）

① 진달래 – 분홍색 머리핀
② 튤립 – 빨간색 막대 사탕
③ 개나리 – 잎보다 먼저 피는 꽃
④ 벚꽃 – 톡톡 터지는 새 하얀 팝콘
⑤ 민들레 – 옹기종기 모여 있는 노란 병아리

핵심 4

6 시화를 감상하려고 합니다. 좋은 작품으로 알맞은 것에 ○표를 하시오.

(1) 그림에 시 내용이 잘 드러나는 작품 （　　　　）
(2) 시 읽는 것이 방해되더라도 그림이 돋보이는 작품 （　　　　）

도움말

4. 봄이 되어 새롭게 만난 대상을 하나 정해 어떤 생각이나 마음을 표현하고 싶은지 쓴 것입니다.

5. 비유하는 표현은 어떤 현상이나 사물을 비슷한 현상이나 사물에 빗대어 표현한 것으로, 그 방법에는 직유법과 은유법이 있습니다.

6. 시와 그림이 잘 어울리게 그려야 합니다.

1~5 다음 글을 읽고 물음에 답하시오.

> "뻥이요. 뻥!"
>
> 봄날 꽃잎이 흩날리는 것처럼 아름답게 보였습니다.
> 아니야, 아니야, 나비가 날아갑니다.
> 아니야, 아니야, 함박눈이 내리는 거야.
>
> 맞아요, 맞아요, 폭죽입니다.
>
> 하얀 연기 고소하고요.
>
> 가을날 메밀꽃 냄새가 납니다.
> 아니야, 아니야, 새우 냄새가 납니다.
> 아니야, 아니야, 멍멍이 냄새가 납니다.
>
> 맞아요, 맞아요, 옥수수 냄새입니다.
>
> 「뻥튀기」, 고일

1 이 글을 읽고 떠올릴 수 있는 상황은 무엇입니까?
( )

① 봄나들이를 가는 상황
② 나비를 따라다니는 상황
③ 옥수수를 따고 있는 상황
④ 뻥튀기를 튀기고 있는 상황
⑤ 메밀꽃을 구경하고 있는 상황

2 뻥튀기 냄새를 무엇으로 표현하였는지 모두 고르시오. (, ,)

① 나비 냄새
② 새우 냄새
③ 폭죽 냄새
④ 멍멍이 냄새
⑤ 옥수수 냄새

중요

3 뻥튀기가 사방으로 날리는 모양을 비유하는 표현으로 알맞지 <u>않은</u> 것은 무엇입니까? ( )

① 폭죽이 터지는 모습
② 함박눈이 내리는 모습
③ 나비가 날아가는 모습
④ 봄날에 꽃잎이 흩날리는 모습
⑤ 가을날 메밀꽃이 활짝 핀 모습

주의

4 뻥튀기가 사방으로 날리는 모양과 비유하는 표현의 공통점으로 알맞지 <u>않은</u> 것을 두 가지 고르시오.
(,)

① 매우 무겁다.
② 하늘에 흩날린다.
③ 멀리 퍼져 나간다.
④ 아이들이 싫어한다.
⑤ 다양한 방향으로 움직인다.

서술형

5 뻥튀기를 다른 사물에 빗대어 표현한 까닭은 무엇일지 쓰시오.

_____

6~10 다음 시를 읽고 물음에 답하시오.

해님만큼이나
㉠큰 은혜로
내리는 교향악

이 세상
모든 것이 다
㉡악기가 된다.

달빛 내리던 지붕은
두둑 두드둑
큰북이 되고

아기 손 씻던
세숫대야 바닥은

도당도당 도당당
작은북이 된다.

앞마을 냇가에선
풍풍 포옹 풍
뒷마을 연못에선
풍풍 푸웅 풍

외양간 엄마 소도 함께
댕그랑댕그랑

엄마 치마 주름처럼
산들 나부끼며
왈츠
봄의 왈츠
하루 종일 연주한다.

「봄비」, 심후섭

6 ㉠이라고 표현한 대상은 무엇이겠습니까?

( )

① 첫눈　　② 얼음　　③ 바람
④ 햇빛　　⑤ 봄비

7 봄비 내리는 소리와 교향악의 공통점은 무엇인지 생각하여 쓰시오.

_____

_____

_____

8 ㉡에 해당하는 것을 두 가지 고르시오. (,)

① 해님　　　　　② 지붕
③ 아기　　　　　④ 엄마 치마
⑤ 외양간 엄마 소

중요

9 이 시에서 각 대상을 어떻게 표현했는지 알맞게 선으로 이으시오.

(1) 지붕 ・ ・㉠ 왈츠

(2) 세숫대야 바닥 ・ ・㉡ 큰북

(3) 봄비 내리는 모습 ・ ・㉢ 작은북

10 친구들이 이 시에서 운율이 느껴지는 부분에 대해 이야기하고 있습니다. 빈칸에 들어갈 알맞은 말을 각각 차례대로 찾아 쓰시오.

나는 3연의 '두둑 두드둑'에서 운율이 특히 잘 느껴졌어.

맞아, 그런데 5연의 '도당도당 도당당' 부분이랑 6연의 두 곳 ' (1) '와/과 (2) 에서도 운율이 느껴지지.

(1) ( )
(2) ( )

11~15 다음 시를 읽고 물음에 답하시오.

> 나는 풀잎이 좋아, ㉠풀잎 같은 친구 좋아
> 바람하고 엉켰다가 풀 줄 아는 풀잎처럼
> 헤질 때 또 만나자고 손 흔드는 친구 좋아.
>
> 나는 바람이 좋아, 바람 같은 친구 좋아
> 풀잎하고 헤졌다가 되찾아 온 바람처럼
> 만나면 얼싸안는 바람, 바람 같은 친구 좋아.
>
> 「풀잎과 바람」, 정완영

11 '풀잎 같은 친구'가 좋다고 한 까닭은 무엇입니까?
( )

① 친구의 모습이 강인한 풀잎 같아서
② 풀잎의 모습이 토라지는 친구 같아서
③ 풀잎도 친구처럼 얼싸안을 수 있어서
④ 풀잎의 모습이 친구의 뒷모습과 닮아서
⑤ 바람하고 엉켰다가 풀 줄 아는 풀잎의 모습이 헤어질 때 또 만나자고 손 흔드는 친구 같아서

 12 ㉠과 같은 직유법을 써서 말한 친구는 누구인지 이름을 쓰시오.

해님은 아름다운 교향악

지붕은 두드둑 울리는 큰북

꽃잎 같은 친구, 노을처럼 빨간 네 뺨

기정   지우   영태

( )

13 친구와 바람의 공통점은 무엇입니까? ( )

① 다시 만난다는 것이다.
② 자주 다툰다는 것이다.
③ 성격이 쌀쌀맞은 것이다.
④ 쉽게 헤어진다는 것이다.
⑤ 손을 흔들며 인사한다는 것이다.

응용

14 이 시에 나오는 비유하는 표현의 공통점은 무엇입니까? ( )

① 사물의 모양을 낯선 다른 사물에 빗대어 썼다는 것이다.
② 사람의 표정을 여러 가지 사물을 사용해 표현했다는 것이다.
③ 눈에 보이지 않는 것을 주변에 있는 물건처럼 나타냈다는 것이다.
④ 사물에 대해 몰랐던 사실을 다른 사물을 통해 자세히 설명해 준 것이다.
⑤ 사물의 동작과 비슷한 점을 사람의 동작이나 몸짓에서 찾았다는 것이다.

서술형

15 이 시에 나오는 비유하는 표현을 바꾸어 쓰시오.

비유하는 표현	바람 같은 친구 좋아 풀잎하고 헤졌다가 되찾아 온 바람처럼

↓

바꾼 표현	

16~17 다음 생각 그물을 보고 물음에 답하시오.

공통점
멋있다.

비유할 대상
연예인, 조각상

공통점
ⓒ

비유할 대상
호수, 바다

새롭게
만난 대상
㉠

비유할 대상
흥부

비유할 대상
밝은 햇살

비유할 대상
발전소

공통점
착하고 순박하다.

공통점
내게 힘을 준다.

공통점
잘 웃는다.

16 ㉠은 봄이 되어 새롭게 만난 대상을 떠올린 것입니다. 알맞은 것은 무엇입니까? (   )

① 칠판
② 친구
③ 책상
④ 놀부
⑤ 새 교실

17 ⓒ 안에 들어갈 알맞은 말은 무엇입니까?

(   )

① 화사하다.
② 잘생겼다.
③ 깊고 넓다.
④ 말을 잘한다.
⑤ 씩씩하고 용감하다.

18 건우가 대상의 특징을 생각하며 말하고 있습니다. 그림 속 친구에 대한 느낌이 잘 드러나도록 비유하는 표현을 사용해 빈칸에 들어갈 말을 쓰시오.

친구를 처음 만난 날 그 친구가 나를 향해 활짝 웃고 있는 것을 보았어.
친구가

건우

(   )

중요

19 시를 낭송하는 방법으로 알맞지 않은 것은 무엇입니까? (   )

① 시의 분위기와 느낌을 살려서 읽는다.
② 한 글자씩 끊어서 또박또박 낭송한다.
③ 부끄러워하지 않고 자신 있게 읽는다.
④ 노래하듯이 부드럽고 자연스럽게 읽는다.
⑤ 시에서 떠오르는 장면을 상상하면서 읽는다.

20 시 낭송회를 하기 위해 시의 분위기에 어울리는 배경 음악을 찾으려고 합니다. 다음과 같은 시의 분위기에 어울리는 음악을 두 가지 고르시오.

(,   )

조용하고 잔잔하다.

① 신나는 팝송
② 통기타 음악
③ 흥겨운 힙합
④ 신명나는 농악
⑤ 차분한 클래식

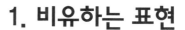

1. 비유하는 표현

1~5 다음 글을 읽고 물음에 답하시오.

> "뻥이요. 뻥!"
>
> 봄날 꽃잎이 흩날리는 것처럼 아름답게 보였습니다.
> 아니야, 아니야, 나비가 날아갑니다.
> 아니야, 아니야, 함박눈이 내리는 거야.
>
> 맞아요, 맞아요, 폭죽입니다.
>
> 하얀 연기 고소하고요.
>
> 가을날 메밀꽃 냄새가 납니다.
> 아니야, 아니야, 새우 냄새가 납니다.
> 아니야, 아니야, 멍멍이 냄새가 납니다.
>
> 맞아요, 맞아요, 옥수수 냄새입니다.

1 이 글을 읽으면 주로 어떤 느낌이 드는지 알맞은 것을 두 가지 고르시오. (,   )

① 눈으로 보는 듯한 느낌
② 냄새가 나는 듯한 느낌
③ 손으로 만지는 듯한 느낌
④ 혀로 맛을 보는 듯한 느낌
⑤ 손가락으로 누르는 듯한 느낌

2 이 글에 나타난 표현의 특징은 무엇입니까?
(   )

① 비유하는 표현을 사용했다.
② 글자 수를 일정하게 맞췄다.
③ 모든 문장에 "아니야"를 넣었다.
④ 과거-현재-미래의 차례대로 구성했다.
⑤ 사람이 아닌 것을 사람인 것처럼 표현했다.

서술형

3 '뻥이요'라는 글자를 크고 진하게 쓴 까닭은 무엇일지 쓰시오.

_____

_____

4 뻥튀기 냄새와 사진 속 비유하는 표현의 공통점은 무엇입니까?
(   )

① 고소하다
② 매콤하다.
③ 고약하다.
④ 시큼하다.
⑤ 비릿하다.

5 이 글의 내용 옆에 다음 그림을 넣는다면 어떠하겠습니까? (   )

① 작가의 평소 습관을 알 수 있다.
② 상황이나 내용이 훨씬 실감 난다.
③ 글쓴이의 의도를 파악하기 어렵다.
④ 읽는 사람이 뻥튀기를 어려워할 수 있다.
⑤ 작가가 표현하려는 것을 이해하기 힘들다.

6~10 다음 시를 읽고 물음에 답하시오.

해님만큼이나
큰 은혜로
내리는 교향악

이 세상
모든 것이 다
악기가 된다.

달빛 내리던 지붕은
두둑 두드둑
큰북이 되고

아기 손 씻던
세숫대야 바닥은

도당도당 도당당
작은북이 된다.

앞마을 냇가에선
퐁퐁 포옹 퐁 ⎤
뒷마을 연못에선 ⎦ ㉠
풍풍 푸웅 풍

외양간 엄마 소도 함께
댕그랑댕그랑

엄마 치마 주름처럼
산들 나부끼며
왈츠
㉡봄의 왈츠
하루 종일 연주한다.

6 이 시는 봄비를 본 경험이 나타나 있습니다. 여러 가지 소리가 섞여 내리는 봄비 소리를 무엇에 비유해 표현했습니까? (   )

① 해님
② 교향악
③ 연주자
④ 큰 은혜
⑤ 이 세상

7 ㉠은 어떤 장면을 표현한 것인지 알맞은 것에 ◯표를 하시오.

(1) 앞마을 냇물을 끌어와 연못을 만드는 장면
(   )

(2) 앞마을 냇가와 뒷마을 연못에 봄비가 경쾌하게 내리는 장면
(   )

(3) 앞마을 냇물이 흘러 들어와 뒷마을 연못을 이루는 장면
(   )

8 다음 빈칸에 알맞은 말을 써넣으시오.

대상	비유하는 표현	비유한 까닭
이 세상 모든 것	(1)	소리가 나는 것이 비슷해서
지붕	(2)	큰 소리가 나는 것이 비슷해서
세숫대야 바닥	작은북	(3)
봄비 내리는 모습	(4)	경쾌하고 가볍게 움직이는 것이 비슷해서

9 ㉡은 어떤 장면을 비유적으로 표현한 것입니까?
(   )

① 봄비가 하루 종일 내리는 장면
② 봄비가 연못에 내려 사방으로 튀는 장면
③ 빗소리에 맞추어 아이들이 춤을 추는 장면
④ 치마를 입은 엄마가 외양간 앞에서 왈츠를 추는 장면
⑤ 아이가 세숫대야에 고인 빗물을 손으로 튕기며 노는 장면

10 이 시에 나온 비유하는 표현의 특징으로 알맞은 것을 모두 고르시오. (,   ,   )

① 장면을 상상하기 어렵다.
② '~은/는 ~이다'로 표현하는 방법을 썼다.
③ 대상 하나를 다른 대상에 빗대어 표현했다.
④ 대상과 비유하는 표현 사이에는 공통점이 있다.
⑤ 문장을 최대한 늘려서 설명하듯이 자세히 썼다.

1. 비유하는 표현 **17**

11~15 다음 시를 읽고 물음에 답하시오.

> 나는 풀잎이 좋아, 풀잎 같은 친구 좋아
> 바람하고 엉켰다가 풀 줄 아는 풀잎처럼
> 헤질 때 또 만나자고 손 흔드는 친구 좋아.
>
> 나는 바람이 좋아, 바람 같은 친구 좋아
> 풀잎하고 헤졌다가 되찾아 온 바람처럼
> 만나면 얼싸안는 바람, 바람 같은 친구 좋아.

11 이 시를 읽고 떠오르는 장면으로 알맞은 것의 기호를 쓰시오.

( )

12 이 시를 읽고 질문을 만들어 친구들과 묻고 답해 보려고 합니다. 느낌과 감상에 관한 질문을 만든 것은 무엇입니까? ( )

① 이 시의 주제는 무엇인가요?
② 이 시를 읽으면 어떤 장면이 떠오르나요?
③ 이 시는 몇 연 몇 행으로 이루어져 있나요?
④ 이 시에서 운율이 느껴지는 부분은 어디인가요?
⑤ 친구와 풀잎, 친구와 바람의 공통점은 무엇인가요?

13 친구를 익숙한 대상에 비유함으로써 얻는 효과는 무엇일지 두 가지 고르시오. (,)

① 친구의 외모를 평가할 수 있다.
② 친구의 모습이 낯설게 느껴진다.
③ 친구가 정겹고 친근하게 느껴진다.
④ 친구와 '나'의 우정을 따져 볼 수 있다.
⑤ 친구의 성격이나 특성을 생각해 볼 수 있다.

14 친구를 무엇과 무엇에 비유했습니까?

(,)

① 쉴 틈 없이 흔드는 손
② 키가 크고 마른 친구 같은 풀잎
③ 풀었다가도 다시 엉키는 잎사귀
④ 바람하고 엉켰다가 풀 줄 아는 풀잎
⑤ 풀잎하고 헤어졌다가 되찾아 온 바람

서술형

15 친구란 어떤 의미인지 서로 이야기해 보고, 친구의 의미를 비유하는 표현을 사용해 나타내시오.

(1) 의미	(2) 비유하는 표현	(3) 비유한 까닭
소중함	공기 같은 친구 좋아 언제나 내 옆에서 함께해 주는 공기처럼	공기처럼 친구가 항상 소중하고 필요하기 때문에

16~17 다음 생각 그물을 보고 물음에 답하시오.

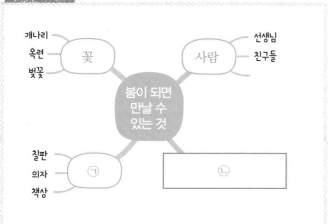

16 ㉠ 안에 들어갈 알맞은 말은 어느 것입니까?
( )

① 운동화 　　　　② 내 동생
③ 새 교실 　　　　④ 슈퍼마켓
⑤ 국립 공원

17 봄이 되면 새롭게 만날 수 있는 것을 떠올려 ㉡에 쓸 내용으로 바르게 묶은 것은 어느 것입니까?
( )

① 음식 — 수박화채 / 삼계탕
② 나무 — 소나무 / 잣나무
③ 동생 — 아버지 / 어머니
④ 날씨 — 따뜻한 햇살 / 오락가락하는 기온
⑤ 옷차림 — 반팔, 반바지 / 얇은 옷, 샌들

18 다음은 봄이 되어 새롭게 만난 대상을 정해 어떤 생각이나 마음을 표현하고 싶은지 이야기하는 모습입니다. 그림 속 친구들처럼 새롭게 만난 대상과 표현하고 싶은 생각이나 마음을 쓰시오.

(1) 새롭게 만난 대상	(2) 표현하고 싶은 생각이나 마음

19 시를 낭송하는 방법을 한 가지 더 쓰시오.

• 시의 분위기와 느낌을 살려서 읽는다.

• _____

_____

20 시와 그림이 가장 잘 어울리는 작품을 찾을 때 살펴볼 점으로 알맞지 않은 것은 무엇입니까? ( )

① 시와 그림의 배치는 적절한가?
② 밝고 환한 색을 많이 사용했는가?
③ 시의 내용과 그림은 관련이 있는가?
④ 시의 장면을 잘 떠올릴 수 있게 그림을 그렸는가?
⑤ 시의 전체적인 분위기에 어울리게 그림을 그렸는가?

1~3

새 학년이 되면 어떤 친구들을 만나고 싶나요?

따뜻한 손 같은 친구가 있으면 좋겠어요.

자석같이 늘 붙어 다니는 단짝을 만들고 싶어요.

마음이 호수같이 맑은 친구가 생기면 좋겠어요.

도움말

⭐ 비유하는 표현을 살려 생각을 다양하게 표현한 모습입니다.

1 아이들은 무엇을 하고 있는지 쓰시오.

_____

_____

1 "새 학년이 되면 어떤 친구들을 만나고 싶나요?"에 대한 대답입니다.

2 아이들은 만나고 싶은 친구들을 어떻게 표현했는지 쓰시오.

_____

_____

2 만나고 싶은 친구들을 어떤 비유하는 표현을 써서 표현했는지 살펴봅니다.

3 나는 새로 만나고 싶은 친구를 어떻게 표현하고 싶은지 비유하는 표현을 살려 쓰시오.

_____

_____

3 비유하는 표현을 사용해 자신의 생각을 써 봅니다.

해님만큼이나
큰 은혜로
내리는 교향악

이 세상
모든 것이 다 / 악기가 된다.

달빛 내리던 지붕은
두둑 두드둑 / 큰북이 되고

아기 손 씻던
세숫대야 바닥은

도당도당 도당당
작은북이 된다.

앞마을 냇가에선
풍풍 포옹 풍
뒷마을 연못에선
풍풍 푸웅 풍

외양간 엄마 소도 함께
댕그랑댕그랑

엄마 치마 주름처럼
산들 나부끼며
왈츠
봄의 왈츠
하루 종일 연주한다.

도움말

☆ 봄비가 이 세상 곳곳에 내리는 것을 여러 소리를 내는 교향악에 비유했습니다.

1
단원

4 '봄비'를 표현하려고 글쓴이는 무엇을 했을지 쓰시오.

_____

_____

4 비유하는 표현이 사물을 새롭게 보게 해 주는 것과 연관 지어 생각해 봅니다.

5 이 시에 대한 경험을 바탕으로 하여 봄비 내리는 광경을 떠올려 보고, 마음 속에 떠오르는 사물을 쓰시오.

_____

5 봄비 내리는 장면을 떠올려 보고 마음속에 떠오르는 것을 쓸 수 있습니다.

6 이 시에 나오지 않았던 대상을 어떻게 표현할지 생각해 보고, 봄비 내리는 장면에서 떠올린 사물의 특징을 다른 악기에 비유하여 표현해 쓰시오.

(1) 대상	(2) 비유하는 표현	(3) 비유한 까닭

6 바이올린, 첼로, 비올라, 피아노, 나팔, 클라리넷, 트라이앵글, 실로폰, 캐스터네츠, 리코더, 탬버린 등 여러 악기에 비유하여 표현할 수 있습니다.

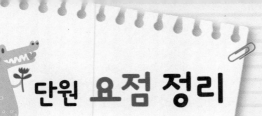

단원 요점 정리

2. 이야기를 간추려요

핵심 1 이야기 속 사건의 흐름 살펴보기
→이야기 속에서 인물들이 겪거나 벌이는 일
- 이야기 속 사건의 흐름을 생각하며 글을 읽어 봅니다.
  →일이 일어난 차례대로 정리합니다.
  - 글에서 답을 찾을 수 있는 질문, 친구들 생각을 알고 싶은 질문을 만들어 봅니다.
- 인물에게 일어난 일을 정리해 봅니다.
- 인물이 한 말과 행동에 대한 자신의 생각이나 느낌을 말해 봅니다.

핵심 2 이야기 구조를 생각하며 요약하는 방법 알기
- 이야기를 읽고 질문 주고받기

사실 질문	'사건이 언제, 어디에서 일어났나요?'와 같이 사실을 묻는 질문
추론 질문	'왜…… 했을까요?', '까닭은 무엇일까요?'와 같이 이미 아는 사실을 바탕으로 하여 드러나지 않은 내용을 짐작하도록 하는 질문
평가 질문	'만약 자신이라면 …… 했을까요?'와 같이 사실에 대한 가치 판단을 묻는 질문

- 이야기 구조 →발단, 전개, 절정, 결말이 있습니다.

❶ 발단	이야기의 사건이 시작되는 부분
❷ 전개	사건이 본격적으로 발생하고 *갈등이 일어나는 부분
❸ 절정	사건 속의 갈등이 커지면서 긴장감이 가장 높아지는 부분
❹ 결말	사건이 해결되는 부분

- 이야기를 요약하는 방법

이야기 구조를 생각하며 각 부분에서 중요한 사건이 무엇인지 찾는다.
이야기 흐름에서 중요하지 않는 내용은 삭제하거나 간단히 쓴다.
중요한 사건이 일어난 원인과 그에 따른 결과를 찾는다.
여러 사건이 관련 있을 때에 관련 있는 사건을 하나로 묶는다.

핵심 3 이야기를 읽고 요약하기
- 이야기의 구조를 생각하며 읽어 봅니다.
- 이야기를 다시 읽고 이야기 구조에 맞게 나누어 선을 긋고, 중요한 사건을 정리해 봅니다.
- 이야기를 요약해 봅니다.
- 자신이 요약한 것과 친구들이 요약한 것을 비교해 보고 잘된 점과 보충할 점을 이야기해 봅니다.
- 등장인물이 한 말과 행동을 찾아 인물의 마음을 짐작해 봅니다.
- 지은이가 전하고 싶은 주제가 무엇인지 말해 봅니다. →글쓴이의 의도를 살펴봅니다.

> **요약한 내용을 고쳐 말할 때 고려할 점**
> - 이야기 구조에 따라 이야기가 잘 정리되었는가?
> - 중요한 사건과 사건의 원인, 결과가 잘 드러났는가?
> - 중요하지 않은 내용은 삭제하거나 간단히 제시했는가?
> - 관련 있는 사건은 하나로 묶어 간단히 제시했는가?

핵심 4 이야기 구조를 생각하며 작품 감상하기
- 작품 포스터를 보고, 등장인물에게 어떤 일이 일어날지 이야기해 봅니다.
- 이야기 구조를 생각하며 작품을 봅니다.
- 작품를 보고 질문을 만들어 친구들과 묻고 답해 봅니다. →일어난 일을 생각하며 질문을 만들어 봅니다.
- 작품의 사건 전개 과정을 이야기 구조에 따라 요약해 봅니다.
- 작품에서 인상 깊었던 점에 대한 생각이나 느낌을 이야기해 봅니다.
  - 작품에서 인상 깊은 점을 떠올릴 때에는 인물 표정, 다양한 배경, 들리는 소리, 인물의 말과 행동, 배경 음악과 같은 다양한 점을 생각해 볼 수 있습니다.

> **작품의 간추린 내용을 비교할 때 확인할 점**
> - 이야기 구조(발단, 절개, 절정, 결말)에 맞게 정리했는가?
> - 요약하는 방법에 맞게 이야기를 간추렸는가?

조금 더 알기

「황금 사과」를 읽고 질문 만들기 (예)

글에서 답을 찾을 수 있는 질문	• 나오는 등장인물은 누구누구인가요? • 윗동네와 아랫동네 사람들은 왜 싸우게 됐나요?
친구들 생각을 알고 싶은 질문	• 황금 사과를 사이좋게 나누려면 어떻게 하는 것이 좋을까요? • 아이의 이름은 왜 '사과'일까요?

「우주 호텔」에 나오는 종이 할머니의 감정 (예)

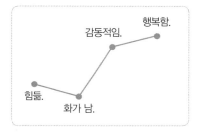

「소나기」를 보고 친구들의 생각을 알고 싶은 질문 (예)

• 왜 소년과 소녀의 이름이 나오지 않을까요?
• 제목을 「소나기」로 한 까닭은 무엇일까요?
• 소녀가 자신이 입던 옷을 그대로 입혀서 묻어 달라고 한 까닭은 무엇일까요?

낱말 사전

★ 갈등 서로 입장, 견해, 이해 관계가 달라서 일어나는 불화나 충돌.

개념을 확인해요

1 이야기 속 사건의 □□ 을 생각하며 글을 읽어 봅니다.

2 인물이 한 말과 □□ 에 대한 자신의 생각이나 느낌을 말해 봅니다.

3 □□ 는 사건이 본격적으로 발생하고 갈등이 일어나는 부분입니다.

4 □□ 은 사건 속의 갈등이 커지면서 긴장감이 가장 높아지는 부분입니다.

5 이야기 □□ 를 생각하며 각 부분에서 중요한 사건이 무엇인지 찾습니다.

6 이야기 흐름에서 중요하지 않은 내용은 □□ 하거나 간단히 씁니다.

7 이야기를 요약할 때에는 중요한 사건이 일어난 원인과 그에 따른 □□ 를 찾습니다.

8 이야기를 읽고 요약할 때에는 등장인물이 한 말과 행동을 찾아 인물의 □□ 을 짐작해 봅니다.

9 이야기 □□ 를 생각하며 작품을 봅니다.

10 작품의 □□ 전개 과정을 이야기 구조에 따라 요약해 봅니다.

2. 이야기를 간추려요

도움말

1. 이야기 속 사건의 흐름을 파악하면 일이 일어난 원인과 결과를 쉽게 알 수 있습니다.

핵심 1

1 이야기 속 사건의 흐름을 살펴보며 이야기를 읽으면 좋은 점으로 알맞지 않은 것은 무엇입니까? (   )

① 사건의 연결 관계를 알 수 있다.
② 전체 내용을 쉽게 이해할 수 있다.
③ 사건이 변해 가는 과정을 알 수 있다.
④ 인물 사이의 갈등이 무엇인지 알 수 있다.
⑤ 이야기에 쓰인 표현의 특징을 쉽게 파악할 수 있다.

2. 이야기의 흐름에서 중요하지 않은 내용은 삭제하거나 간단히 써야 정리하기 쉽습니다.

핵심 1

2 이야기에 나타난 사건의 흐름을 정리하는 방법으로 알맞은 것을 모두 고르시오. (,   ,   )

① 여러 가지 사건을 모두 고른다.
② 사건이 일어난 차례를 정리한다.
③ 사건의 인물만 나열하여 정리한다.
④ 여러 내용 가운데 중요한 사건만 고른다.
⑤ 사건들의 인과 관계를 중심으로 정리한다.

3. 사물의 진행이나 발전이 최고의 경지에 달하는 상태를 생각해 봅니다.

핵심 2

3 다음은 이야기 구조 중 어느 부분에 해당하는지 찾아 ○표를 하시오.

> 사건 속의 갈등이 커지면서 긴장감이 가장 높아지는 부분이다.

(1) 발단 (   )   (2) 전개 (   )
(3) 절정 (   )   (4) 결말 (   )

핵심 2

4 다음은 「저승에 있는 곳간」의 중심 내용을 정리한 것의 일부분입니다. ㉠ 이야기의 구조 가운데 어느 부분일지 쓰시오.

절정	원님이 이승으로 돌아와 덕진을 만나고 덕진의 말과 행동에 크게 감명받아 덕진에게 쌀 삼백 석을 갚음.

⬇

㉠	덕진이 원님에게 받은 쌀로 마을 앞을 가로지르는 강가에 다리를 놓음.

( )

도움말

4. 주인공의 소망이 이루어지고 사건이 해결되는 마무리 부분입니다.

핵심 3

5 이야기를 요약할 때 고려할 점으로 알맞지 않은 것은 무엇입니까?

( )

① 중요한 사건의 원인을 찾는다.
② 중요하지 않은 내용은 삭제한다.
③ 관련 있는 사건은 하나로 묶는다.
④ 발단, 전개, 절정, 결말이 잘 드러나게 요약한다.
⑤ 주인공이 등장하지 않는 내용만 모아서 정리한다.

5. 이야기를 요약할 때에는 사건과 사건 사이의 관계가 잘 드러나게 정리해야 합니다.

핵심 3

6 친구들의 대화를 보고 빈칸에 들어갈 알맞은 말을 쓰시오.

이야기를 읽고 요약하는 방법을 잘 모르겠어.

이야기의 구조에 따라 ☐☐☐의 중심 내용을 간추려 봐.

6. 이야기에서 일어난 일을 가리키는 말을 생각해 봅니다.

( )

1~5 다음 글을 읽고 물음에 답하시오.

잠깐 동안은 별일 없이 평화롭게 지냈어.

하지만 사람들은 곧 약속을 어겼어.

사과를 따려고 금을 넘어가기 시작한 거야.

㉠두 동네 사이에는 다시 싸움이 일어났지.

결국 금보다 더 ㉡확실하고 분명한 방법이 있어야 했어.

이런저런 생각 끝에 사람들은 드나들 수 있는 작은 문이 달린 나무 울타리를 세웠지.

그렇지만 나무 울타리도 사람들의 욕심을 막을 수가 없었어.

사람들은 이제 담을 쌓기 시작했어.

사방이 꽉 막힌 높고 단단한 담을.

그런 다음 양쪽에 보초를 세우고 담을 넘는 사람이 있나 잘 감시했지.

윗동네도 아랫동네도 서로 의심하는 마음이 차츰차츰 쌓여 갔어.

그러다 나중에는 서로 잡아먹을 듯이 미워하게 되었지.

세월이 흘러갈수록 담은 점점 더 높아졌지.

그러다 어느 때부터인가 아무도 그 담에 관심을 갖지 않게 되었어.

언제 담을 세웠는지, 왜 세웠는지조차 사람들은 까맣게 잊고 만 거야.

담을 넘는 사람들이 없어지자 보초도 사라졌고, 황금 사과까지 사라졌어.

오직 남은 것은 가슴 깊숙이 뿌리박힌 서로 미워하는 마음뿐이었지.

「황금 사과」, 송희진

1 ㉠과 같은 사건이 벌어지게 된 까닭은 무엇입니까?
( )

① 울타리가 무너졌기 때문에

② 담에 관심이 없어졌기 때문에

③ 황금 사과가 없어졌기 때문에

④ 담을 점점 더 높이 쌓았기 때문에

⑤ 사과를 따려고 금을 넘어가기 시작했기 때문에

2 사람들이 생각한 ㉡의 방법으로 알맞지 않은 것은 어느 것입니까? ( )

① 담을 쌓았다.

② 양쪽에 보초를 세웠다.

③ 담을 넘는 사람이 있나 감시했다.

④ 작은 문이 달린 울타리를 세웠다.

⑤ 땅바닥에 그어져 있던 금을 지워 버렸다.

서술형

3 이 이야기에서 황금 사과를 사이좋게 나누려면 어떻게 하는 것이 좋을지 쓰시오.

_____

_____

_____

4 윗동네와 아랫동네 사람들은 서로에게 어떤 마음만 남게 되었습니까? ( )

① 기쁨　　　　② 미움

③ 애정　　　　④ 우애

⑤ 설움

주의

5 글에서 답을 찾을 수 있는 질문이 아닌 것을 두 가지 고르시오. (,)

① 등장인물은 누구누구인가요?

② 두 동네 사람들은 왜 싸웠나요?

③ 두 동네 사이에 어떤 나무가 있었나요?

④ 사람들이 화해하려면 어떻게 해야 할까요?

⑤ 황금 사과를 공평하게 나누려면 어떻게 하는 것이 가장 좋을까요?

6~10 다음 글을 읽고 물음에 답하시오.

어느 날, 한 꼬마 아이가 물었어.
㉠"엄마, 저 담 너머에는 누가 살아요?"
"쉿! 아가야, 절대로 저 담 옆에 가면 안 돼. 저 담 너머에는 심술궂고 못된, 아주 나쁜 사람들이 산단다."
그 아이가 어른이 되어 다시 딸을 낳았지.
어느 날, 어린 딸이 물었어.
㉡"엄마, 저 담 너머에는 누가 살아요?"
"쉿! 아가야, 절대로 저 담 옆에 가면 안 돼. 저 담 너머에는 무시무시한 괴물들이 산단다."
시간이 지날수록 윗동네는 점점 바뀌어 갔어.
어느새 커다란 현대식 건물들로 가득 찬 엄청나게 큰 동네가 되었지.
하지만 아랫동네는 높은 담 때문에 멀리까지 그늘이 졌어.
그래서 낮에도 햇볕이 들지 않고, 동네는 늘 어두웠어.
그늘진 곳에 살던 사람들은 따뜻하고 밝은 곳을 찾아 멀리 떠났지.

6 ㉠의 질문에 엄마는 무엇이라고 답했습니까?
( )

① 누가 사는지 모른다.
② 아무도 살지 않는다.
③ 무서운 괴물들이 산다.
④ 아주 나쁜 사람들이 산다.
⑤ 욕심 없는 사람들이 산다.

응용

7 아이가 어른이 되어 딸이 한 ㉡의 질문에 무엇이라고 답했는지 찾아 쓰시오.
• ( )들이 산다.

8 시간이 지날수록 윗동네의 모습은 어떻게 바뀌어 갔습니까? ( )

① 괴물들만 가득한 괴물 도시가 되었다.
② 사람이 살 수 없는 음침한 곳이 되었다.
③ 커다란 건물이 사라진 넓은 벌판이 되었다.
④ 콘크리트 건물만 우뚝 솟은 삭막한 곳이 되었다.
⑤ 커다란 현대식 건물들로 가득 찬 엄청나게 큰 동네가 되었다.

9 아랫동네 사람들이 멀리 떠난 까닭은 무엇입니까?
( )

① 무시무시한 괴물들이 쳐들어왔기 때문이다.
② 윗동네에 있는 건물들이 부러웠기 때문이다.
③ 윗동네에 사는 괴물들이 무서웠기 때문이다.
④ 높은 담 때문에 늘 어두웠기 때문에 햇볕이 드는 곳을 찾아 떠났기 때문이다.
⑤ 윗동네의 건물에서 비추는 빛이 너무 밝아서 밤에도 잠을 잘 수 없었기 때문이다.

서술형

10 다음은 윗동네와 아랫동네가 평화를 유지하려면 두 동네 사람들이 어떻게 해야 할지 이야기한 모습입니다. 빈 곳에 알맞은 말을 쓰시오.

자주 만나 소통해야 할 것 같아.

서로를 이해할 수 있도록 노력해야 해.

11~15 다음 글을 읽고 물음에 답하시오.

(가) "어찌해 제 곳간에는 볏짚 한 단밖에 없습니까?"

"너는 이승에 있을 때 남에게 덕을 베푼 일이 없지 않느냐?"

원님은 순간, 쥐구멍에라도 숨고 싶을 만큼 부끄러웠다. 생각해 보니 자신은 남에게 좋은 일한 번 변변히 한 적이 없었다.

(나) 원님은 자기 곳간이 비어 이승으로 갈 수 없다고 생각하니 걱정되었다.

'어쩐다……?'

그때였다. 저승사자가 핀잔하듯 말했다.

"네 고을에 사는 주막집 딸은 곳간을 그득하게 채웠는데, 고을 원님이라는 사람이 이게 무슨 꼴이냐?"

"아니, 그게 무슨 얘깁니까?"

"덕진이라는 아가씨의 곳간에는 쌀이 수백 석이나 있으니, 일단 거기서 쌀을 꾸어 계산하고 이승에 나가서 갚도록 해라."

저승사자가 원님에게 제안했다. 결국 원님은 덕진의 곳간에서 쌀 삼백 석을 꾸어 셈을 치를 수 있었다.

(다) "너에게 빚진 쌀 삼백 석을 갚으러 왔느니라."

그러자 덕진은 어리둥절해하며 원님을 쳐다보았다.

"하여튼 받아 두어라. 먼 훗날, 너도 알게 될 것이니라."

덕진이 받을 수 없다고 하자 원님은 강제로 쌀을 떠맡겼다.

(라) '어차피 내 쌀이 아니니 좋은 일에 쓰도록 하자.'

그리하여 덕진은 쌀을 팔아서 마을 앞을 가로지르는 강가에 다리를 놓기로 했다. 마을 사람들모두가 그곳에 다리가 없어서 불편을 겪던 참이었다. 이렇게 해서 돌다리를 놓자, 사람들은 그다리를 '덕진 다리'라고 했다.

「저승에 있는 곳간」

11 원님의 저승 곳간에는 무엇이 있었는지 쓰시오.

( )

12 글 (가)의 원님은 이승에 있을 때 어떻게 살았겠습니까? ( )

① 남을 많이 도우며 살았을 것이다.
② 좋은 일을 한 적이 없었을 것이다.
③ 남에게 덕을 베풀며 살았을 것이다.
④ 다른 사람에게 헌신적이었을 것이다.
⑤ 고을 사람들을 잘 대접하였을 것이다.

13 원님은 이승으로 가기 위한 비용을 어떻게 마련했는지 쓰시오.

_____

14 덕진은 원님에게 받은 쌀 삼백 석을 어떻게 쓰기로 하였습니까? ( )

① 원님에게 다시 돌려준다.
② 저승 곳간에 쌓아 놓기로 했다.
③ 마을 앞에 주막을 짓기로 했다.
④ 마을 앞 강에 돌다리를 놓기로 했다.
⑤ 마을 사람들에게 밥을 지어 주기로 했다.

 중요
15 이 글의 사건을 정리할 때 글 (다)의 내용을 간추려 빈칸에 알맞게 쓰시오.

> 저승사자는 덕진이라는 아가씨 곳간에서 쌀을 꾸어 이승에 나가고 갚으라고 원님에게 제안했다.

↓

> [   ]

↓

> 덕진은 고민 끝에 쌀을 팔아 마을 앞을 가로지르는 강가에 다리를 놓기로 했다.

❶

소년은 집으로 돌아가던 길에 개울가에서 물장난하는 소녀와 마주치고 소녀가 던진 조약돌을 간직함.

❷

소년과 소녀가 가까워져 함께 산으로 놀러 감.

❸

산에서 소나기를 만난 소년과 소녀는 수숫단 속에서 비를 피함. 며칠 뒤 다시 만난 소녀는 그동안 많이 아팠으며 곧 이사 간다고 쓸쓸해 함.

❹

며칠 뒤, 소년은 소녀가 앓다가 죽었다는 소식을 듣게 됨. 소녀의 유언은 자신이 입던 옷을 그대로 입혀서 묻어 달라는 것이었음.

「소나기」

16 주요 등장인물은 누구누구인지 쓰시오.

(   )

 응용

17 시간적 배경을 알맞게 말한 것에 ○표를 하시오.

(1) 소나기가 오고 인물들의 옷차림으로 봐서 늦여름에서 초가을이야. (   )

(2) 인물들이 수숫단 속에 들어가 추위를 피하는 것으로 봐서 한겨울이야. (   )

서술형 ✏

18 다음 소년의 행동에 대한 자신의 생각이나 느낌을 쓰시오.

> 소나기가 멎고 물이 불어나 돌다리가 없는 개울가를 지나갈 때 소년이 소녀를 업고 건너갔다.

_____

_____

19 다음 소녀의 말과 행동을 통해 알 수 있는 점은 어느 것입니까? (   )

> 개울을 건널 때 소년의 옷에 묻었던 흙물이 소녀의 스웨터에 옮겨졌는데, 소녀는 죽으면서 그 분홍 스웨터를 그대로 입혀서 묻어 달라고 하였다.

① 소녀는 실수를 잘한다.
② 소녀는 소년을 부러워한다.
③ 소녀는 분홍색을 좋아한다.
④ 소녀는 깨끗한 편이 아니다.
⑤ 소녀가 소년과의 추억을 소중히 생각한다.

응용

20 이 작품 「소나기」를 보고 만들 수 있는 질문을 내용에 맞게 쓰시오.

(1) 일어난 사실에 대한 질문	• 소년은 주로 어디에서 소녀와 마주쳤나요? • _____
(2) 친구들 생각을 알고 싶은 질문	• 왜 소년과 소녀의 이름이 나오지 않을까요? • _____

1~5 다음 글을 읽고 물음에 답하시오.

(가) 어느 날, 한 꼬마 아이가 물었어.

"엄마, 저 담 너머에는 누가 살아요?"

"쉿! 아가야, 절대로 저 담 옆에 가면 안 돼. ㉠저 담 너머에는 심술궂고 못된, 아주 나쁜 사람들이 산단다."

그 아이가 어른이 되어 다시 딸을 낳았지.

어느 날, 어린 딸이 물었어.

"엄마, 저 담 너머에는 누가 살아요?"

"쉿! 아가야, 절대로 저 담 옆에 가면 안 돼. 저 담 너머에는 무시무시한 괴물들이 산단다."

(나) 그런데 담 쪽으로 다가가 보니 작은 문이 언뜻 보이는 거야.

몸이 오싹거렸지만 그 아이는 계속 다가갔어.

열쇠 구멍에서 희미한 빛이 새어 나왔거든.

아이는 무서운 마음을 꾹 누르고 구멍 속을 들여다보았어.

㉡"와, 세상에 이럴 수가!"

아이의 눈에 보인 건 공을 가지고 즐겁게 노는 아이들이었어.

엄마가 말한 끔찍한 괴물들이 아니라 자기하고 비슷한 또래 친구들 말이야.

끼이이이익―

아이가 문을 밀자 쓱 열렸어.

문은 낡았고, 자물쇠는 망가져 있었거든.

㉢ 환한 햇살 때문에 아이는 눈이 부셨지.

아이는 친구들에게 다가가 말했어.

"얘들아, 안녕! 내 이름은 사과야. 너희 이름은 뭐야?"

1 이 글의 사건을 정리해 쓰시오.

> 어느 날, 한 꼬마 아이가 엄마께 담 너머에 누가 사느냐고 묻자 엄마는 괴물이 사니 조심하라고 했다.

> 한 꼬마 아이가 담에 있는 문을 열자,

2 엄마가 아이의 질문에 ㉠처럼 대답한 까닭은 무엇일지 쓰시오.

( )

3 아이가 ㉡처럼 놀란 까닭은 무엇입니까? ( )

① 너무 무서워서

② 끔찍한 괴물들의 모습을 보아서

③ 담 너머에 무시무시한 괴물들이 살고 있어서

④ 담 너머에 심술궂고 못된 사람들이 살고 있어서

⑤ 공을 가지고 즐겁게 노는 비슷한 또래 친구들의 모습이 보여서

4 아이의 이름이 왜 사과인지 이 이야기의 주제와 관련지어 알맞게 말한 것에 ○표를 하시오.

(1) 황금 사과를 가지려고 담을 쌓았듯 서로의 이익을 추구하기 위해서이다. ( )

(2) 먹는 사과가 아닌 화해의 의미로 사용되는 사과로 대화와 소통을 하기 위해서이다. ( )

서술형

5 ㉢에서 아이가 한 말과 행동에 대한 자신의 생각이나 느낌을 쓰시오.

_____

_____

_____

6~10 다음 글을 읽고 물음에 답하시오.

"염라대왕님, 소인은 아직 할 일이 많습니다. 그런데 벌써 저를 데려오셨습니까? 이승에서 좀 더 살게 해 주십시오."

원님은 머리를 조아리며 간청했다. 그러자 염라대왕은 수명을 적어 놓은 책을 들여다보고는 아직 원님이 나이가 젊어 딱하다는 생각이 들었다.

"좋다. 내 마음이 변하기 전에 얼른 사라져라."

염라대왕은 원님을 저승사자에게 돌려보냈다.

"이승으로 나가려는데 어떻게 가면 될까요?"

"여기까지 데려왔는데 그냥 보내 줄 수는 없다. 너 때문에 헛걸음을 했으니 수고비를 내놓아라."

"어떡하지요? 지금 저는 빈털터리인데……."

"그러면 저승에 있는 네 곳간에서라도 내놓아라."

사람은 누구나 저승에 곳간이 하나씩 있다. 그렇지만 이승에서 부자라고 해서 그 곳간이 꽉 차 있지는 않다. 마찬가지로 가난하게 사는 사람이라고 해서 저승 곳간까지 텅 빈 것도 아니었다. 그 곳간은 이 세상에서 좋은 일을 한 만큼 재물이 쌓이게끔 되어 있었다.

원님은 그렇게 하기로 하고 자기 곳간으로 갔다. 그런데 그 곳간에는 특별한 재물이랄 게 없었다. 고작 볏짚 한 단만이 있을 뿐이었다.

"이 사람, 남에게 덕을 베푼 일이라곤 없는 모양이네!"

옆에 서 있던 저승사자가 코웃음을 치며 말했다.

"어찌해 제 곳간에는 볏짚 한 단밖에 없습니까?"

"너는 이승에 있을 때 남에게 덕을 베푼 일이 없지 않느냐?"

원님은 순간, 쥐구멍이라도 숨고 싶을 만큼 부끄러웠다. 생각해 보니 자신은 남에게 좋은 일 한 번 변변히 한 적이 없었다.

단 한 번, 몹시 가난한 아낙이 아기를 낳을 때 짚이 없어서 쩔쩔매는 것을 우연히 보고 볏짚 한 단을 구해다 준 게 전부였다. 저승 곳간에 볏짚이나마 있는 것은 그 때문이었다.

"남에게 덕을 베풀려면 어떻게 해야 합니까?"

"배고픈 사람에게는 밥을 주고, 옷이 없는 사람에게는 옷을 주고, 돈이 없는 사람에게는 돈을 주는 것이 다 남에게 덕을 베푸는 일이니라."

6 사건이 어디에서 시작되었습니까? (   )

① 원님의 방
② 원님의 고향
③ 원님이 사는 마을
④ 염라대왕이 있는 저승
⑤ 저승에 도착하기 직전

7 원님이 염라대왕에게 간청한 것은 무엇입니까?
(   )

① 저승을 구경시켜 주십시오.
② 저승사자에게 돌려보내 주십시오.
③ 이승에서 좀 더 살게 해 주십시오.
④ 오늘 하던 일만 마치게 해 주십시오.
⑤ 이승으로 나가는 문을 알려 주십시오.

8 저승사자는 원님에게 이승으로 돌아가려면 무엇을 내놓으라고 했는지 찾아 쓰시오.
(   )

9 저승에 있는 곳간 안의 재물이 사람마다 다른 까닭은 무엇입니까? (   )

① 사람마다 성격이나 취향이 달라서
② 이승에서 갖고 있는 재물이 그대로 쌓여서
③ 부자와 가난하게 사는 사람에 따라 달라서
④ 이승에서 한 일에 따라 곳간의 크기가 달라서
⑤ 이 세상에서 좋은 일을 한 만큼 재물이 쌓여서

서술형

10 원님의 저승 곳간에 볏짚 한 단만이 있었던 까닭은 무엇인지 쓰시오.

_____

_____

11~16 다음 글을 읽고 물음에 답하시오.

(가) "덕진이라는 아가씨의 곳간에는 쌀이 수백 석이나 있으니, 일단 거기서 쌀을 꾸어 계산하고 이승에 나가서 갚도록 해라."
　저승사자가 원님에게 제안했다. 결국 원님은 덕진의 곳간에서 쌀 삼백 석을 꾸어 셈을 치를 수 있었다.
　원님은 저승사자를 쫓아 얼마쯤 갔다. 드디어 이승 문 앞에 이르렀다.

(나) "저, 돈 열 냥만 빌려줄 수 있소?"
　"그렇게 하지요."
　덕진은 선뜻 열 냥을 내주었다.
　"아니, 모르는 사람에게 돈을 빌려주었다가 안 갚으면 어쩌려고 그러시오?"
　"걱정 마시고 형편이 어렵거든 가져다 쓰시고, 돈이 생기거든 갚으십시오."
　덕진은 웃으며 대답했다. 원님은 열 냥을 받아 가지고 나오면서 생각했다.
　'이런 것이 만인에게 적선하는 것이로구나. 이런 식으로 덕진은 수많은 사람을 도와주고, 돈 수천 냥을 다른 사람들에게 나누어 주었을 것이다. 그러니 덕진의 저승 곳간에는 곡식이 가득 차 있을 수밖에…….'

11 원님은 저승에서 누구의 쌀을 빌렸는지 쓰시오.

　　　(　　　　　　　　　　　)

12 저승에 있는 덕진의 곳간에 곡식이 가득 차 있었던 까닭은 무엇이겠습니까? (　　　)
① 이승에서 행복하게 살아서
② 이승에서 돈을 많이 모아서
③ 이승에서 돈을 아끼며 살아서
④ 이승에서 덕을 베풀며 살아서
⑤ 이승에서 다른 사람의 돈을 빼앗아서

13 원님이 덕진을 찾아가 돈 열 냥을 빌려 달라고 한 까닭은 무엇이겠습니까? (　　　)
① 쌀 삼백 석을 사기 위해서
② 저승사자에게 돈을 갚기 위해서
③ 고을 사람들을 도와주기 위해서
④ 덕진의 마음씨를 시험하기 위해서
⑤ 불쌍한 사람들에게 나눠 주기 위해서

14 원님이 덕진을 보고 느낀 점은 무엇이겠습니까?
　　　　　　　　　　　(　　　)
① 수천 냥을 손해 본 덕진이 안타깝다.
② 덕진처럼 장사를 해서 돈을 벌어야겠다.
③ 나도 덕진처럼 덕을 베풀며 살아야겠다.
④ 앞으로도 덕진에게 돈을 계속 빌려야겠다.
⑤ 덕진처럼 손해 보는 일은 하지 말아야겠다.

15 글 (나)는 긴장감이 가장 높아지는 부분입니다. 이야기의 구조 가운데 무엇인지 ○표를 하시오.

발단	전개	절정	결말

16 이와 같은 이야기에서 중요한 내용을 요약하는 방법으로 알맞은 것을 두 가지 고르시오. (　　,　　)
① 비슷한 내용은 하나로 묶는다.
② 기억에 남는 내용을 자세히 쓴다.
③ 자주 나오는 낱말에 따라 요약한다.
④ 내 생각이나 느낌에 따라 요약한다.
⑤ 일어난 원인과 그에 따른 결과를 찾는다.

17~18 다음 요약을 보고 물음에 답하시오.

「우주 호텔」의 사건 전개 과정을 이야기 구조에 따라 요약한 내용입니다.

이야기 구조	사건의 중심 내용 간추리기
발단	종이 할머니는 허리를 굽혀 땅만 보며 종이를 주웠다.
전개	종이 할머니는 자신의 빈 상자를 빼앗기지 않으려고 소리치며 눈에 혹이 난 할머니를 밀어 버렸다.
절정	종이 할머니는 메이가 메이가 가져다주는 종이를 매일 기다렸는데, 메이가 그린 우주 그림을 보고 어릴 적 꿈을 떠올렸다.
결말	종이 할머니는 눈에 혹이 난 할머니와 친구처럼 지내고 자신이 사는 곳이 바로 우주 호텔이라고 생각했다.

17 다음은 종이 할머니의 감정에 해당하는 칸에 점을 찍어 표시한 것입니다. 그림이 그려져 있는 곳은 이야기 구조 가운데 어디에 해당하는지 ○표를 하시오.

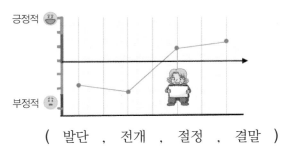

(발단 , 전개 , 절정 , 결말)

18 이 이야기의 주제는 무엇이겠습니까? (   )

① 꿈을 가지면 삶이 변화한다.
② 자신의 것을 빼앗기면 안 된다.
③ 허황된 꿈은 얼른 버리는 게 낫다.
④ 허리를 꼿꼿하게 펴고 살아야 한다.
⑤ 어릴 때에는 많은 꿈을 가져야 한다.

19~20 다음 작품을 보고 물음에 답하시오.

❶ 소년은 집으로 돌아가던 길에 개울가에서 물장난하는 소녀와 마주치고 소녀가 던진 조약돌을 간직함.

❷ 소년과 소녀가 가까워져 함께 산으로 놀러 감.

❸ 산에서 소나기를 만난 소년과 소녀는 수숫단 속에서 비를 피함. 며칠 뒤 다시 만난 소녀는 그동안 많이 아팠으며 곧 이사 간다고 쓸쓸해 함.

❹ 며칠 뒤, 소년은 소녀가 앓다가 죽었다는 소식을 듣게 됨. 소녀의 유언은 자신이 입던 옷을 그대로 입혀서 묻어 달라는 것이었음.

19 이 작품의 공간적 배경은 어디입니까? (   )

① 농촌 마을
② 번화한 거리
③ 사람이 살지 않는 섬
④ 복잡하고 활기찬 도시
⑤ 공장이 많이 들어선 곳

20 ❶ ~ ❸ 가운데 소녀가 죽음을 맞이하는 내용과 연결되는 사건을 찾아 번호를 쓰시오.

(   )

1~3

(가) "덕진이라는 아가씨의 곳간에는 쌀이 수백 석이나 있으니, 일단 거기서 쌀을 꾸어 계산하고 이승에 나가서 갚도록 해라."

저승사자가 원님에게 제안했다. 결국 원님은 덕진의 곳간에서 쌀 삼백 석을 꾸어 셈을 치를 수 있었다.

(나) 덕진은 선뜻 열 냥을 내주었다.

"아니, 모르는 사람에게 돈을 빌려주었다가 안 갚으면 어쩌려고 그러시오?"

"걱정 마시고 형편이 어렵거든 가져다 쓰시고, 돈이 생기거든 갚으십시오."

덕진은 웃으며 대답했다. 원님은 열 냥을 받아 가지고 나오면서 생각했다.

'이런 것이 만인에게 적선하는 것이로구나. 이런 식으로 덕진은 수많은 사람들을 도와주고, 돈 수천 냥을 다른 사람들에게 나누어 주었을 것이다. 그러니 덕진의 저승 곳간에는 곡식이 가득 차 있을 수밖에……'

원님은 크게 감명받아 며칠 뒤에 달구지에 ㉠쌀 삼백 석을 싣고 덕진의 주막을 찾아갔다.

(다) "너에게 ㉡빚진 쌀 삼백 석을 갚으러 왔느니라."

그러자 덕진은 어리둥절해하며 원님을 쳐다보았다.

"하여튼 받아 두어라, 먼 훗날, 너도 알게 될 것이니라."

덕진이 받을 수 없다고 하자 원님은 강제로 쌀을 떠맡겼다.

도움말

☆ '덕진 다리'에 얽힌 옛이야기로 '베푸는 삶을 살자.'는 교훈을 주는 이야기입니다.

1 글 (나)에서 원님은 덕진의 행동을 보고 어떤 생각을 하였는지 쓰시오.

_____

_____

1 베푸는 삶은 여러 사람과 자신을 행복하게 한다는 교훈을 주는 이야기입니다.

2 원님이 ㉠과 같이 한 까닭은 무엇일지 쓰시오.

_____

2 원님은 은혜를 갚을 줄 아는 사람입니다.

3 ㉡은 어디에서 누가 누구에게 진 빚인지 쓰시오.

(1) 어디에서: (   )

(2) 누가 누구에게: (   )

3 누가 누구에게 도움을 주었는지 생각해 봅니다.

4~5

(가) 종이 할머니는 메이가 지구, 토성, 목성, 태양, 우주선을 그린 우주 그림을 보고 어릴 적 꿈을 떠올리며 행동이 바뀌었습니다.

그림을 보기 전	그림을 본 후

눈에 혹이 난 할머니를 밀어 버렸습니다.	눈에 혹이 난 할머니에게 다가가서 집에 놀러 오라고 하였습니다.

(나) 종이 할머니는 자신이 사는 곳이 인생이라는 여행에서 잠시 쉬어 가며 친구를 만나는 곳이기 때문에 우주 호텔이라고 생각하게 되었습니다.

도움말

「우주 호텔」은 종이 할머니의 변화된 모습을 통해 삶의 진정한 의미를 전하는 이야기입니다.

2 단원

▲ 목성과 토성

4 메이가 그린 그림을 보기 전과 본 뒤에 종이 할머니의 생각과 생활이 어떻게 달라졌는지 종이 할머니의 처지에서 생각해 쓰시오.

_____

_____

4 아이가 놓고 간 스케치북에 그려져 있던 그림을 떠올려 봅니다.

5 종이 할머니는 눈에 혹이 난 할머니와 함께 밥을 먹고 차를 마셨습니다. 종이 할머니의 마음이나 감정은 어떠할지 까닭을 들어 쓰시오.

_____

_____

5 교과서에서 「우주 호텔」을 읽어 보고, 이야기의 주제와 연관해 생각해 봅니다.

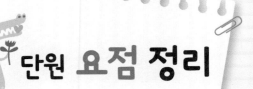
학습목표
다양한 자료를 체계 있게 짜서 발표할 수 있습니다.

국어 94~117쪽

핵심 1 공식적인 말하기 상황 살펴보기

• 공식적인 말하기 상황을 떠올려 봅니다.
　– 수업 시간에 발표하기, 학급 회의에서 말하기, 국어 시간에 토론하기, 학급 임원 선거에서 ★소견 발표하기
• 공식적인 말하기 상황의 특성을 알아봅니다.
　– 큰 소리로 또박또박 말합니다.
　– 듣는 사람은 집중해서 듣습니다.
　– 높임 표현을 사용합니다. →여러 사람 앞에서 말하는 것이므로
　– 듣는 사람이 알아듣기 쉽게 하려면 자료를 활용합니다. →설명하려는 내용을 쉽게 전달할 수 있습니다.

핵심 2 다양한 자료의 특성 알기

표	사진
〈우리 반 친구들이 좋아하는 운동〉 종목 / 축구 / 배드민턴 / 줄넘기 / 계 인원 / 10 / 5 / 8 / 23	
• 여러 가지 자료의 수량을 비교하기 쉽다. • 많은 양의 자료를 간단하게 나타낼 수 있다.	• 장면을 있는 그대로 보여 줄 수 있다. • 설명하는 대상을 한눈에 보여 줄 수 있다.
★도표	동영상
2017년 서울 강수량 분석	
• 수량의 변화 정도를 알 수 있다. →견주어 볼 수 있습니다. • 정확한 수치를 나타낼 수 있다.	• 음악이나 자막을 넣어 분위기를 잘 전달할 수 있다. →대상이 움직이는 모습을 잘 전달할 수 있습니다.

자료를 활용해서 말할 때의 좋은 점
• 듣는 사람이 흥미를 느끼게 할 수 있습니다.
• 정보를 효과적으로 전달할 수 있습니다.
• 듣는 사람이 더 잘 이해할 수 있습니다.

핵심 3 발표할 내용 준비하기

자료를 찾을 때 사진이나 핵심어 검색 같은 여러 가지 검색 방법을 활용할 수 있습니다.

• 발표 주제와 내용을 정해 봅니다.
• 발표 자료를 만들어 봅니다. ————
　– 발표 자료를 만들 때 컴퓨터를 활용하면 글, 그림, 동영상과 같은 자료를 쉽게 만들 수 있고 발표할 때 효과적으로 보여 줄 수 있습니다.

자료를 활용할 때 주의할 점
• 자료의 출처를 정확히 밝히고 원작자의 동의를 구합니다.
• 꼭 필요한 내용만 자료에 정리합니다.
• 한 번에 적절한 분량으로 복잡하지 않게 보여 줍니다.

핵심 4 발표할 내용 정리하기

구성	들어갈 내용
시작하는 말	• 발표하려는 주제나 제목을 넣는다. • 듣는 사람의 주의를 집중시킬 수 있는 내용을 넣는다.
자료를 설명하는 말	• 자료를 가져온 곳을 반드시 밝힌다.
끝맺는 말	• 발표한 내용을 간단하게 정리한다. • 함께 생각할 점을 넣는다.

→발표 내용을 잘 구성해야 하는 까닭은 발표를 짜임새 있게 잘하기 위해서, 친구들이 흥미 있게 발표를 듣기 위해서입니다.

핵심 5 자료를 활용해 발표하기

여러 사람 앞에서 발표할 때에 주의할 점
• 준비한 자료를 차례에 맞게 보여 잘 준다.
• 자료를 보여 줄 때에는 친구들이 집중할 수 있도록 자세히 소개한다.
• 멀리까지 잘 들리도록 또박또박 큰 소리로 말한다.

발표를 들을 때에 주의할 점
• 발표하는 사람을 바라보며 바른 자세로 듣는다.
• 발표하는 내용 가운데에서 중요한 부분은 적으며 듣는다.
• 발표하는 내용과 방법에 어울리는 자료인지 생각하며 듣는다.
• 발표하는 내용에 집중하며 듣는다.

학급 회의

🎲 말할 내용의 특성에 알맞은 자료
예

말할 내용	활용할 자료	그렇게 의논한 까닭
여행지의 자연환경	사진	여행지의 자연환경을 한눈에 보여 줄 수 있다.
여행 일정	관광 안내서	여행 코스와 일정이 잘 설명되어 있다.
여행지까지 가는 길	지도	여행지까지 가는 길을 지도로 한눈에 보여 줄 수 있다.

🎲 저작권
• 문학, 예술, 학술에 속하는 창작물에 저작자나 그 권리를 이어받은 사람이 행사하는 권리를 말합니다.
• 다른 사람의 창작물을 사용할 때에는 반드시 허락을 구하고 출처를 밝혀야 합니다.

★ 소견 어떤 일이나 사물을 살펴보고 가지게 되는 생각이나 의견.
★ 도표 여러 가지 자료를 분석하여 그 관계를 일정한 양식의 그림으로 나타낸 표.

✏️ 개념을 확인해요

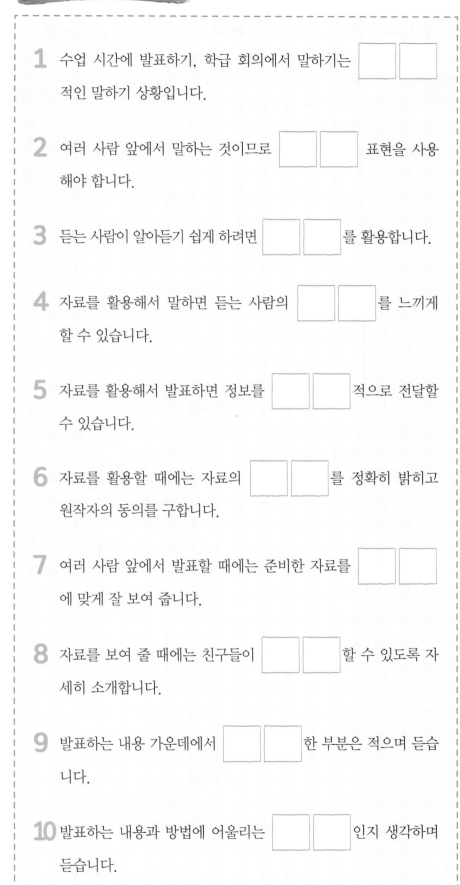

1 수업 시간에 발표하기, 학급 회의에서 말하기는 ☐☐적인 말하기 상황입니다.

2 여러 사람 앞에서 말하는 것이므로 ☐☐ 표현을 사용해야 합니다.

3 듣는 사람이 알아듣기 쉽게 하려면 ☐☐를 활용합니다.

4 자료를 활용해서 말하면 듣는 사람의 ☐☐를 느끼게 할 수 있습니다.

5 자료를 활용해서 발표하면 정보를 ☐☐적으로 전달할 수 있습니다.

6 자료를 활용할 때에는 자료의 ☐☐를 정확히 밝히고 원작자의 동의를 구합니다.

7 여러 사람 앞에서 발표할 때에는 준비한 자료를 ☐☐에 맞게 잘 보여 줍니다.

8 자료를 보여 줄 때에는 친구들이 ☐☐할 수 있도록 자세히 소개합니다.

9 발표하는 내용 가운데에서 ☐☐한 부분은 적으며 듣습니다.

10 발표하는 내용과 방법에 어울리는 ☐☐인지 생각하며 듣습니다.

3. 짜임새 있게 구성해요

도움말

1. 공식적인 상황에서의 말하기는 공적인 관계의 청중을 상대로 하는 말하기입니다.

핵심 1

1 공식적으로 말하는 상황의 특성이 <u>아닌</u> 것은 어느 것입니까? (   )

① 큰 소리로 또박또박 말한다.
② 다정한 말투로 친근감 있게 반말을 한다.
③ 상대방을 존중하는 마음을 가지고 말한다.
④ 말하는 내용에 적절한 표정과 몸짓을 한다.
⑤ 쑥스럽다고 몸을 비틀거나 많이 웃지 않는다.

2. 글의 내용과 관련하여 사진, 동영상, 음악 등을 효과적으로 활용하여 발표할 수 있습니다.

핵심 2

2 자료를 효과적으로 활용하여 발표하면 좋은 점으로 알맞은 것을 두 가지 고르시오. (,   )

① 발표하는 내용을 짧게 말할 수 있다.
② 듣는 사람의 흥미를 불러일으킬 수 있다.
③ 설명하려는 내용을 쉽게 전달할 수 있다.
④ 발표하는 시간을 길게 늘려 말할 수 있다.
⑤ 설명하려는 내용을 잘 몰라도 발표를 할 수 있다.

3. 자료를 활용하여 발표한다면 어떤 자료를 활용하여 어떤 방법으로 설명하면 좋을지 생각해 봅니다.

핵심 2

3 '여행지의 월별 강수량'에 대해 발표할 때 활용하기에 가장 적절한 자료는 어느 것입니까? (   )

① 지도   ② 도표
③ 실물   ④ 사진
⑤ 동영상

핵심 4

4 발표 내용을 잘 구성해야 하는 까닭을 한 가지 더 쓰시오.

• 발표를 짜임새 있게 잘할 수 있다.

• _____

4. 발표할 내용과 활용할 자료를 어떤 순서로 구성하여 어떤 방법으로 발표할 것인지 미리 생각해 보면 발표할 때에 실수를 줄이고 효과적으로 발표할 수 있습니다.

핵심 5

5 자료를 활용하여 발표하는 방법으로 알맞지 않은 것은 어느 것입니까?
( )

① 적절한 수의 자료를 활용한다.
② 발표할 내용에 알맞은 자료를 활용한다.
③ 많은 수의 복잡한 자료로 전문성을 높인다.
④ 자료를 활용할 때에는 자료의 출처를 밝힌다.
⑤ 발표 상황에 알맞은 방법으로 자료를 제시한다.

5. 자료를 활용하여 발표할 때에는 적절한 수의 자료를 활용하여 발표하는 것이 좋습니다.

핵심 5

6 자료를 활용하여 발표할 때 듣는 자세로 알맞지 않은 것은 어느 것입니까?
( )

① 바른 자세로 듣는다.
② 발표하는 내용을 집중해서 듣는다.
③ 발표하는 사람을 바라보며 듣는다.
④ 궁금한 점은 옆 친구와 이야기하며 듣는다.
⑤ 발표하는 내용 가운데에서 중요한 내용은 적으며 듣는다.

6. 옆 사람과 이야기를 하면 발표에 집중하기 어렵습니다.

1 다음을 공식적인 말하기 상황과 비공식적인 말하기 상황으로 나누어 기호를 쓰시오.

> ㉠ 부모님께 인사하기
> ㉡ 수업 시간에 발표하기
> ㉢ 학급 회의에서 말하기
> ㉣ 쉬는 시간에 친구들과 이야기하기

(1) 공식적인 말하기 상황 : (   )
(2) 비공식적인 말하기 상황: (   )

2~3 다음 그림을 보고 물음에 답하시오.

2 이 그림은 어떤 상황에서의 말하기인지 알맞은 것에 ○표를 하시오.

(1) 공식적인 말하기 상황   (   )
(2) 비공식적인 말하기 상황   (   )

응용

3 이 그림과 같은 상황에서는 예사말과 높임말 가운데 무엇을 사용해야 하는지 쓰시오.
(   )

4~5 다음 연설을 읽고 물음에 답하시오.

> 선생님: 다음은 기호 2번 나성실 학생의 소견 발표를 들어 보겠습니다.
> 나성실: 안녕하세요? 저는 전교 학생회 회장단 선거에 입후보한 나성실입니다. 저는 가고 싶은 학교, 즐거운 학교를 만들고 싶어서 이 자리에 섰습니다. 우리 학교는 지난해에 학생들이 학교에 바라는 점을 설문 조사 했습니다. 학생들이 학교에 바라는 점 가운데에서 가장 많이 나온 의견은 바로 "깨끗한 화장실을 만들어 주세요."라는 의견으로 47퍼센트가 나왔습니다.
> 학생들: 맞아요. 좋아요.
> 나성실: 저는 이러한 여러분의 의견을 교장 선생님께 적극적으로 말씀드리고 전교 학생회에서도 의견을 모아 꼭 깨끗한 화장실을 만들겠습니다.

4 후보자가 어디에서 누구에게 말하고 있는지 보기 에서 찾아 쓰시오.

> 보기
>
> 집   영화관   강당   부모님   학생들

(1) 어디에서	
(2) 누구에게	

 주의

5 이와 같은 상황에서 후보자는 어떤 태도로 말해야 하는지 두 가지 고르시오. (,   )

① 연설 시간을 생각하며 말한다.
② 듣는 사람이 알기 쉽게 말한다.
③ 편한 자세로 바닥을 보며 말한다.
④ 자료 없이 짧게 자신의 주장만 말한다.
⑤ 듣는 사람 수가 많고 적음에 따라 예사 표현을 사용할지 높임 표현을 사용할지 정한다.

6 다음 그림을 보고, 두 가지 말하기 상황의 다른 점은 무엇인지 쓰시오.

▲ 쉬는 시간

▲ 수업 시간

_____

_____

7~8 다음 그림을 보고 물음에 답하시오.

음식 사진

7 그림 ②의 발표자가 활용한 자료는 무엇입니까?

( )

① 표 　　　　　　② 도표
③ 사진 　　　　　④ 동영상
⑤ 그래프

8 다음 그림 ①과 ② 가운데 듣는 사람이 더 이해하기 쉽게 발표한 것의 번호와 그 까닭을 쓰시오.

(1) 이해하기 쉽게 발표한 것: 그림 ( )

(2) 까닭: _____

_____

9 공식적으로 말하는 상황에서 활용할 수 있는 자료의 특성을 이야기하고 있습니다. 빈칸에 들어갈 자료를 【보기】에서 찾아 쓰시오.

음악이나 자막을 넣어 분위기를 잘 전달하고 싶을 때에는 (1) 을/를 활용하는 것이 좋아.

(2) 을/를 활용하면 수량의 변화 정도를 알 수 있어.

【보기】

　　　　동영상　　　　사진　　　　도표

(1) ( )
(2) ( )

10 다음 자료 가운데 대상의 정확한 모습을 한눈에 보여 줄 수 있는 것은 무엇입니까? ( )

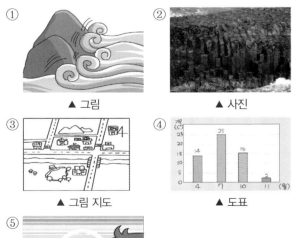

① ▲ 그림
② ▲ 사진
③ ▲ 그림 지도
④ ▲ 도표
⑤  ▲ 만화 영화

11~13 다음 그림을 보고 물음에 답하시오.

㉮

이 표는 과거에는 있었지만 지금은 사라진 직업의 종류를 보여 줍니다. 기술이 발달해 사라진 직업이 많습니다.

㉯

과거에 있던 직업인 보부상을 소개하는 동영상을 보여 드리겠습니다.

11 그림 ㉮의 학생이 활용한 자료는 무엇인지 쓰시오.

(   )

중요

12 그림 ㉯에서 발표하는 학생이 동영상 자료를 활용한 까닭은 무엇이겠습니까? (   )

① 여러 직업과 그 까닭을 정리하려고
② 보부상의 모습을 생생히 전달하려고
③ 보부상이 가는 길을 한눈에 보여 주려고
④ 보부상의 모습을 실물에 가깝게 꾸미려고
⑤ 사라진 직업의 종류를 직업별로 정리하려고

서술형

13 이 그림을 보고, 자료를 효과적으로 활용하여 발표하면 좋은 점을 쓰시오.

응용

14 가족과 다녀온 여행지를 학급 친구들에게 소개하려고 합니다. 쓸 수 있는 자료를 선으로 연결하시오.

(1) 여행지의 자연환경을 한눈에 보여 주고 싶다.   •

(2) 여행지까지 가는 길을 한눈에 보여 주고 싶다.   •

(3) 여행 코스와 일정이 잘 설명된 내용을 보여 주고 싶다.   •

• ㉠ 지도

• ㉡ 사진

• ㉢ 관광 안내서

서술형

15 다음과 같은 발표 상황에서는 자료를 어떻게 제시하는 것이 좋을지 쓰시오.

발표하는 상황	교실에서 학급 친구들에게 발표할 때
발표하는 상황의 특성	• 여러 사람 앞에서 발표한다. • 발표 장소가 넓다.

16~18 다음 그림을 보고 물음에 답하시오.

가

자료를 어디에서 가져왔을까?

나

자료가 너무 복잡해.

16 그림 ②와 ④ 상황 가운데 다음과 같은 점을 주의해야 할 것의 기호를 쓰시오.

> 자료를 활용할 때에는 자료를 가져온 곳을 꼭 밝혀야 한다.

( )

17 그림 ④에 나타난 문제점은 무엇입니까? ( )

① 작은 목소리로 말했다.
② 꼭 필요한 내용만 정리했다.
③ 자료를 너무 복잡하게 제시했다.
④ 자료를 제시하지 않고 발표했다.
⑤ 원작자의 동의를 구하지 않았다.

18 그림 ④의 발표자에게 가장 적절한 조언을 해 준 친구는 누구인지 쓰시오.

발표 내용에 알맞은 자료를 활용하도록 해.

원작자의 동의를 구해 야지.

한 번에 적절한 분량으로 복잡하지 않게 보여 줘야해.

원영   장원   나래

( )

19~20 다음 구성을 보고 물음에 답하시오.

[제목] 미래의 인재
[시작하는 말]

 안녕하세요? 1모둠 발표를 맡은 김대한입니다. 우리의 미래를 생각하면서 우리 모둠은 '미래에는 어떤 인재가 필요할까'라는 주제로 발표를 준비했습니다. 우리 모둠이 준비한 자료는 표와 동영상입니다. 자료를 보면서 발표를 들어 주십시오.

[자료 1]　　　 100대 기업의 인재상 변화

	2008년	2013년	2018년
1순위	창의성	도전 정신	소통과 협력
2순위	전문성	주인 의식	전문성
3순위	도전 정신	전문성	원칙과 신뢰
4순위	원칙과 신뢰	창의성	도전 정신
5순위	소통과 협력	원칙과 신뢰	주인 의식

출처: 대한상공회의소, 2018.

[설명하는 말]

 미래에는 어떤 인재가 필요할까요? 대한상공회의소에서 조사한 '100대 기업의 인재상 변화'에 따르면 2008년에는 창의성이 1순위였는데 2013년에는 도전 정신이, 2018년에는 소통과 협력이 1순위입니다. 이처럼 시대에 따라 필요한 인재상은 달라지고 있습니다.

19 이 자료의 구성으로 알맞지 <u>않은</u> 것은 무엇입니까? ( )

① 제목　　　　　　② 자료
③ 시작하는 말　　　④ 설명하는 말
⑤ 주장과 근거

서술형

20 [자료 1]은 발표 주제와 어울리는지 그 까닭을 들어 쓰시오.

_____

_____

1 말하기 상황이 나머지와 다른 하나는 어느 것입니까? (　　　)

① 국어 시간에 토론하기
② 아나운서가 뉴스 진행하기
③ 동생에게 공부 가르쳐 주기
④ 여러 사람 앞에서 강연하기
⑤ 학급 임원 선거에서 소견 발표하기

2 다음 그림과 같은 말하기 상황으로 알맞은 것을 모두 고르시오. (　　,　　,　　)

① 예사말로 말한다.
② 공식적으로 말하는 상황이다.
③ 높임 표현을 사용하는 상황이다.
④ 개인적인 관계에서 이야기 하고 있다.
⑤ 듣는 사람이 여러 사람인 상황에서 이야기하고 있다.

3 연설이 필요한 경우는 언제입니까? (　　　)

① 그림을 잘 그리는 짝을 칭찬할 때
② 방 청소를 하지 않는 동생에게 충고할 때
③ 가족과 함께 해결해야 할 문제가 생겼을 때
④ 친구에게 들려주고 싶은 옛이야기가 있을 때
⑤ 전교 학생회 회장단 선거 후보가 되어 의견을 발표할 때

4~5 다음 글을 읽고 물음에 답하시오.

나성실: 저는 최근에 『오늘의 순위』라는 책을 우연히 보았습니다. 이 책은 우리나라의 여러 가지를 조사한 순위를 알려 주는 책인데, 우리나라의 초등학생들 가운데에서 꿈이 없는 사람이 남학생은 14.2퍼센트, 여학생은 16.7퍼센트라고 합니다. 꿈을 정하지 못한 것이 아니라 꿈이 없는 학생들이 그만큼이라는 얘기입니다. 백 명 가운데 열다섯 명이 꿈이 없는 학생이라니, 어릴 때부터 공부만 열심히 하라는 말을 지겹게 들어 온 결과가 아닌가 싶습니다. 그래서 저는 우리 학교의 학생들만큼은 꼭 누구나 꿈을 하나씩 정하고 그 꿈을 이루려고 노력하도록 도와주고 싶습니다. 그래서 첫째, 여러분이 꿈을 찾을 수 있게 여러 가지 직업을 체험할 수 있는 직업 체험학습을 가도록 노력하겠습니다. 둘째, 우리가 모르는 직업을 알 수 있도록 선생님의 도움을 받아서 여러 가지 꿈 찾기 기획을 진행하려고 합니다. 여러분, 깨끗한 환경과 꿈이 있는 학교를 만들려고 최선을 다하겠습니다. 기호 2번 나성실, 꼭 뽑아 주십시오. 감사합니다.

4 성실이는 의견을 발표할 때 어떤 자료를 활용했습니까? (　　　)

① 책　　　　　　② 음악
③ 사진　　　　　④ 실물
⑤ 지도

5 성실이는 어떤 공약을 발표했습니까? (　　　)

① 꿈을 하나씩 정해 주겠다.
② 다양한 직업을 갖게 해 주겠다.
③ 직업 체험학습을 가도록 노력하겠다.
④ 공부만 열심히 할 수 있게 도와주겠다.
⑤ 여러 가지를 조사한 순위를 알려 주겠다.

설명하는 대상의 모습을 정확하게 보여 줄 때에는 사진을 활용하는 것이 좋아.

도표를 활용하면 수량의 변화 정도를 알 수 있어.

음악이나 자막을 넣어 분위기를 잘 전달할 때에는 동영상이 적절해.

6 오른쪽 자료의 특성으로 알맞은 것은 무엇입니까?
( )

2017년 서울 강수량 분석

① 자막을 넣을 수 있다.
② 음악을 들을 수 있다.
③ 복잡하게 전달할 수 있다.
④ 수량의 변화 정도를 알 수 있다.
⑤ 대상의 정확한 모습을 알 수 있다.

7 여행지의 풍경을 음악을 넣어 전달하려고 합니다. 어떤 자료를 활용해야 하는지 쓰시오.

( )

8 교실에서 발표를 할 때에 자료를 제시하는 방법으로 알맞지 않은 것의 기호를 쓰시오.

㉠ 표 – 크게 출력해 보여 준다.
㉡ 사진 – 모둠별로 직접 보여 준다.
㉢ 영상 – 휴대 전화로 영화 전편을 보여 준다.

( )

㉮ ㉯

이 표는 과거에는 있었지만 지금은 사라진 직업의 종류를 보여 줍니다. 기술이 발달해 사라진 직업이 많습니다.

사라진 직업	사라진 까닭
물장수	수돗물이 집집마다 나오기 때문입니다.
전화 교환원	전화가 자동으로 연결되기 때문입니다.

과거에 있던 직업인 보부상을 소개하는 동영상을 보여 드리겠습니다.

3 단원

9 학생들은 무엇을 발표하고 있습니까? ( )

① 과거의 직업
② 부모님의 직업
③ 미래에 생길 직업
④ 내가 하고 싶은 일
⑤ 친구들이 선호하는 직업

10 그림 ㉮와 ㉯에서 말할 내용에 따라 활용한 자료가 다른 까닭입니다. 빈칸에 들어갈 알맞은 말을 보기 에서 찾아 쓰시오.

보기

표   동영상   사진   지도

그림	말할 내용에 따라 활용할 수 있는 자료가 다른 까닭
㉮	사라진 직업의 종류와 그 까닭을 직업별로 정리해서 보여 주기에 ((1))이/가 알맞기 때문이다.
㉯	과거 직업인 보부상의 모습을 생생하게 전달할 수 있는 자료가 ((2))이기 때문이다.

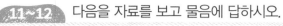
11~12 다음을 자료를 보고 물음에 답하시오.

▲ 사진 ▲ 도표

▲ 지도 ▲ 동영상

11 지우는 어떤 자료를 활용하여 발표하면 좋을지 쓰시오.

첨성대까지 가는 길이나 교통편을 한눈에 보여 줄 거야.

지우

( )

12 여러 나라의 민요를 생생하게 전달하려고 합니다. 자막을 넣어 활용할 수 있는 자료를 쓰시오.

( )

13 자료를 활용하여 발표하는 방법으로 알맞지 <u>않은</u> 것은 무엇입니까? ( )

① 자료의 출처를 밝힌다.
② 최근의 자료를 활용한다.
③ 한꺼번에 많은 자료를 제시한다.
④ 발표 상황에 알맞은 자료를 제시한다.
⑤ 내용을 효과적으로 전달할 자료를 선택한다.

14 다음 발표하는 상황의 특성이나 자료 제시 방법으로 알맞지 <u>않은</u> 것은 무엇입니까? ( )

교실에서 학급 친구들에게 발표할 때

① 발표 장소가 넓다.
② 여러 사람 앞에서 발표한다.
③ 필요 없는 내용도 자료로 활용할 수 있다.
④ 듣는 사람 중에서 거리가 멀리 떨어진 자리에 앉은 사람이 있다.
⑤ 멀리 있는 친구들이 잘 볼 수 있도록 자료를 확대하여 활용해야 한다.

15 다음 그림에서 발표자가 <u>잘못한</u> 점은 무엇입니까? ( )

자료가 너무 길어.

① 자료가 너무 길다.
② 자료의 출처를 크게 제시했다.
③ 너무 작은 목소리로 발표했다.
④ 자료의 크기를 너무 작게 제시했다.
⑤ 주제에 맞지 않는 자료를 제시했다.

16~17 다음 구성을 보고 물음에 답하시오.

[자료 1]　　　100대 기업의 인재상 변화

	2008년	2013년	2018년
1순위	창의성	도전 정신	소통과 협력
2순위	전문성	주인 의식	전문성
3순위	도전 정신	전문성	원칙과 신뢰
4순위	원칙과 신뢰	창의성	도전 정신
5순위	소통과 협력	원칙과 신뢰	주인 의식

출처: 대한상공회의소, 2018.

[설명하는 말]

　미래에는 어떤 인재가 필요할까요? 대한상공회의소에서 조사한 '100대 기업의 인재상 변화'에 따르면 2008년에는 창의성이 1순위였는데 2013년에는 도전 정신이, 2018년에는 소통과 협력이 1순위입니다. 이처럼 시대에 따라 필요한 인재상은 달라지고 있습니다.

　우리가 어른이 되는 미래에는 어떤 인재가 필요할까요? 우리 모둠은 인공 지능, 사물 인터넷 같은 4차 산업 혁명으로 이전과는 다른 산업 형태가 나타나면서 필요한 인재상도 달라질 것이라고 예상했습니다. 미래에는 변화가 굉장히 빠른 속도로 일어나기 때문에 미래의 인재에게 가장 중요한 것은 계속 배우려는 의지라고 생각합니다.

[자료 2]

[설명하는 말]

　다음으로 준비한 자료는 한국교육방송공사에서 방송한 「일자리의 미래」입니다. 자료를 보면서 발표를 이어 가겠습니다.

16 어떤 자료들을 준비했습니까? (　　,　　)

① 표　　　② 면담　　　③ 사진
④ 동영상　　⑤ 그래프

17 발표 주제는 무엇이겠습니까? (　　　)

① 미래의 인재　　　② 과거의 직업
③ 다양한 취미　　　④ 희망 직업 조사
⑤ 4차 산업의 종류

18 준비한 자료에 어울리는 설명은 어떻게 해야 하는지 두 가지 고르시오. (　　,　　)

① 자료를 가져온 곳을 반드시 밝혀야 한다.
② 자료에 담긴 핵심 내용이 들어가야 한다.
③ 설명하는 내용은 한 줄만 짧게 넣어야 한다.
④ 듣는 이에게 느낌을 묻는 말을 꼭 넣어야 한다.
⑤ 자료에 맞지 않아도 재미있는 말을 넣어야 한다.

19 자료를 활용해 체계적으로 발표할 때 주의할 점을 바르게 설명한 것을 찾아 ○표를 하시오.

(1) 발표할 내용과 활용할 자료의 특성을 생각한다.
(　　　)

(2) 인터넷에서 찾은 자료는 출처를 표시하지 않아도 된다. (　　　)

서술형

20 다음 발표 상황을 떠올려 보고 주의할 점을 한 가지 더 쓰시오.

듣는 사람	우리 반 친구들	발표 장소	교실

• 준비한 자료를 차례에 맞게 잘 보여 준다.

• _____

_____

1 다음과 같은 공식적인 말하기 상황에서 후보자는 어떤 태도로 말해야 할지 쓰시오.

강당에서 학생들에게 말하고 있습니다.

1 말하기 상황을 구별하여 보고, 그 상황에 적절한 태도로 말해야 합니다. 듣는 사람이 이해하기 쉽게 말하고 듣는 사람의 특성과 연설하는 시간도 고려해야 합니다.

2 그림을 보고, 두 가지 말하기 상황의 비슷한 점과 다른 점은 무엇인지 비교해 쓰시오.

㉮

㉯
발표하기

비슷한 점	(1)
다른 점	(2)

2 그림 ㉯는 한 친구가 교실에서 발표하는 모습입니다.

[제목] 미래의 인재

[시작하는 말]

안녕하세요? 1모둠 발표를 맡은 김대한입니다. 우리의 미래를 생각하면서 우리 모둠은 '미래에는 어떤 인재가 필요할까'라는 주제로 발표를 준비했습니다. 우리 모둠이 준비한 자료는 표와 동영상입니다. 자료를 보면서 발표를 들어 주십시오.

[자료 1] 100대 기업의 인재상 변화

	2008년	2013년	2018년
1순위	창의성	도전 정신	소통과 협력
2순위	전문성	주인 의식	전문성
3순위	도전 정신	전문성	원칙과 신뢰
4순위	원칙과 신뢰	창의성	도전 정신
5순위	소통과 협력	원칙과 신뢰	주인 의식

출처: 대한상공회의소, 2018.

[설명하는 말]

미래에는 어떤 인재가 필요할까요? 대한상공회의소에서 조사한 '100대 기업의 인재상 변화'에 따르면 2008년에는 창의성이 1순위였는데 2013년에는 도전 정신이, 2018년에는 소통과 협력이 1순위입니다. 이처럼 시대에 따라 필요한 인재상은 달라지고 있습니다.

......

[자료 2]

[설명하는 말]

다음으로 준비한 자료는 한국교육방송공사에서 방송한 「일자리의 미래」입니다. 자료를 보면서 발표를 이어 가겠습니다.

도움말

⭐ '미래의 인재'에 대해 발표할 내용을 쓴 것입니다.

3 시작하는 말과 함께 어떤 자료를 보여 주면 좋을지 쓰시오.

3 시작하는 말은 발표에 대한 사람들의 흥미를 불러 일으켜야 합니다.

4 제시한 동영상 자료는 마지막에 구성한 자료입니다. 동영상 자료를 마지막에 넣은 까닭은 무엇일지 쓰시오.

4 동영상 자료를 활용하면 내용을 생생하게 전달할 수 있습니다.

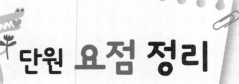

단원 요점 정리 / 4. 주장과 근거를 판단해요

핵심 1 다양한 주장 살펴보기

• 서로 다른 주장을 살펴봅니다.
• 다양한 주장을 존중하는 마음을 가져 봅니다.
 – 자기 생각과 다른 주장이라도 존중해야 합니다.
 – 주장에 대한 근거가 적절하다면 다양한 주장을 존중해야 합니다.

예 '동물원은 필요한가'에 대한 서로 다른 주장

	주장	동물원은 있어야 한다.
지훈	근거	• 동물원은 우리에게 큰 즐거움을 준다. • 동물원은 동물을 보호해 준다.
미진	주장	동물원은 없애야 한다.
	근거	• 동물원은 동물의 자유를 *구속하고, 동물에게 사람의 구경거리가 되는 고통을 준다. • 동물원은 인공적인 환경이기 때문에 자연을 대신할 수 없다.

같은 문제 상황에 대해 서로 다른 주장이 나오는 까닭
• 사람마다 겪은 일이 서로 다르기 때문입니다.
• 사람마다 처한 상황이 서로 다르기 때문입니다.

→ 하나의 상황을 보고도 다양한 주장이 나올 수 있으므로 다양한 주장을 존중하는 태도를 가져야 합니다.

핵심 2 논설문의 특성을 생각하며 글 읽기

• 논설문은 주장과 이를 뒷받침하는 근거로 이루어져 있습니다. → 논설문은 어떤 문제를 놓고 글쓴이가 내세우는 생각인 주장과, 주장을 뒷받침하는 근거로 이루어져 있습니다.
• 논설문은 서론, 본론, 결론으로 짜여 있습니다.
• 서론에서는 글을 쓴 문제 상황과 글쓴이의 주장을 밝힙니다.
• 본론에서는 글쓴이의 주장에 적절한 근거를 제시합니다.
 – 근거를 뒷받침하는 내용에는 구체적인 예나 다양한 자료를 포함합니다.
• 결론에서는 글 내용을 요약하기도 하고 글쓴이의 주장을 다시 한번 강조할 수도 있습니다.

핵심 3 내용의 *타당성과 표현의 적절성 판단하기

• 근거가 주장과 관련 있는지 살펴봅니다.
• 근거가 주장을 뒷받침하는지 살펴봅니다.
• 주관적인 표현, 모호한 표현, 단정하는 표현을 쓰지 않았는지 살펴봅니다.

예 「자연 보호는 우리가 꼭 해야 할 일」의 주장과 근거

주장	자연을 보호해야 한다.
근거	• 자연은 한번 파괴되면 복원하기가 어렵다. • 무리한 자연 개발은 생태계를 파괴한다. • 자연은 우리 후손이 살아갈 삶의 터전이다.

자연을 보호하자는 주장은 가치 있고 중요할까?

이상 기후 현상이 점점 심각해지는 지금 상황에서 이 주장은 중요해.

논설문의 표현이 적절한지 판단하기
• 자신만의 생각이나 감정에 치우치는 주관적인 표현보다는 객관적인 표현을 써야 합니다.
• 낱말이나 문장이 나타내는 의미가 분명하지 않아 정확하게 해석할 수 없는 모호한 표현을 쓰지 않습니다.
• '반드시', '절대로', '결코'와 같이 어떤 사실을 딱 잘라 판단하거나 결정해 단정하는 표현은 쓰지 말아야 합니다.

핵심 4 타당한 근거를 들어 알맞은 표현으로 논설문 쓰기

• 논설문을 쓰려면 먼저 문제 상황을 떠올립니다. 그리고 그 문제 상황을 해결할 주장을 정하고, 주장을 뒷받침하는 근거를 제시하는 과정을 거칠 수 있습니다.
• 쓴 글을 친구들과 바꾸어 읽습니다.

논설문의 평가 기준
• 주장이 가치 있고 중요한가?
• 근거가 주장과 관련되는가?
• 근거가 주장을 뒷받침하는가?
• 표현이 적절한가?

「동물원은 필요한가」를 읽고 동물원이 필요한지 이야기하기 예

나는 동물원이 있어야 한다고 생각해. 동물원에서 평소에 볼 수 없는 동물들을 보고 동물을 사랑하는 마음이 생겼기 때문이야.

나는 동물원을 없애야 한다고 생각해. 동물원에 있는 동물들도 자유를 누릴 권리가 있어.

논설문에서 표현이 적절한지 판단해 보기

나는 자전거 타기보다 걷기를 더 좋아한다. 그래서 걷기는 좋은 운동이다.

➡ '나는 ~을/를 좋아한다.'와 같은 주관적인 표현으로는 다른 사람을 논리적으로 설득하기 어렵습니다.

근거를 뒷받침하는 예를 찾아 정리하기

• 근거를 보충할 만한 예를 인터넷이나 신문에서 찾아봅니다.
• 정확한 수치를 담은 도표나 통계 자료를 찾아서 제시하면 좋습니다.

낱말 사전

★ 구속 행동이나 의사의 자유를 제한하거나 속박함.
★ 타당성 사물의 이치에 맞는 옳은 성질.

1 주장에 대한 근거가 적절하다면 다양한 주장을 ☐☐ 해야 합니다.

2 논설문은 주장과 이를 뒷받침하는 ☐☐ 로 되어 있습니다.

3 논설문은 ☐☐, 본론, 결론으로 짜여 있습니다.

4 서론에서는 글을 쓴 ☐☐☐☐과 글쓴이의 주장을 밝힙니다.

5 본론에서는 글쓴이의 ☐☐에 적절한 근거를 제시합니다.

6 결론에서는 글 내용을 ☐☐ 하기도 하고 글쓴이의 주장을 다시 한번 강조할 수도 있습니다.

7 근거의 타당성을 판단할 때에는 근거가 ☐☐과 관련 있는지 살펴봅니다.

8 근거의 타당성과 표현의 적절성을 판단할 때에는 근거가 주장을 ☐☐☐하는지 살펴봅니다.

9 표현의 적절성을 판단할 때에는 ☐☐적인 표현, 모호한 표현, 단정하는 표현을 사용하지 않았는지 살펴봅니다.

10 논설문을 쓰려면 먼저 ☐☐☐☐을 떠올리고 그 문제 상황을 해결할 수 있는 주장을 정합니다.

도움말

1. 자신의 생각과 다른 주장이어도 존중해 주는 것이 올바른 태도입니다.

핵심 1

1 다음 대화에서 같은 문제 상황에 대해 서로 다른 주장이 나오는 까닭을 잘못 말한 친구는 누구인지 쓰시오.

아라: 사람마다 서로 겪은 일이 다르기 때문이야.

현욱: 사람마다 각자 자기의 주장이 가장 중요하다고 생각하기 때문이지.

준하: 사람마다 처한 상황이 다르기 때문일 거야.

(   )

2. 어떤 주제에 관하여 자기의 생각이나 주장을 체계적으로 밝혀 쓴 글은 무엇인지 생각해 봅니다.

핵심 2

2 다음은 어떤 글의 특성에 대한 설명인지 쓰시오.

- 어떤 문제를 놓고 글쓴이가 내세우는 생각인 주장과 주장을 뒷받침하는 근거로 이루어진다.
- 서론, 본론, 결론으로 짜여 있다.

(   )

3. 글의 끝을 맺는 부분에 들어갈 내용입니다.

핵심 2

3 다음은 논설문의 '서론, 본론, 결론' 가운데 어느 부분에 들어갈 내용인지 ○ 표를 하시오.

- 글을 요약한 내용
- 글쓴이의 주장을 다시 한번 강조한 내용

(서론 ,   본론 ,   결론   )

4 근거의 타당성과 표현의 적절성을 판단하기 위하여 생각할 내용이 아닌 것은 어느 것입니까? (   )

① 근거가 실천 가능한가?
② 주장이 가치 있고 중요한가?
③ 근거가 주장과 관련 있는가?
④ 근거가 주장을 뒷받침하는가?
⑤ 근거에 재미있는 표현이 사용되었는가?

도움말

4. 근거는 간결하고 분명하며 객관 표현으로 정확하게 나타내야 이해하기 쉽고 신뢰감을 높일 수 있습니다.

5 논설문에서는 어떤 표현을 써야 합니까? (   )

① 모호한 표현
② 객관적인 표현
③ 주관적인 표현
④ 단정하는 표현
⑤ 의미가 불분명한 표현

5. 논설문은 자신의 견해나 관점을 정확하게 표현하는 글입니다.

6 다음을 논설문을 쓰는 차례에 맞게 번호를 쓰시오.

(1) 문제 상황 떠올리기   (   )
(2) 문제 상황을 해결할 주장 정하기   (   )
(3) 주장을 뒷받침하는 근거 제시하기   (   )

6. 논설문의 특성과 각 부분에 써야 할 내용과 연관 지어 생각해 봅니다.

4
단원

1~5 다음 글을 읽고 물음에 답하시오.

시은이네 모둠은 '동물원은 필요한가'라는 주제로 서로 이야기해 보기로 했다. 먼저 시은이가 문제 상황을 설명했다.

시은: 동물원은 살아 있는 동물들을 모아서 기르는 곳입니다. 자연 상태에서 보기 힘든 다양한 동물을 가까이에서 볼 수 있어 동물의 생태와 습성, 자연환경의 소중함을 배울 수 있는 교육 장소입니다. 하지만 좁은 우리에 갇혀 살아가는 동물들은 스트레스를 많이 받습니다. '동물원은 필요한가'에 대해 우리 모둠 친구들은 어떻게 생각하나요?

지훈이가 손을 들고 자기 생각을 말했다.

지훈: 저는 [   ]고 생각합니다. 그 까닭은 첫째, 동물원은 우리에게 큰 즐거움을 줍니다. 3000년 전에 이미 동물원을 만들었을 만큼 사람은 동물을 좋아하고 가까이해 왔습니다. 동물원에서는 쉽게 만날 수 없는 동물을 가까이에서 볼 수 있는데, 열대 지역에 사는 사자나 극지방에 사는 북극곰도 쉽게 만날 수 있습니다. 서울 동물원에만 한 해 평균 350만 명이 방문한다고 합니다. 이렇게 많은 사람이 동물원을 좋아하고 동물원에서 즐거움을 느낍니다. 둘째, 동물원은 동물을 보호해 줍니다. 야생에서는 약한 동물은 더 강한 동물에게 공격당하거나 먹이가 없어 굶어 죽기도 합니다. 동물원은 자유를 제한하더라도 먹이와 안전을 보장하기 때문에 동물에게 훨씬 이롭습니다. 최근에는 친환경 동물원으로 탈바꿈하는 곳도 많습니다. 동물들이 지내는 환경을 개선하면 동물원은 사람에게도, 동물에게도 이로운 곳이 될 것입니다.

1 시은이가 제시한 문제 상황은 무엇인지 쓰시오.

> 동물원은 동물의 생태와 습성, 자연환경의 소중함을 배울 수 있는 교육의 장소이지만
>
> _____
>
> _____

2 글의 내용으로 보아 [   ] 안에 들어갈 지훈이의 주장으로 알맞은 것에 ○표를 하시오.

⑴ 동물원이 있어야 한다 (   )

⑵ 동물원은 없애야 한다 (   )

3 지훈이가 주장을 뒷받침하기 위하여 제시한 근거를 두 가지 고르시오. (,   )

① 동물이 사람을 좋아한다.

② 동물원은 동물을 보호해 준다.

③ 동물원은 우리에게 즐거움을 준다.

④ 자연환경의 소중함을 배울 수 있다.

⑤ 생활환경을 친환경적인 상태로 바꿀 수 있다.

4 지훈이는 자신의 주장을 뒷받침하기 위하여 어떤 방법으로 근거를 제시하였습니까? (   )

① 면담 자료를 제시하였다.

② 공개된 자료를 인용하였다.

③ 자기의 경험을 예로 들었다.

④ 견학해 조사한 내용을 제시하였다.

⑤ 권위 있는 동물학자의 말을 인용하였다.

서술형

5 같은 문제 상황에 대해 지훈이와 다른 주장을 하는 친구가 있다면 그 까닭은 무엇일지 쓰시오.

_____

6~10 다음 글을 읽고 물음에 답하시오.

❶ 요즘에 우리 전통 음식보다는 외국에서 유래한 햄버거나 피자와 같은 음식을 더 좋아하는 어린이를 쉽게 볼 수 있습니다. 이러한 음식은 지나치게 많이 먹으면 건강이 나빠지기도 합니다. 그에 비해 우리 전통 음식은 오랜 세월에 걸쳐 전해 오면서 우리 입맛과 체질에 맞게 발전해 왔기 때문에 여러 가지 면에서 우수합니다. 우리 전통 음식을 사랑합시다. 왜 우리 전통 음식을 사랑해야 할까요?

❷ 첫째, 우리 전통 음식은 건강에 이롭습니다. 우리가 날마다 먹는 밥은 담백해 쉽게 싫증이 나지 않으며 어떤 반찬과도 잘 어우러져 균형 잡힌 영양분을 섭취하기 좋습니다. 또 된장, 간장, 고추장과 같은 발효 식품에는 무기질과 비타민이 풍부하게 들어 있어 몸을 건강하게 해 줍니다. 특히 청국장은 항암 효과는 물론 해독 작용까지 뛰어나다고 합니다. 된장도 건강에 이로운 식품으로 알려져 있습니다.

❸ 둘째, 우리 전통 음식을 가까이하면 계절과 지역에 따라 다양한 맛을 즐길 수 있습니다. 우리 조상은 생활 주변에서 나는 여러 가지 재료를 이용해 계절에 맞는 다양한 음식을 만들어 왔습니다. 주변 바다와 산천에서 나는 풍부하고 다양한 해산물과 갖은 나물이나 채소와 같은 재료에는 각각 고유한 맛이 있습니다. 이러한 재료를 이용해 만든 여러 가지 음식은 지역 특색을 살린 독특한 맛을 냅니다. 비빔밥의 경우, 콩나물을 비롯한 여러 가지 나물에 육회를 얹은 전주비빔밥, 기름에 볶은 밥에 고사리와 가늘게 찢은 닭고기, 각종 나물과 황해도 특산물인 김을 얹은 해주비빔밥, 멍게를 넣은 통영비빔밥과 같이 그 지역 특산물에 따라 다양하게 만들었습니다. 김치 또한 시원하고 톡 쏘는 맛이 강하거나 맵고 진한 감칠맛이 나는 등 지역에 따라 다양한 맛으로 만든 것을 볼 수 있습니다.

▲전주비빔밥

▲통영비빔밥

「전통 음식의 우수성」

6 문단 ❶ ~ ❸ 가운데 글을 쓴 문제 상황이 나타난 부분의 번호를 쓰시오.

문단 (   )

7 글쓴이가 이 글을 쓴 목적은 무엇인지 쓰시오.

_____

_____

4 단원

8 발효 식품이 몸을 건강하게 해 주는 까닭은 무엇입니까? (   )

① 담백해 쉽게 싫증이 나지 않아서
② 어떤 반찬과도 잘 어우러질 수 있어서
③ 약 대신 먹어도 될 만큼 항암 효과가 높아서
④ 한 가지만 먹어도 영양분을 섭취할 수 있어서
⑤ 발효 식품에는 무기질과 비타민이 들어 있어서

9 문단 ❸에서 제시한 근거를 뒷받침하는 예가 <u>아닌</u> 음식은 무엇입니까? (   )

① 김치   ② 햄버거
③ 전주비빔밥   ④ 해주비빔밥
⑤ 통영비빔밥

10 우리 전통 음식에 대한 글쓴이의 생각을 두 가지 고르시오. (,   )

① 건강에 이롭다.
② 쉽게 싫증이 날 수 있다.
③ 다양한 음식으로 만들 수 없다.
④ 지나치게 많이 먹으면 안 된다.
⑤ 계절과 지역에 따라 다양한 맛을 즐길 수 있다.

11~15 다음 글을 읽고 물음에 답하시오.

둘째, 무리한 자연 개발은 생태계를 파괴한다. 생물은 서로 유기적인 생태계로 얽혀 있으며 주변 환경과 영향을 주고받으면서 살아간다. 자연 개발로 생태계를 파괴하면 결국 사람의 생활 환경을 악화시키는 결과를 초래한다. 예를 들어, 사람의 편의를 돕는 시설을 만들면서 무분별하게 산을 파헤치면 동식물은 삶의 터전을 잃는다. 무리한 자연 개발의 결과로 기후 변화 현상까지 나타나 동물이 멸종 위기에 처하고, 지구 환경이 위협을 받기도 한다. 동식물이 살 수 없는 곳은 사람도 살 수 없는 곳이 된다. 사람도 자연의 일부분이므로 자연과 조화를 이루어야 우리 삶이 풍요로워진다.

셋째, 자연은 우리 후손이 살아갈 삶의 터전이다. 당장의 편리와 이익만을 추구하다 보면 우리 후손에게 훼손된 자연을 물려주게 된다. 환경을 고려하지 않은 개발로 물, 공기, 토양, 해양과 같은 자연환경이 돌이키기 힘들 정도로 훼손되면 우리 후손은 그 훼손된 자연 속에서 살아가야 한다. 조상으로부터 금수강산을 물려받은 우리는 후손에게 아름다운 자연을 물려주어야 할 의무가 있다. 자연은 조상이 남긴 소중한 환경 유산이자 후손이 앞으로 살아갈 삶의 터전임을 기억해야 한다.

자연은 어머니의 따뜻한 품이자 우리의 영원한 안식처이다. 더 이상 무분별한 개발로 금수강산을 훼손해서는 안 된다. 자연 개발로 사라져 가는 동식물을 다시 이 땅으로 돌아오게 하여 더불어 살아야 한다. 지나친 개발 때문에 나타나는 지구 온난화와 이상 기후 현상이 더 이상 심해지지 않도록 노력하는 일도 우리 모두에게 남겨진 과제이다. 이제 우리 모두 자연 보호를 실천해야 한다.

▲ 지구 온난화로 멸종 위기에 처한 북극곰

「자연 보호는 우리가 꼭 해야 할 일」

11 글쓴이의 주장에 대한 근거를 한 가지 더 쓰시오.

• 무리한 자연 개발은 생태계를 파괴한다.

•

12 자연 개발의 피해로 알맞지 않은 것은 무엇입니까?
( )

① 기후 변화 현상까지 나타난다.
② 사람의 생활 환경을 악화시킨다.
③ 지구 환경이 위협을 받기도 한다.
④ 사람과 자연이 조화를 이루게 된다.
⑤ 산을 파헤치면 동식물은 삶의 터전을 잃는다.

응용

13 글쓴이가 생각하는 우리의 의무는 무엇입니까?
( )

① 편리와 이익을 추구하며 개발하기
② 후손에게 아름다운 자연 물려주기
③ 사람의 편의를 위한 시설물 만들기
④ 조상으로부터 물려받은 자원 늘려 주기
⑤ 훼손된 자연 속에서 사는 방법 알려 주기

중요

14 이 글에서 주장하는 것은 무엇입니까? ( )

① 삶의 터전을 가꾸자.
② 자연 보호를 실천하자.
③ 이상 기후를 대비하자.
④ 자연을 계획적으로 개발하자.
⑤ 자연 개발로 편리한 삶을 누리자.

서술형

15 근거가 주장을 뒷받침하는지 판단해 보고, 그렇게 생각한 까닭을 쓰시오.

16 논설문에서 다음 문장은 어떻게 고쳐 써야 하는지 알맞은 말에 ○ 표를 하시오.

> 나는 자전거 타기보다 걷기를 더 좋아한다. 그래서 걷기는 좋은 운동이다.

• 자신만의 의견이나 판단을 바탕으로 한 표현보다는 (주관 , 객관)적인 표현을 써야 한다.

17 논설문에서 보기 와 같은 표현을 쓰면 무엇이 문제입니까? (   )

보기
• 적당히 먹어야 건강에 좋다.
• 운동회는 우리 학교 전통이니까 하면 좋겠지만, 재미는 없을 것이다.

① 다른 사람을 논리적으로 설득하기 쉽다.
② 근거가 주장과 관련되어 있는지 알 수 있다.
③ 자신이 말하려는 내용을 다른 사람에게 명확하게 전달할 수 없다.
④ 문제 상황에 대해 자신의 입장을 분명하고 일관성 있게 제시할 수 있다.
⑤ 자신이 제시한 의견이 주제에 적합하고 창의적이었다고 생각할 수 있다.

18 다음은 단정하는 표현이 들어간 문장입니다. 논설문에 알맞은 표현으로 바꾸기 위해 삭제해야 할 부분은 어디입니까? (   )

> 국립 공원에 절대로 케이블카를 설치해서는 안 된다.

① 국립   ② 공원에
③ 절대로   ④ 케이블카를
⑤ 설치해서는 안 된다.

19~20 다음 그림을 보고 물음에 답하시오.

스마트폰 중독

즉석 음식 즐겨 먹기

한 가지 갈래의 책만 읽기

?

4 단원

19 그림 ㉮~㉰는 우리 주변에서 일어나는 문제 상황입니다. 그 밖에 어떤 것이 있을지 쓰시오.

_____

_____

20 그림 ㉯의 문제 상황을 해결할 수 있는 글을 쓰려고 합니다. 주장을 뒷받침할 근거로 알맞은 것은 무엇입니까? (   )

① 즉석 음식으로 다양한 맛을 즐길 수 있다.
② 즉석 음식은 이로운 식품으로 알려져 있다.
③ 즉석 음식은 편리함과 맛으로 인기가 많다.
④ 즉석 음식을 지나치게 많이 먹으면 건강이 나빠진다.
⑤ 좋아하는 음식 위주로 먹어도 영양소를 충분히 섭취할 수 있다.

1~4 다음 글을 읽고 물음에 답하시오.

> 미진: 동물원은 없애야 합니다. 첫째, 동물원은 동물의 자유를 구속하고, 동물에게 사람의 구경거리가 되는 고통을 줍니다. 동물원에서 동물은 제한된 공간에 갇혀 수많은 관람객과 마주해야 합니다. 이러한 상황에서 동물은 극심한 스트레스를 받습니다. 동물은 사람의 눈요깃거리가 아니라 그 자체로 존중받아야 하는 소중한 생명체입니다. 둘째, 동물원은 인공적인 환경이기 때문에 자연을 대신할 수 없습니다. 동물원의 우리는 동물의 행동반경에 비해 턱없이 좁습니다. 친환경 동물원이 생기고 있지만 동물이 원래 살던 환경을 그대로 동물원으로 옮기는 것은 불가능합니다. 동물은 인위적으로 만든 동물원보다 생태계가 어우러진 광활한 자연에서 살아야 합니다. 동물에게 이로움보다 해로움이 훨씬 더 많은 동물원은 없애야 한다고 생각합니다.

1 이 글은 어떤 문제에 대한 주장을 펼치고 있습니까?
( )

① 동물원은 필요한가
② 동식물을 보호해야 하는가
③ 동물에 대한 연구는 필요한가
④ 인간의 즐거움을 위해 필요한 것은 무엇인가
⑤ 인간이 편안하고 즐거운 생활을 해야 하는 까닭은 무엇인가

2 미진이의 주장은 무엇입니까? ( )

① 동물원을 옮겨야 한다.
② 동물원은 없애야 한다.
③ 동물원을 만들어야 한다.
④ 동물원의 우리를 넓혀야 한다.
⑤ 동물의 안전을 보장해야 한다.

3 미진이가 자신의 주장을 뒷받침하기 위한 근거로 제시한 것을 두 가지 고르시오. (,)

① 동물원은 동물을 보호해 준다.
② 친환경 동물원이 늘어나고 있다.
③ 동물원은 동물의 자유를 구속한다.
④ 동물원은 우리에게 즐거움을 준다.
⑤ 동물원은 인공적인 환경이기 때문에 자연을 대신할 수 없다.

서술형

4 미진이가 말한 문제에 대한 자신의 주장과 근거를 다음 조건 에 맞게 쓰시오.

> **조건**
> • 주장을 한 문장으로 쓴다.
> • 주장을 뒷받침하는 근거를 한 가지 쓴다.

(1) 주장: _____

(2) 근거: _____

_____

_____

5 자신의 생각과 다른 주장에 대해 어떤 마음을 가져야 할지 잘못 말한 것에 × 표를 하시오.

(1) 내 생각과 같은 주장만 존중해야 해. ( )
(2) 내 생각과 다른 주장이라도 존중해야 해.
( )
(3) 주장에 대한 근거가 적절하다면 다양한 주장을 존중해야 해. ( )

6~10 다음 글을 읽고 물음에 답하시오.

❶ 요즘에 우리 전통 음식보다는 외국에서 유래한 햄버거나 피자와 같은 음식을 더 좋아하는 어린이를 쉽게 볼 수 있습니다. 이러한 음식은 지나치게 많이 먹으면 건강이 나빠지기도 합니다. 그에 비해 우리 전통 음식은 오랜 세월에 걸쳐 전해 오면서 우리 입맛과 체질에 맞게 발전해 왔기 때문에 여러 가지 면에서 우수합니다. 우리 전통 음식을 사랑합시다. 왜 우리 전통 음식을 사랑해야 할까요?

❷ 첫째, 우리 전통 음식은 건강에 이롭습니다. 우리가 날마다 먹는 밥은 담백해 쉽게 싫증이 나지 않으며 어떤 반찬과도 잘 어우러져 균형 잡힌 영양분을 섭취하기 좋습니다. 또 된장, 간장, 고추장과 같은 발효 식품에는 무기질과 비타민이 풍부하게 들어 있어 몸을 건강하게 해 줍니다. 특히 청국장은 항암 효과는 물론 해독 작용까지 뛰어나다고 합니다. 된장도 건강에 이로운 식품으로 알려져 있습니다.

▲ 청국장

❸ 둘째, 우리 전통 음식을 가까이하면 계절과 지역에 따라 다양한 맛을 즐길 수 있습니다. 우리 조상은 생활 주변에서 나는 여러 가지 재료를 이용해 계절에 맞는 다양한 음식을 만들어 왔습니다. 주변 바다와 산천에서 나는 풍부하고 다양한 해산물과 갖은 나물이나 채소와 같은 재료는 각각 고유한 맛이 있습니다. 이러한 재료를 이용해 만든 여러 가지 음식은 지역 특색을 살린 독특한 맛을 냅니다.

6 각 문단의 중심 문장을 찾아 쓰시오.

❶	우리 전통 음식을 사랑합시다.
❷	(1)
❸	(2)

7 다음은 문단 ❶~❸ 가운데 어디에 대한 설명인지 번호를 쓰시오.

- 글을 쓴 문제 상황을 밝힌다.
- 글쓴이가 글 전체에서 내세우는 주장을 분명하게 나타낸다.

문단 (   )

8 보기 는 이 글을 읽고 질문을 만든 것입니다. 무엇에 해당하는 것인지 각각 번호를 쓰시오.

보기
① 이 글을 쓴 목적은 무엇인가요?
② 어떤 전통 음식을 좋아하나요?
③ 발효 식품이 몸을 건강하게 해 주는 까닭은 무엇인가요?
④ 우리 전통 음식의 우수성을 널리 알리려면 어떻게 해야 할까요?

글 내용을 확인하는 질문	(1)
친구들 생각을 알고 싶은 질문	(2)

9 건강에 이로운 전통 음식 가운데 항암 효과는 물론 해독 작용까지 뛰어나다고 한 것을 찾아 쓰시오.

(   )

서술형

10 논설문에서 문단 ❷, ❸은 어떤 역할을 한다고 생각하는지 쓰시오.

11~12 다음 글을 읽고 물음에 답하시오.

(가) 셋째, 우리 전통 음식에서 우리 조상의 슬기와 문화를 경험할 수 있습니다. 우리 조상은 겨울을 나려고 김장을 하고, 저장 온도와 저장 기간을 조절해 겨울철에도 신선하게 채소를 먹을 수 있도록 했습니다. 삼국 시대부터 발달한 염장 기술로 고기류와 어패류를 오랫동안 보관해 맛있게 먹을 수 있도록 했습니다. 또 농경 생활을 하면서 설이나 추석과 같은 명절에 가족이나 이웃과 함께 세시 음식을 만들어 먹으며 정답게 어울려 지냈습니다.

(나) 우리나라 전통 음식은 세계 여러 나라 사람에게 주목받고 있습니다. 우리 조상의 넉넉한 마음과 삶에서 배어 나온 지혜가 담긴 전통 음식은 그 맛과 멋과 영양의 삼박자를 모두 갖추고 있습니다. 우리는 우리 전통 음식의 과학성과 우수성을 알고 전통 음식에 관심을 가지고 우리 전통 음식을 사랑해야겠습니다.

11 김장과 염장 기술을 통해 경험할 수 있는 것은 무엇입니까? (   )

① 우리 조상의 슬기
② 다른 나라의 문화
③ 명절 음식의 종류
④ 외국에서 유래한 음식
⑤ 세계 여러 나라의 음식

12 글 (나)는 논설문의 결론입니다. 들어가 있는 내용으로 알맞은 것을 두 가지 고르시오. (,   )

① 문제 상황
② 다양한 자료
③ 글 내용 요약
④ 글쓴이의 주장
⑤ 여러 개의 근거

13~15 다음 글을 읽고 물음에 답하시오.

우리나라뿐만 아니라 세계 곳곳에서 벌어지는 자연 개발은 우리 삶을 위협한다. 이러한 무분별한 개발로 우리 삶의 터전인 자연은 몸살을 앓고, 이제 인류의 생존까지 위협하는 상황에 이르렀다. ㉠우리는 자연의 목소리에 귀를 기울이고 자연을 보호해야 한다. 왜 자연을 보호해야 할까?

첫째, ㉡자연은 한번 파괴되면 복원되기가 어렵다. 어린나무 한 그루가 아름드리나무로 성장하는 데 약 30년에서 50년이 걸린다고 한다. 우유 한 컵(150밀리리터)으로 오염된 물을 물고기가 살 수 있는 깨끗한 물로 만들려면 우유 한 컵의 약 2만 배의 물이 필요하다. 이처럼 환경을 오염시키는 것은 순식간이지만 오염된 환경을 되살리는 데는 수십, 수백 배의 시간과 노력이 든다. ㉢자연의 힘이 아무리 위대해도 자정 능력을 넘어서는 오염을 감당하기는 어렵다.

13 이 글에 나타난 문제 상황은 무엇입니까? (   )

① 오염된 환경을 되살릴 수 있다.
② 자연의 자정 능력은 한계가 없다.
③ 자연 개발이 우리 삶을 위협하고 있다.
④ 아름드리나무가 성장하는 데 50년이 걸린다.
⑤ 자연을 개발하지 않아서 몸살을 앓게 되었다.

14 자연이 한번 파괴되면 복원되기 어려운 까닭은 무엇인지 쓰시오.

_____

_____

15 ㉠~㉢ 가운데 글쓴이의 주장은 무엇인지 기호를 쓰시오.

(   )

16~17 다음 글을 읽고 물음에 답하시오.

자연은 우리 후손이 살아갈 삶의 터전이다. 당장의 편리와 이익만을 추구하다 보면 우리 후손에게 훼손된 자연을 물려주게 된다. 환경을 고려하지 않은 개발로 물, 공기, 토양, 해양과 같은 자연환경이 돌이키기 힘들 정도로 훼손되면 우리 후손은 그 훼손된 자연 속에서 살아가야 한다. 조상으로부터 금수강산을 물려받은 우리는 후손에게 아름다운 자연을 물려주어야 할 의무가 있다. 자연은 조상이 남긴 소중한 환경 유산이자 후손이 앞으로 살아갈 삶의 터전임을 기억해야 한다.

자연은 어머니의 따뜻한 품이자 우리의 영원한 안식처이다. 더 이상 무분별한 개발로 금수강산을 훼손해서는 안 된다. 자연 개발로 사라져 가는 동식물을 다시 이 땅으로 돌아오게 하여 더불어 살아야 한다. 지나친 개발 때문에 나타나는 지구 온난화와 이상 기후 현상이 더 이상 심해지지 않도록 노력하는 일도 우리 모두에게 남겨진 과제이다. 이제 우리 모두 자연 보호를 실천해야 한다.

16 지나친 자연 개발의 피해로 알맞은 것을 두 가지 고르시오. (,   )

① 금수강산
② 지구 온난화
③ 삶의 터전 조성
④ 이상 기후 현상
⑤ 깨끗한 자연환경

17 글쓴이의 주장을 뒷받침하는 근거를 추가하려고 합니다. 알맞은 것은 무엇입니까? (   )

① 간척지를 늘려 국토를 넓혀야 한다.
② 인류를 위해 자연을 개발해야 한다.
③ 자연 개발로 편리한 삶을 누릴 수 있다.
④ 무리한 자연 개발은 생태계를 파괴한다.
⑤ 자연재해를 막기 위해 자연 개발이 필요하다.

18 다음 문장을 논설문에 알맞은 표현으로 바꾼 것은 무엇입니까? (   )

> 건강하려면 반드시 밖으로 나가 걸어야 한다.

① 건강하려면 밖으로 나가 걸읍시다.
② 건강하려면 절대로 밖으로 나가 걸어야 한다.
③ 내 생각에 건강하려면 밖으로 나가 걸어야 할 것 같다.
④ 나는 건강을 위해 밖으로 나가 걷는 것을 매우 좋아한다.
⑤ 건강 하기 위해 밖으로 나가 걸으면 좋겠지만, 많이 걸어서는 안 될 것이다.

4
단원

19 논설문에서 근거의 타당성과 표현의 적절성을 판단하는 방법으로 알맞지 않은 것은 무엇입니까?

(   )

① 근거가 주장과 관련 있는지 살펴본다.
② 근거가 주장을 뒷받침하는지 살펴본다.
③ 모호한 표현을 쓰지 않았는지 살펴본다.
④ 객관적인 표현을 쓰지 않았는지 살펴본다.
⑤ 단정하는 표현을 쓰지 않았는지 살펴본다.

서술형

20 다음 그림과 관련된 문제 상황을 해결할 수 있는 주장을 정해 쓰시오.

◀ 스마트폰 중독

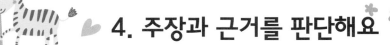
1~2

(가) 저는 동물원이 있어야 한다고 생각합니다. 그 까닭은 첫째, 동물원은 우리에게 큰 즐거움을 줍니다. 3000년 전에 이미 동물원을 만들었을 만큼 사람은 동물을 좋아하고 가까이해 왔습니다. 동물원에서는 쉽게 만날 수 없는 동물을 가까이에서 볼 수 있는데, 열대 지역에 사는 사자나 극지방에 사는 북극곰도 쉽게 만날 수 있습니다. 서울 동물원에만 한 해 평균 350만 명이 방문한다고 합니다. 이렇게 많은 사람이 동물원을 좋아하고 즐깁니다. 둘째, 동물원은 동물을 보호해 줍니다. 야생에서 약한 동물은 더 강한 동물에게 공격당하거나 먹이가 없어 굶어 죽기도 합니다.

(나) 동물원은 없애야 합니다. 첫째, 동물원은 동물의 자유를 구속하고, 동물에게 인간의 구경거리가 되는 고통을 줍니다. 동물원에서 동물은 제한된 공간에 갇혀 수많은 관람객과 마주해야 합니다. 이러한 상황에서 동물은 극심한 스트레스를 받습니다. 동물은 사람의 눈요깃거리가 아니라 그 자체로 존중받아야 하는 소중한 생명체입니다. 둘째, 동물원은 인공적인 환경이기 때문에 자연을 대신할 수 없습니다. 동물원의 우리는 동물의 행동반경에 비해 턱없이 좁습니다.

도움말

☆ '동물원은 필요한가'라는 주제로 이야기한 내용입니다.

1 글 (가)와 (나)에 나타나 있는 주장과 근거는 무엇인지 쓰시오.

글 (가)	주장	동물원이 있어야 한다.
	근거	• (1) _____ • 동물원은 동물을 보호해 준다.
글 (나)	주장	(2)
	근거	• 동물원은 동물의 자유를 구속하고, 동물에게 사람의 구경거리가 되는 고통을 준다. • (3) _____

1 글 (가)와 (나)는 어떤 문제 상황에 대한 주장일지 생각해 봅니다. 글 (가)와 (나)는 서로 다른 주장입니다.

2 동물원이 필요한지에 대한 자신의 생각을 쓰시오.

_____

2 '동물원은 필요한가'라는 문제에 찬성이나 반대 주장을 정하고 그 근거를 써 봅니다.

(가) 우리나라뿐만 아니라 세계 곳곳에서 벌어지는 자연 개발은 우리 삶을 위협한다. 이러한 무분별한 개발로 우리 삶의 터전인 자연은 몸살을 앓고, 이제 인류의 생존까지 위협하는 상황에 이르렀다. 우리는 자연의 목소리에 귀를 기울이고 자연을 보호해야 한다. 왜 자연을 보호해야 할까?

(나) 첫째, 자연은 한번 파괴되면 복원되기가 어렵다. 어린나무 한 그루가 아름드리나무로 성장하는 데 약 30년에서 50년이 걸린다고 한다. 우유 한 컵(150밀리리터)으로 오염된 물을 물고기가 살 수 있는 깨끗한 물로 만들려면 우유 한 컵의 약 2만 배의 물이 필요하다.

(다) 자연은 어머니의 따뜻한 품이자 우리의 영원한 안식처이다. 더 이상 무분별한 개발로 금수강산을 훼손해서는 안 된다. 자연 개발로 사라져 가는 동식물을 다시 이 땅으로 돌아오게 하여 더불어 살아가야 한다. 지나친 개발 때문에 나타나는 지구 온난화와 이상 기후 현상이 더 이상 심해지지 않도록 노력하는 일도 우리 모두에게 남겨진 과제이다. 이제 우리 모두 자연 보호를 실천해야 한다.

도움말

☆ 자연을 보호하여야 하는 까닭을 근거로 들어 자연을 보호하자고 주장하는 글입니다.

4
단원

3 글 (가)~(다)가 논설문의 짜임 가운데 어디에 해당하는지 쓰고, 각 부분의 중심 문장을 찾아 쓰시오.

	논설문의 짜임	중심 문장
(1) 글 (가)		
(2) 글 (나)		
(3) 글 (다)		

3 논설문에는 주장과 이를 뒷받침하는 근거가 있습니다. 각 부분을 주장과 근거로 구분해 봅니다.

4 글쓴이의 주장은 무엇인지 쓰고, 그 주장이 가치 있고 중요한지 판단해 쓰시오.

(1) 글쓴이의 주장: _____

(2) 주장이 가치 있고 중요한가?: _____

4 결론 부분에 글쓴이의 주장이 나타나 있습니다.

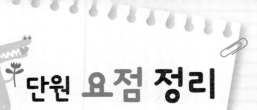

단원 요점 정리

5. 속담을 활용해요

국어 144~171쪽

핵심 1 속담을 사용하는 까닭 생각하기

• 속담은 예로부터 민간에 전해 오는 쉬운 *격언이나 *잠언으로, 우리 민족의 지혜와 *해학, 생활 방식과 교훈이 담겨 있는 말입니다.
• 재미있는 말을 사용하면 듣는 사람이 흥미를 가질 수 있습니다.
• 주장의 논리를 뒷받침해 쉽게 설득할 수 있습니다.

속담을 사용하면 좋은 점
• 듣는 사람이 흥미를 느낄 수 있습니다.
• 조상의 지혜와 슬기를 알 수 있습니다.
• 자신의 의견을 쉽고 효과적으로 전달할 수 있습니다.

└ 속담에는 옛사람의 생각과 지혜, 생활 모습, 교훈 따위가 담겨 있습니다.

→ 속담의 뜻과 속담을 쓸 수 있는 다른 상황을 파악하고, 상황에 알맞은 속담, 비슷한 속담과 속담의 뜻을 찾아봅니다.

핵심 2 다양한 상황에서 쓰이는 속담의 뜻 알기

속담	속담의 뜻
소 잃고 외양간 고친다	소를 도둑맞은 다음에야 빈 외양간의 허물어진 데를 고치느라 수선을 떤다는 뜻으로, 일이 이미 잘못된 뒤에는 손을 써도 소용이 없다는 말
티끌 모아 태산	아무리 작은 것이라도 모이고 모이면 나중에 큰 덩어리가 된다는 말
우물을 파도 한 우물을 파라	어떤 일이든 한 가지 일을 끝까지 해야 성공할 수 있다는 말
배보다 배꼽이 더 크다	상황이 이치에 맞지 않는다는 뜻으로, 중심이 되는 것보다 부분적인 것이 더 크거나 많은 것처럼 마땅히 작아야 할 것이 크고 커야 할 것이 작다는 말
바늘 가는 데 실 간다	사람의 긴밀한 관계를 비유적으로 이르는 말
쥐구멍에도 볕 들 날 있다	아무리 어려운 일이 계속되어 고생이 심해도 언젠가는 좋은 날이 올 수 있다는 뜻으로, 희망을 가지라는 말

핵심 3 주제를 생각하며 글 읽기

• 속담의 뜻을 생각하며 이야기를 읽어 봅니다.
• 이야기를 읽고 질문을 만들어 묻고 답해 봅니다.
• 이야기의 주제를 생각해 봅니다.
• 자신의 삶을 되돌아보는 데 도움을 줄 수 있는 이야기를 정하고, 그 이야기의 주제에 어울리는 속담을 활용해 이야기를 소개해 봅니다.

주제를 생각하며 글을 읽기
• 인물의 마음과 인물이 처한 상황을 살펴봐야 합니다.
• 이야기에서 사용된 속담의 뜻을 살펴보면 이야기의 주제를 찾을 수 있습니다.

핵심 4 속담 사전 만들기

• 우리나라에 어떤 속담이 있는지 생각해 봅니다.
  예 '동물'과 관련된 속담

	그물에 걸린 토끼 신세
	잡혀서 옴짝달싹 못하는 상황이다.
	원숭이도 나무에서 떨어진다
	아무리 익숙하고 잘하는 사람이라도 간혹 실수하는 상황이다.

예 '말'과 관련된 속담

살은 쏘고 주워도 말은 하고 못 줍는다	아 해 다르고 어 해 다르다

• 속담 사전을 만들어 봅니다.

탐구하고 싶은 대상 정하기 ➡ 탐구 대상에 알맞은 속담 찾기 ➡ 속담 사전의 내용과 모양 정하기 ➡ 간단한 속담 사전 만들기

우리 속담의 특징 말하기
• 동물의 행동이나 특징에 빗대어 어떤 사람의 성격이나 태도를 표현할 수 있기 때문에 동물과 관련 있는 속담이 많습니다.
• 우리는 관계를 중요하게 생각하는데 말을 통해 상대의 마음을 읽을 수 있기 때문에 말과 관련 있는 속담이 많습니다.

📦 「독장수구구」와 「까마귀 고기를 먹었나」의 주제에 알맞은 속담

속담	속담의 뜻
독장수구구는 독만 깨뜨린다	실속 없이 허황된 것을 궁리하고 미리 셈하는 것을 비유하는 말
사용할 수 있는 다른 상황	친구가 노력은 하지 않고 욕심만으로 헛된 장래 희망을 꿈꾸는 상황

속담	속담의 뜻
까마귀 고기를 먹었나	무엇인가를 잘 잊어버리는 사람을 가리키는 말
사용할 수 있는 다른 상황	친구가 알림장을 쓰지 않고 자주 준비물을 챙겨 오지 않는 상황

📦 속담을 활용해 자기 생각을 효과적으로 표현하는 방법

- 상황에 어울리는 속담을 활용합니다.
- 듣는 사람이 이해하기 쉬운 속담을 활용합니다.
- 자기 생각을 효과적으로 드러낼 수 있는 속담을 활용합니다.

📖 낱말 사전

★ 격언 오랜 역사적 생활 체험을 통하여 이루어진 인생에 대한 교훈이나 경계 따위를 간결하게 표현한 짧은 글.
★ 잠언 가르쳐 훈계하는 말. '시간은 금이다.', '오늘 할 일을 내일로 미루지 마라.' 따위이다.
★ 해학 익살스럽고도 품위가 있는 말이나 행동.

✏️ 개념을 확인해요

1 속담은 예로부터 민간에 전해 오는 쉬운 ☐☐이나 잠언입니다.

2 속담은 우리 민족의 ☐☐와 해학, 생활 방식과 교훈이 담겨 있는 말입니다.

3 재미있는 말을 사용하면 듣는 사람이 ☐☐를 가질 수 있습니다.

4 속담을 사용하면 ☐☐의 논리를 뒷받침해 쉽게 설득할 수 있습니다.

5 속담을 쓰면 자신의 ☐☐을 쉽고 효과적으로 전달할 수 있습니다.

6 "티끌 모아 ☐☐"이라는 속담의 뜻은 '아무리 작은 것이라도 모이고 모이면 나중에 큰 덩어리가 된다.'입니다.

7 주제를 생각하며 글을 읽을 때에는 자신의 ☐을 되돌아보는 데 도움을 줄 수 있는 이야기를 정합니다.

8 이야기에서 사용된 속담의 ☐을 살펴보면 이야기의 주제를 찾을 수 있습니다.

9 "아 해 다르고 어 해 다르다"는 '☐'과 관련된 속담입니다.

10 ☐☐과 관련 있는 속담이 많은 까닭은 동물의 행동이나 특징에 빗대어 어떤 사람의 성격이나 태도를 표현할 수 있기 때문입니다.

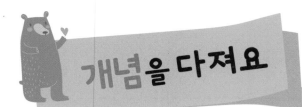

5. 속담을 활용해요

도움말

1. 관용 표현 중의 하나입니다.

2. 속담에는 우리 민족의 지혜와 해학, 생활 방식과 교훈이 담겼습니다.

3. 속담을 사용하면 주장의 논리를 뒷받침할 수 있어 쉽게 설득할 수 있습니다.

핵심 1

1 다음은 무엇에 대한 설명인지 쓰시오.

> 예로부터 민간에 전해 오는 쉬운 격언이나 잠언으로 우리 민족의 지혜와 해학, 생활 방식과 교훈이 담겨 있는 말이다.

(   )

핵심 1

2 속담을 쓰면 좋은 점을 모두 찾아 ○표를 하시오.

(1) 조상의 생활 모습을 알 수 있다. (   )
(2) 조상의 지혜와 슬기를 알 수 있다. (   )
(3) 듣는 사람의 기분을 상관하지 않을 수 있다. (   )
(4) 자기 의견을 쉽고 효과적으로 전달할 수 있다. (   )

핵심 2

3 다음과 같은 생각을 말하려고 할 때, 어울리는 속담은 어느 것입니까?
(   )

> 고운 말을 쓰자.

① 누워서 떡 먹기
② 엎친 데 덮친다
③ 종이도 네 귀를 들어야 바르다
④ 사공이 많으면 배가 산으로 간다
⑤ 가는 말이 고와야 오는 말이 곱다

핵심 2

4 다음은 모두 무엇과 관련한 속담입니까? (   )

> • 백지장도 맞들면 낫다
> • 두 손뼉이 맞아야 소리가 난다

① 협동   ② 절약
③ 책임   ④ 봉사
⑤ 선행

4. 쉬운 일이라도 힘을 합치면 훨씬 쉽
   다는 말입니다.

5
단원

핵심 2

5 다음 상황에 어울리는 속담은 무엇입니까? (   )

> 친구들과 안전에 주의하지 않고 놀다가 다친 뒤에 후회했던 상황

① 티끌 모아 태산
② 소 잃고 외양간 고친다
③ 우물을 파도 한 우물을 파라
④ 하룻강아지 범 무서운 줄 모른다
⑤ 부뚜막의 소금도 집어넣어야 짜다

5. 일이 이미 잘못된 뒤에는 손을 써도
   소용이 없음을 비꼬는 말을 찾아봅
   니다.

핵심 3

6 글 속에 담긴 속담의 뜻을 알아볼 수 있는 방법을 한 가지 쓰시오.

6. 속담의 뜻을 파악하려면 먼저 상황
   을 알아보고, 사용되는 속담을 찾아
   본다는 것을 생각합니다.

1~3 다음 그림을 보고 물음에 답하시오.

1 다음은 그림 속 상황입니다. 빈칸에 들어갈 알맞은 말을 쓰시오.

> 선생님께서 협동과 관련된 □□을 찾아보자고 말씀하셨다.

( )

응용

2 ㉠의 뜻은 무엇이겠습니까? ( )

① 하기가 매우 쉽다.
② 어떤 일에 적극적으로 나서다.
③ 일이 의심할 여지가 없이 확실하다.
④ 쉬운 일이라도 협력하면 훨씬 쉽다.
⑤ 자기주장만 내세우면 일이 제대로 되기 어렵다.

서술형

3 ㉡ 안에 들어갈 알맞은 속담을 쓰시오.

_____

4~5 다음 글을 읽고 물음에 답하시오.

영주네 가족은 이삿짐 싸는 차례를 서로 다르게 생각했어요.
할머니와 이모께서는 깨지기 쉬운 항아리나 유리그릇부터 싸라고 하셨고, 삼촌께서는 텔레비전이나 컴퓨터부터 옮기라고 하셨어요. ㉠"사공이 많으면 배가 산으로 간다."라는 속담처럼 서로 의견을 굽히지 않아 시간만 흘러갔어요.

4 ㉠의 속담을 사용할 수 있는 상황은 언제입니까?

( )

① 아주 익숙한 일을 할 때
② 준비하지 않아서 일을 그르쳤을 때
③ 서로 협력하여 일이 쉽게 풀렸을 때
④ 노력해서 어떤 일을 잘하게 됐을 때
⑤ 주관하는 사람이 없이 여러 사람이 자기주장만 내세워 일이 제대로 되지 않을 때

5 이 글에서 ㉠의 속담을 사용한 까닭은 무엇입니까?

( )

① 글의 내용을 간추리려고
② 글의 내용에 재미를 주려고
③ 벌어진 사건을 풀어 쓰려고
④ 운율을 맞추어 리듬감을 주려고
⑤ 자신의 생각을 효과적으로 드러내려고

서술형

6 속담을 사용해 자기 생각을 말하거나 누군가에게 속담을 들은 경험을 쓰시오.

_____

7~11 다음 그림을 보고 물음에 답하시오.

7 그림 ㉮ ~ ㉣ 가운데 다음 상황에 알맞은 것은 무엇인지 기호를 쓰시오.

> 뒤늦게 안전 관리 실태를 점검한 동물원의 문제를 안타까워하는 상황

그림 (   )

주의

8 ㉠ 안에 들어갈 속담으로 알맞은 것은 어느 것입니까? (   )

① 소 잃고 외양간 고치는
② 지렁이도 밟으면 꿈틀하는
③ 호랑이도 제 말 하면 온다는
④ 돌다리도 두들겨 보고 건너는
⑤ 가는 말이 고와야 오는 말이 고운

9 그림 ㉯에 쓰인 속담의 뜻은 무엇이겠습니까?

(   )

① 어떤 일을 하는 데 어려움이 없다.
② 어려움이 닥쳐도 극복할 수 있어야 한다.
③ 한 가지 일을 끝까지 해야 성공할 수 있다.
④ 아무리 작은 것이라도 모이고 모이면 나중에 큰 덩어리가 된다.
⑤ 아무리 좋은 조건이 마련되었거나 손쉬운 일이라도 힘을 들여 이용하지 않으면 안 된다.

10 ㉡의 속담을 사용할 수 있는 다른 상황으로 알맞은 것은 무엇입니까? (   )

① 어려움 없이 일을 쉽게 해결한 상황
② 미리 준비하지 않아 일을 그르친 상황
③ 어린 아이들이 농구 선수에게 시합을 하자고 하는 상황
④ 여러 가지 일을 하다 보니 아무 것도 이룬 것이 없는 상황
⑤ 용돈을 저축해 부모님 선물을 사 드려서 자랑스러웠던 상황

11 ㉢ 안에는 '철없이 함부로 덤빈다.'라는 뜻을 가진 속담이 들어가야 합니다. 알맞은 것은 무엇입니까?

(   )

① 개천에서 용 난다
② 발 없는 말이 천 리 간다
③ 원숭이도 나무에서 떨어진다
④ 하룻강아지 범 무서운 줄 모른다
⑤ 낮말은 새가 듣고 밤말은 쥐가 듣는다

5 단원

12~16 다음 글을 읽고 물음에 답하시오.

(가) 만 원을 주고 장난감을 샀습니다. 그런데 가지고 놀다가 고장 나서 고치러 갔더니 수리비가 만 오천 원이라고 합니다. 장난감 가격보다 수리비가 더 비쌉니다.

(나) 우리 반 지우는 야구를 좋아하고 야구 선수가 되고 싶어 합니다. 그래서 지우가 가는 곳에는 언제나 야구공과 야구 장갑이 있습니다.

(다) 사랑하는 영주야!
처음에는 어렵다고 느껴지는 책도 두세 번씩 읽다 보면 어느덧 담긴 뜻을 생각하며 쉽게 읽을 수 있단다. 그러니 힘든 일이 있더라도 꿋꿋하게 견디며 희망을 가졌으면 좋겠다.

(라) 지난주에 나의 자랑 발표 대회가 있었습니다. 그런데 친구들과 놀고 싶은 마음에 말할 내용을 준비하지 않아서 더듬거리며 발표했습니다. 좀 더 노력하지 않은 제 모습이 후회가 됩니다.

12 글 (가)와 같은 상황에서 사용할 수 있는 속담으로 알맞지 않은 것은 어느 것입니까? (   )

① 배가 남산만 하다
② 바늘보다 실이 굵다
③ 얼굴보다 코가 더 크다
④ 배보다 배꼽이 더 크다
⑤ 발보다 발가락이 더 크다

13 글 (나)의 상황에서 어떤 뜻의 속담을 써야 하는지 알맞은 것의 기호를 쓰시오.

> ㉠ 자기가 뿌리고 노력한 만큼 거두게 된다는 말의 속담
> ㉡ 사람의 긴밀한 관계를 비유적으로 이르는 말의 속담
> ㉢ 작아야 할 것이 크고, 커야 할 것이 작다는 말의 속담

(   )

14 글 (나)와 (다)의 상황에서 사용할 수 있는 속담을 찾아 선으로 이으시오.

(1) 글 (나) •

(2) 글 (다) •

• ㉠ 바람 가는 데 구름 간다

• ㉡ 응달에도 햇빛 드는 날이 있다

15 글 (다)의 상황과 관련 있는 속담에 대해 바르게 말한 것은 무엇입니까? (   )

① 희망을 가지라는 내용의 속담을 써야 해.
② "지렁이도 밟으면 꿈틀한다."는 속담이 알맞아.
③ 말은 순식간에 퍼진다는 내용의 속담을 써야지.
④ 일이 진행되는 상황이 이치에 맞지 않는다는 뜻이 들어가야 해.
⑤ 버릇은 고치기 힘들다는 뜻의 "세 살 적 버릇이 여든까지 간다."라는 속담을 써야 해.

16 글 (라)의 상황에서 사용할 수 있는 속담을 알아보려고 합니다. 보기 에서 알맞은 말을 찾아 속담을 완성하시오.

보기

콩   오이   팥   가시   자신

관련 속담	비슷한 속담
((1)) 심은 데 콩 나고 팥 심은 데 ((2)) 난다	오이 덩굴에 ((3)) 열리고 가지 나무에 가지 열린다
	자신이 뿌린 씨는 ((4))이/가 거둔다

[17~20] 다음 글을 읽고 물음에 답하시오.

독장수는 지게 옆에 벌렁 누웠습니다.

"야, 정말 시원하구나. 저 독 둘은 팔아 빚을 갚는 데 쓰고, 나머지 독을 팔면 다른 독 두 개는 살 수 있겠지? 그 독 둘을 다시 팔면 독 네 개를 살 수 있고, 넷을 팔면 가만있자, 이 이는 사, 이 사 팔. 그래 여덟 개를 살 수 있구나. 그다음에 여덟 개를 팔면, 가만있자……."

이렇게 계산해 나가니 열여섯 개가 서른두 개가 되고, 서른두 개면 예순네 개가 되고, 예순네 개는 백스물여덟 개가 되었습니다.

"야, 이렇게 계산해 보니 며칠 안 가 독이 천만 개나 되겠는걸. 그럼 그 돈으로 논과 밭을 사는 거야. 그리고 남은 돈으로는 고래 등 같은 기와집을 짓는 거야."

독장수는 너무 기쁜 나머지 팔을 번쩍 들었습니다. 그러다가 팔로, 옆에 지게를 받치던 지겟작대기를 밀어 버렸습니다. 지게는 기우뚱하더니 옆으로 팍 쓰러졌습니다. 지게에 있던 독들도 와장창 깨지고 말았습니다.

㉠"아이고, 망했다. 이걸 어쩐다?"

독장수는 눈물을 뚝뚝 흘리며 박살 난 독 조각들을 쓰다듬었습니다.

이와 같이 허황된 것을 궁리하고 미리 셈하는 것을 '독장수구구'라고 하고, 실현성이 없는 허황된 계산은 도리어 손해만 가져온다는 뜻으로 ㉡"독장수구구는 독만 깨뜨린다."라는 속담이 쓰입니다.

「속담 하나 이야기 하나」, 임덕연

17 독장수는 어떻게 하다가 독을 깨뜨렸습니까?
( )

① 지게가 망가져서
② 돌부리에 걸려 넘어져서
③ 독을 살펴보다가 떨어뜨려서
④ 지게에 독을 쌓아올리다가 놓쳐서
⑤ 즐거운 생각을 하다가 너무 기쁜 나머지 자신도 모르게 팔로 지겟작대기를 밀어 버려서

18 ㉠에서 독장수의 어떤 마음을 짐작할 수 있습니까?
( )

① 기뻐하는 마음
② 즐거워하는 마음
③ 부러워하는 마음
④ 속상해하는 마음
⑤ 부끄러워하는 마음

응용

19 ㉡은 어떤 상황에서 사용할 수 있는 속담입니까?
( )

① 학교에 가기 싫어서 꾀병을 부린 상황
② 농구 선수에게 농구 시합을 하자고 한 상황
③ 용돈을 저축해 동생에게 선물을 사 준 상황
④ 선생님 말씀을 잘 들어서 좋은 일이 생긴 상황
⑤ 노력은 하지 않고 욕심만으로 헛된 장래 희망을 꿈꾸는 상황

주의

20 다음은 이 글의 주제를 친구들과 이야기한 모습입니다. 알맞게 말한 친구의 이름을 쓰시오.

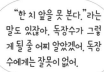

( )

5
단원

1~3 다음 그림을 보고 물음에 답하시오.

① 와, 교실이 깨끗하게 정리 정돈 되었네요.

② 선생님, 우리나라 속담에 "백지장도 맞들면 낫다."라는 말이 있는데, 친구들과 함께 청소하니 쉬웠어요.

그랬군요! 여러분이 ㉠ 의 힘을 알았군요.

③ 그러면 협동을 말한 속담에는 또 무엇이 있을까요?

④ [   ] (이)라는 속담이 있어요.

1 그림 ②에서 여학생이 사용한 속담을 찾아 쓰시오.

(   )

2 ㉠ 안에 들어갈 알맞은 말은 무엇이겠습니까? (   )

① 우정 　　　　　② 예절
③ 협동 　　　　　④ 절약
⑤ 성실

3 그림 ④에 사용할 수 있는 속담으로 알맞은 것을 두 가지 고르시오. (,   )

① 아는 길도 물어 가랬다
② 돌다리도 두들겨 보고 건너라
③ 종이도 네 귀를 들어야 바르다
④ 두 손뼉이 맞아야 소리가 난다
⑤ 말 한마디에 천금이 오르내린다

4~5 다음 그림을 보고 물음에 답하시오.

㉮ 윤경아, 내가 청소 도와줄게.

우진아, 괜찮아. 혼자서도 할 수 있어.

"바늘 가는 데 실 간다."라고 했어. 우리는 짝이니까 함께하자.

재미있는 말이네. 고마워!

㉯ 친구들이 바른 몸가짐으로 항상 웃으며 인사하면 좋겠어. "하나를 보면 열을 안다."라는 말이 있듯이 작은 행동 하나에 그 사람의 많은 것이 드러나게 돼.

친구의 의견이 옳은 것 같아.

4 그림 ㉯에서 사용된 속담의 뜻은 무엇입니까? (   )

① 일부만 보고 전체를 미루어 안다.
② 실제로 행동에 옮기기는 쉽지 아니하다.
③ 말만 잘하면 어려운 일도 해결할 수 있다.
④ 남의 말을 시시하게 여겨 들은 척도 안 한다.
⑤ 자기주장만 내세우면 일이 제대로 되기 어렵다.

5 그림 ㉮와 ㉯에서 속담을 사용한 까닭은 무엇인지 **보기** 에서 찾아 번호를 쓰시오.

보기

① 주장의 논리를 뒷받침해 쉽게 설득할 수 있기 때문이다.
② 재미있는 말을 사용하면 듣는 사람이 흥미를 가질 수 있기 때문이다.

(1) 그림 ㉮ : (   )
(2) 그림 ㉯ : (   )

6~8 다음 그림을 보고 물음에 답하시오.

감기에 걸린 동생이 찬 음식을 먹고 배탈이 난 것을 보고 "엎친 데 덮친다."라고 말했어.

고운 말을 쓰자고 주장하는 글을 시작할 때 관심을 끌려고 " ㉠ "라는 속담을 쓴 적이 있어.

하린

민지

6 ㉠ 안에 들어갈 알맞은 속담은 어느 것입니까?

(   )

① 공든 탑이 무너지랴
② 소 잃고 외양간 고친다
③ 사공이 많으면 배가 산으로 간다
④ 가는 말이 고와야 오는 말이 곱다
⑤ 콩 심은 데 콩 나고 팥 심은 데 팥 난다

서술형

7 하린이가 말한 속담의 뜻을 짐작하여 쓰시오.

_____

8 민지는 '질서를 지키는 습관을 가지자.'라는 생각을 말하려고 합니다. 어울리는 속담을 찾아 기호를 쓰시오.

㉮ 우물을 파도 한 우물을 파라
㉯ 세 살 적 버릇이 여든까지 간다
㉰ 말 한마디에 천 냥 빚도 갚는다

(   )

9~10 다음 그림을 보고 물음에 답하시오.

우물을 파도 한 우물을 파라는 말이 있듯이 이번에는 수영을 끝까지 배우면 좋겠어.

㉮

피아노를 배우다 그만두고, 태권도도 힘들어 그만두고, 이제 수영을 배우려고 해.

하룻강아지 범 무서운 줄 모른다더니, 한 달 배운 네가 태권도 대표 선수인 영주를 이길 수 있겠니?

㉯

영주에게 태권도 겨루기를 하자고 했어.

9 그림 ㉮의 상황으로 알맞은 것은 무엇입니까?

(   )

① 중간에 포기하지 말고 끝까지 배우면 좋겠다고 말하는 상황
② 친구에게 피아노, 태권도, 수영의 특징을 알려 주려는 상황
③ 운동을 못하는 것을 놀리는 친구에게 섭섭함을 표현하는 상황
④ 연습을 많이 했는데도 태권도를 잘하지 못해서 포기하려는 상황
⑤ 태권도 선수인 친구에게 태권도를 잘하는 방법을 알려 달라고 하는 상황

10 그림 ㉯의 여학생이 말한 속담의 뜻은 무엇입니까?

(   )

① 철없이 함부로 덤빈다.
② 잘 아는 일도 세심하게 주의를 해야 한다.
③ 일이든지 두 편에서 서로 뜻이 맞아야 이룰 수 있다.
④ 주관하는 사람이 없이 여러 사람이 자기주장만 내세우면 일이 제대로 되기 어렵다.
⑤ 힘이 없는 사람이라도 꾸준히 노력하고 정성을 들이면 훌륭한 일을 이룰 수 있다.

5 단원

[11~13] 다음 속담을 읽고 물음에 답하시오.

(가) 배보다 배꼽이 더 크다
(나) 바늘 가는 데 실 간다
(다) 쥐구멍에도 볕 들 날 있다
(라) 콩 심은 데 콩 나고 팥 심은 데 팥 난다

11 다음과 같은 뜻을 가진 속담을 찾아 기호를 쓰시오.

> 상황이 이치에 맞지 않는다는 뜻으로, 중심이 되는 것보다 부분적인 것이 더 크거나 많은 것처럼 마땅히 작아야 할 것이 크고, 커야 할 것이 작다는 말이다.

(   )

12 다음과 같은 생각을 발표하려고 할 때, 사용하기에 어울리는 속담은 어느 것인지 기호를 쓰시오.

> 아무리 어려운 일이 계속되어 고생이 심해도 언젠가는 좋은 날이 올 수 있으니 희망을 갖자.

(   )

13 (라)의 속담을 사용할 수 있는 상황으로 알맞은 것에 ○표를 하시오.

(1) 연필을 가져오지 않아서 난처했는데 짝이 빌려 준다고 해서 고마웠어. 누구에게나 친하게 사귀고 지낼 친구가 있다고 했던 것이 생각났어.
(   )

(2) 용돈을 저축해 부모님께 선물을 사 드렸어. 작은 것이라도 모으면 큰 덩어리가 된다는 것을 알았어.
(   )

(3) 친구들과 놀고 싶은 마음에 말할 내용을 준비하지 않아서 발표 대회에서 더듬거렸어. 자기가 뿌리고 노력한 만큼 거두게 된다는 말이 실감나.
(   )

14 속담과 그 뜻을 바르게 선으로 이으시오.

(1) 발 없는 말이 천 리 간다 •   • ㉠ 어릴 때 몸에 밴 버릇은 늙어서도 고치기 힘들다.

(2) 가는 말이 고와야 오는 말이 곱다 •   • ㉡ 남에게 말이나 행동을 좋게 해야 남도 자기에게 좋게 한다.

(3) 세 살 적 버릇이 여든까지 간다 •   • ㉢ 말은 비록 발이 없지만 천 리 밖까지도 순식간에 퍼진다.

15 다음은 "천 리 길도 한 걸음부터"의 뜻입니다. 빈칸에 들어갈 말은 무엇입니까? (   )

> 무슨 일이나 그 일의 [   ]이 중요하다.

① 끝   ② 중간   ③ 시작
④ 원인   ⑤ 과정

16 다음 주제에 대한 자기 생각을 보고 사용할 수 있는 속담은 무엇일지 쓰시오.

주제	행복한 학교생활을 하려면 우리가 지켜야 할 일
자기 생각	서로 바르고 고운 말을 사용하면 좋겠다.

↓

사용할 속담	

17~19 다음 글을 읽고 물음에 답하시오.

(가) 까마귀는 메밀밭가에 죽어 쓰러져 있는 말에게 날아갔습니다.

"꼴깍!"

까마귀는 침을 삼키며 강 도령에게 빨리 편지를 전하고 와서 배불리 먹어야겠다고 생각했습니다.

'아냐, 그새 누가 와서 다 먹어 버리면 어떡하지? 조금만 먹고 빨리 갔다 와야지.'

까마귀는 생각을 바꿔 말고기를 먹고 가기로 했습니다. 까마귀가 말고기를 먹으려고 입을 벌리는 순간, 입에 문 편지가 바람에 날려 어디론가 사라졌습니다. 그래도 까마귀는 정신없이 말고기를 먹었습니다.

"후유, 정말 잘 먹었다. 인간 세상은 참 좋아. 나도 여기서 살았으면 좋겠다. 배불리 먹고 나니 부러울 게 하나도 없구나."

까마귀는 좀 쉬고 난 뒤 편지를 찾았습니다. 그러나 편지는 온데간데없었습니다.

(나) 까마귀는 편지 찾는 걸 포기하고 강 도령에게 갔습니다.

"강 도령님, 염라대왕께서 보내서 왔습니다."

"그런데 왜 이리 늦었느냐?"

"네, 염라대왕께서 다른 곳에도 심부름을 시켜 거기 먼저 다녀오느라 늦었습니다."

까마귀가 시치미를 떼고 말했습니다.

"그건 그렇고, 어디 편지를 보자꾸나."

강 도령이 손을 내밀며 말했습니다.

"편지는 안 주시고 그냥 아무나 빨리 끌어 올리라고 하셨습니다."

"뭐, 아무나 끌어 올리라고? 그럴 리가 없을 텐데."

강 도령은 고개를 갸우뚱했습니다.

"저는 염라대왕께서 말씀하신 대로 전하는 것입니다."

(다) 까마귀가 염라대왕의 뜻을 잘못 전한 뒤부터는 어른, 아이 할 것 없이 아무나 먼저 죽게 되었답니다. 이때부터 나이에 상관없이 사람들이 죽게 되었지요.

"까마귀 고기를 먹었나"라는 속담은 이런 경우와 같이 무엇인가를 잘 잊어버리는 사람을 가리켜 사용됩니다.

17 까마귀는 어떻게 하다가 편지를 잃어버리게 되었는지 쓰시오.

_____

_____

18 까마귀에게 전하고 싶은 말로 알맞은 어느 것입니까? (　　　)

① 윗사람을 존경하자.

② 헛된 꿈을 꾸지 말자.

③ 어떤 상황에서든 잘 먹자.

④ 목적을 이루기 위해 지식과 경험을 쌓자.

⑤ 중요한 일을 잊어버리지 않도록 노력하자.

19 이 글은 자기 문제의 어떤 점과 관련지을 수 있을지 쓰시오.

_____

_____

20 다음 여자아이가 찾은 속담으로 알맞지 않은 것은 어느 것입니까? (　　　)

우리나라에는 동물과 관련 있는 속담이 많아. 열두 띠 동물과 관련 있는 속담을 찾아보고 싶어.

① 호랑이도 제 말 하면 온다

② 말 한마디에 천 냥 빚도 갚는다

③ 소는 몰아야 가고 말은 끌어야 간다

④ 호랑이 굴에 가야 호랑이 새끼를 잡는다

⑤ 호랑이는 죽어서 가죽을 남기고, 사람은 죽어서 이름을 남긴다

1~3

1 그림 ❶에서 사용한 속담을 참고하여, ㉠ 안에 들어갈 알맞은 생각을 쓰시오.

_____

_____

2 그림 ❷의 ㉡ 안에 들어갈 알맞은 속담을 쓰시오.

_____

3 그림 ❸과 ❹에 쓰인 속담의 뜻을 간단히 쓰시오.

그림 ❸	(1)
그림 ❹	(2)

도움말

☆ 민영이네 반에서 '행복한 학교생활을 하려면 우리가 지켜야 할 일'에 대해 자기 생각을 말한 모습입니다.

1 "가는 말이 고와야 오는 말이 곱다."라는 속담을 사용할 수 있는 상황을 떠올려 봅니다.

2 뒤늦게 후회해도 소용이 없다는 뜻을 가진 속담을 생각해 봅니다.

3 속담은 주장의 논리를 뒷받침할 수 있어 쉽게 설득할 수 있기 때문에 사용합니다.

4 우리나라에는 동물과 관련 있는 속담이 많습니다. 다양한 띠 동물과 관련 있는 속담을 쓰고, 어떤 상황에서 사용할 수 있는지 생각해 쓰시오.

	속담	닭 쫓던 개 지붕 쳐다보듯
	상황	하던 일이 실패로 돌아가 남보다 뒤떨어져 어찌할 도리가 없는 상황이다.
	속담	(1)
	상황	(2)
	속담	(3)
	상황	(4)

4 동물과 관련 있는 속담이 많은 까닭은 동물에 빗대어 말하거나, 동물의 행동이나 특징을 말해 어떤 사람의 성격이나 인물의 특징을 표현할 수 있기 때문입니다.

5 우리가 사용하는 말과 관련 있는 속담을 쓰고, 말과 관련 있는 속담이 많은 까닭을 생각해 쓰시오.

살은 쏘고 주워도 말은 하고 못 줍는다	발 없는 말이 천리 간다	아 해 다르고 어 해 다르다
한 번 한 말은 어디든지 날아간다	(1)	(2)

(3) 말과 관련 있는 속담이 많은 까닭: _____

5 살은 쏘고 주워도 말은 하고 못 줍는다: 화살은 쏘아도 찾을 수 있으나 말은 다시 수습할 수 없다는 뜻입니다. 아 해 다르고 어 해 다르다: 같은 내용의 이야기라도 이렇게 말해 다르고 저렇게 말해 다르다는 뜻입니다. 부모 말을 들으면 자다가도 떡이 생긴다: 부모님의 말씀을 잘 듣고 순종하면 좋은 일이 생긴다는 뜻입니다.

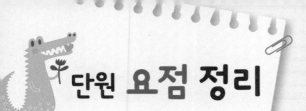

핵심 1 말이나 행동에서 드러나지 않는 내용 짐작하기

• 이미 아는 정보를 근거로 삼아 다른 판단을 이끌어 내는 것을 추론이라고 합니다.

• 자신의 배경지식을 떠올리거나 여러 가지 상황을 생각하며 드러나지 않은 내용을 짐작해 보면 좀 더 깊고 넓게 내용이나 상황을 이해할 수 있습니다. → 추론하며 읽으면 좀 더 깊고 넓게 내용이나 상황을 이해할 수 있습니다.

여러 가지 사실을 추론하는 방법 알기

• 자신의 경험을 떠올려 봅니다.

• 말이나 행동에서 단서를 확인합니다.
└→ 어떤 일이나 사건이 일어난 까닭을 풀 수 있는 실마리

• 이야기 속에서 찾을 수 있는 단서 확인하기
• 인물의 말, 행동, 표정 따위를 보고 알 수 있는 사실을 자세히 살펴보기
• 자신의 경험 떠올리기

핵심 2 이야기를 듣고 추론하는 방법 알기

• 이야기에서 찾을 수 있는 단서를 확인합니다.

• 자신이 평소에 아는 사실과 경험한 것을 떠올려 보고 더 알 수 있는지 생각해 봅니다.

• 글에 쓰인 ★다의어나 ★동형어가 어떤 뜻인지 정확히 이해하려면 국어사전을 찾아봅니다.

• 이야기의 특정 부분을 바탕으로 하여 알 수 있는 내용과 더 추론할 수 있는 사실을 살펴봅니다.

• 글 내용을 바탕으로 하여 친구들과 함께 질문을 만들고 서로 묻거나 답해 봅니다.

예 「수원 화성은 어떻게 만들었을까」의 내용 추론하기

알 수 있는 내용	추론한 사실
수원 화성이 1997년 ★유네스코 세계 문화유산으로 등록되었다.	수원 화성은 세계적인 문화유산으로 인정받을 만큼 훌륭한 건축물이다.
『화성성역의궤』에는 수원 화성 공사에 사용된 물품, 설계 등의 기록이 실려 있다.	『화성성역의궤』가 자세하게 기록되었기 때문에 수원 화성을 원래의 모습대로 만들 수 있었다.

핵심 3 내용을 추론하며 글 읽기

• 글의 내용을 요약하고 경험과 관련지어 봅니다.

• 다양한 방법으로 글쓴이의 생각을 추론해 봅니다.
  – 글에서 뜻을 알지 못하는 낱말이나 문장을 이해할 때에는 앞뒤 문장에서 알 수 있는 사실을 바탕으로 하여 그 뜻을 추론할 수 있습니다.

예 「서울의 궁궐」과 관련 있는 경험 말하기

> 우리 고장을 공부하면서 반 친구들, 선생님과 함께 경복궁을 방문했어.

> 익산에서 백제 궁궐 후원이 발굴되어 개방한다는 뉴스를 봤어.

글의 내용이나 글쓴이의 생각 추론하기

• 글의 내용과 관련해 내가 이미 알고 있는 사실에는 무엇이 있는지 정리해 봅니다.

• 글의 내용과 관련된 나의 경험이 있는지 떠올려 봅니다.

• 글에서 다의어 또는 동형어로 예상되는 낱말을 찾아보고 국어사전에서 그 뜻을 확인해 봅니다.

핵심 4 알리고 싶은 내용을 영상 광고로 만들기

• 모둠별로 알리고 싶은 내용을 광고로 만들기 위한 계획을 세워 봅니다.

• 영상 광고 만드는 방법을 알아봅니다.
  – 영상 광고 만드는 순서

> ❶ 영상 광고 주제, 내용과 분량 정하기 ➡ ❷ 역할 나누기 ➡ ❸ 촬영 도구와 편집 도구 준비하기 ➡ ❹ 장면 촬영하기 ➡ ❺ 편집 도구로 자막 넣기 ➡ ❻ 완성된 영상 광고를 함께 보며 고치기

• 영상 광고를 완성하고 공유해 봅니다.

역할을 나눌 때 주의할 점

• 친구들의 능력과 선호도를 고려해 역할을 맡을 수 있도록 최대한 배려합니다.

• 서로 의견이 맞지 않을 때에는 민주적인 절차를 거쳐 역할을 나누어야 합니다.

조금 더 알기

🎲 「수원 화성은 어떻게 만들었을 까」의 내용을 추론하는 방법

- 일제 강점기를 거치면서 성곽 일 대가 훼손되기 시작했다.
- 6.25 전쟁 때 화성이 크게 파괴 되었다.

↓

수원 화성은 여러 위기를 거치면 서 원래의 모습을 잃었다.

이야기에서 찾을 수 있는 단서 확인하기

🎲 「서울의 궁궐」을 읽고 추론할 수 있는 내용 예

- 글쓴이가 조선의 궁궐에는 각각 어 떤 특징이 있는지 알려주려고 했다 는 것을 추론할 수 있었습니다.
- 조선 시대에는 신분에 따른 차이가 매우 명확했음을 추론할 수 있습니 다.
- 조선 시대는 왕권이 강화되었으나 일제 강점기가 되면서 차차 왕실이 힘을 잃었다는 것을 추론했습니다.

낱말 사전

★ 다의어 여러 가지 뜻이 있는 낱말.
★ 동형어 형태가 같지만 뜻이 다른 낱말.
★ 유네스코 세계 문화유산 인류의 보편적 가치를 지닌 자연 유산 및 문화유산들을 발굴 및 보호, 보존하기 위하여 '세계 문화 및 자연 유산 보호 협약'의 규정에 따 라 유네스코에서 지정하는 유산.

✏️ 개념을 확인해요

1 이미 아는 정보를 근거로 삼아 다른 판단을 이끌어 내는 것을 ☐☐이라고 합니다.

2 자신의 ☐☐ 지식을 떠올리거나 여러 가지 상황을 생각 하며 드러나지 않은 내용을 짐작해 보면 좀 더 깊고 넓게 내용 이나 상황을 이해할 수 있습니다.

3 이야기에서 찾을 수 있는 ☐☐를 확인합니다.

4 자신이 평소에 아는 ☐☐과 경험한 것을 떠올려 보고 더 알 수 있는지 생각해 봅니다.

5 글에 쓰인 다의어나 동형어의 ☐을 정확히 이해하려면 국 어사전을 찾아봅니다.

6 이야기의 특정 부분을 바탕으로 하여 알 수 있는 내용과 더 추 론할 수 있는 ☐☐을 살펴봅니다.

7 글 내용을 바탕으로 하여 친구들과 함께 ☐☐을 만들 고 서로 묻거나 답해 봅니다.

8 내용을 추론하며 글 읽을 때에는 글의 내용을 ☐☐하 고 경험과 관련지어 봅니다.

9 글의 내용과 관련해 내가 이미 알고 있는 ☐☐에는 무 엇이 있는지 정리해 봅니다.

10 영상 광고를 만들 때에는 먼저 영상 광고 ☐☐, 내용과 분량을 정하는 것이 좋습니다.

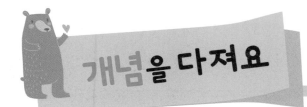

6. 내용을 추론해요

도움말

1. 책을 고를 때 드러나지 않은 내용을 짐작하는 데 도움이 되지 않는 것을 찾아봅니다.

핵심 1

1 책을 고를 때 책 내용을 짐작하기 위해 살펴볼 것으로 알맞지 않은 것은 어느 것입니까? (   )

① 차례   ② 책 제목
③ 출판사   ④ 책 표지
⑤ 친구들이 책을 추천할 때 해 준 말

핵심 1

2. 어떤 일을 하거나 연구할 때, 이미 머릿속에 들어 있거나 기본적으로 필요한 지식을 무엇이라고 하는지 생각해 봅니다.

2 다음 빈칸에 들어갈 알맞은 말은 무엇입니까? (   )

> 자신의 [   ]을 떠올리거나 여러 가지 상황을 생각하여 드러나지 않은 내용을 짐작해 보면 좀 더 깊고 넓게 내용이나 상황을 이해할 수 있다.

① 나이   ② 성격
③ 성별   ④ 취미
⑤ 배경지식

핵심 2

3. 알고 있는 것을 바탕으로 알지 못하는 것을 미루어서 생각하는 것입니다.

3 다음 빈칸에 공통으로 들어갈 말은 어느 것입니까? (   )

> • 이미 아는 정보를 근거로 삼아 다른 판단을 이끌어 내는 것을 [   ] 이라고 한다.
> • 글에 직접 드러나지 않은 부분을 글의 앞뒤 사실로 미루어 생각하며 읽는 방법을 [   ] 하며 읽기라고 한다.

① 판단   ② 예상
③ 추론   ④ 상상
⑤ 요약

핵심 2

4 이야기의 내용을 추론하는 방법으로 알맞지 않은 것은 어느 것입니까?
( )

① 내용을 상상하며 독서 감상문 써 보기
② 이야기에 드러난 내용을 자세히 파악하기
③ 경험을 바탕으로 하여 알 수 있는 사실 짐작하기
④ 다의어가 쓰인 경우 이야기에 사용된 뜻을 국어사전에서 찾기
⑤ 평소에 알고 있는 사실을 바탕으로 하여 더 알 수 있는 사실 짐작하기

> **도움말**
>
> 4. 추론은 막연한 상상과는 다르게 판단의 근거가 필요하다는 점에 주의합니다.

핵심 3

5 글에서 뜻을 알지 못하는 낱말이나 문장을 어떻게 이해할 수 있습니까?
( )

① 자신이 아는 모든 낱말을 써 본다.
② 글의 첫 번째 문장을 자세히 읽어 본다.
③ 글에서 가장 재미있는 문장을 찾아본다.
④ 중심 문장이나 중심 문단을 다시 읽으며 뜻을 파악한다.
⑤ 앞뒤 문장에서 알 수 있는 사실을 바탕으로 하여 그 뜻을 추론할 수 있다.

> 5. 뜻을 알지 못하는 낱말이나 문장을 추론해 봅니다.

핵심 4

6 다음을 영상 광고를 만드는 순서에 맞게 나열하시오.

> ㉮ 역할 나누기
> ㉯ 장면 촬영하기
> ㉰ 편집 도구로 자막 넣기
> ㉱ 촬영 도구와 편집 도구 준비하기
> ㉲ 영상 광고 주제, 내용과 분량 정하기
> ㉳ 완성된 영상 광고를 함께 보며 고치기

( ) ➡ ( ) ➡ ( ) ➡ ( ) ➡ ( ) ➡ ( )

> 6. 영상 광고 내용을 계획하고 완성하고 공유하는 순서로 만듭니다.

1~4 다음 그림을 보고 물음에 답하시오.

❶ 1999년 10월 탈북

❷ 2006년 8월 탈북

❸ 2006년 8월 탈북
선생님 김선경

❹ 2007년 8월 탈북
봉사단 방은화

❺ 1999년 10월 탈북
한의사 정일경

❻ 같은 일상을 살아가는 우리
우리는 이미 하나입니다

1 영상에 나오는 사람들의 직업을 모두 고르시오.

(, ,)

① 한의사
② 경호원
③ 영화배우
④ 봉사단 단원
⑤ 초등학교 선생님

서술형

2 장면 ❶, ❷의 화면 일부분을 가린 까닭은 무엇일지 쓰시오.

3 영상에 나오는 사람들은 어떤 공통점이 있습니까?

( )

① 모두 북한 이탈 주민이다.
② 외국에 사는 우리 동포다.
③ 혼인으로 이루어진 가족이다.
④ 사람들을 가르치는 일을 한다.
⑤ 우리나라에 살고 있는 서양인이다.

중요

4 장면 ❻에 나온 '우리는 이미 하나'라는 말의 의미를 짐작한 내용으로 알맞은 것에 ○표를 하시오.

⑴ 직업을 가진 모든 사람들이 하나가 되어 일해야 한다는 것이다. ( )

⑵ 북한 이탈 주민이 이미 우리와 함께 살아가는 사회의 구성원이라는 것이다. ( )

응용

5 오른쪽 그림을 보고 짐작할 수 있는 내용으로 알맞은 것의 기호를 쓰시오.

「씨름」, 김홍도 ▶

㉠ 몇몇은 모자를 들고 있는 것으로 보아 날씨가 추울 것입니다.

㉡ 모인 사람들은 모두 농부였을 것입니다.

㉢ 사람들의 표정을 보니 흥미진진한 경기로 보입니다.

( )

6~10 다음 글을 읽고 물음에 답하시오.

『화성성역의궤』는 수원 화성에 성을 쌓는 과정을 기록한 책인 의궤야. 수원 화성은 일제 강점기를 거치면서 성곽 일대가 훼손되기 시작하고 6.25 전쟁 때 크게 파괴되었는데, 『화성성역의궤』를 보고 원래의 모습대로 다시 만들어졌단다. 덕분에 수원 화성이 1997년에 유네스코 세계 문화유산으로 등록될 수 있었어.

『화성성역의궤』는 정조 임금이 갑자기 세상을 떠나는 바람에 다음 임금인 순조 때 만들어졌는데, 건축과 관련된 의궤 가운데에서도 가장 내용이 많아. 수원 화성 공사와 관련된 공식 문서는 물론, 참여 인원, 사용된 물품, 설계 등의 기록이 그림과 함께 실려 있는 일종의 보고서인 셈이야. 내용이 아주 세세하고 치밀해서 공사에 참여한 기술자 1800여 명의 이름과 주소, 일한 날수와 받은 임금까지 적혀 있어. 공사에 사용된 모든 물건의 크기와 값은 또 얼마나 상세히 적었는지 입이 떡 벌어질 정도라니까. ㉠당시에 이렇게 자세한 공사 보고서를 남긴 나라는 우리나라밖에 없다고 해.

「수원 화성을 어떻게 만들었을까」, 유지현

6 『화성성역의궤』는 무엇을 기록한 의궤입니까?
( )

① 정조 임금의 업적
② 순조 임금이 한 말
③ 수원 화성에 성을 쌓는 과정
④ 일제 강점기에 훼손된 성곽 이름
⑤ 유네스코 세계 문화유산에 등록된 목록

7 『화성성역의궤』에는 어떤 기록이 담겨 있는지 모두 고르시오. (, ,)

① 설계 　　　　　② 참여 인원
③ 사용된 물품 　　④ 관광객의 수
⑤ 물건의 수출 날짜

8 수원 화성의 성곽 일대가 훼손되기 시작한 까닭은 무엇입니까? ( )

① 일제 강점기를 거쳤기 때문에
② 성을 쌓는 도중에 무너졌기 때문에
③ 정조가 갑자기 세상을 떠났기 때문에
④ 성을 쌓을 당시 큰 홍수가 났기 때문에
⑤ 공사에 참여한 기술자의 수가 부족했기 때문에

6
단원

서술형

9 ㉠처럼 말한 것을 보고 글쓴이의 생각을 추론하여 쓰시오.

_____

_____

10 내용을 짐작하는 방법을 생각하며 　보기　에서 알맞은 말을 찾아 쓰시오.

보기

자신의 경험 떠올리기
이야기에서 찾을 수 있는 단서 확인하기

• 일제 강점기를 거치면서 성곽 일대가 훼손되기 시작했다.
• 6.25 전쟁 때 수원 화성이 크게 파괴되었다.

⬇

수원 화성은 여러 위기를 거치면서 원래의 모습을 잃었다.

_____

11 여러 가지 뜻이 있는 낱말을 무엇이라고 합니까?

( )

① 다의어　　　　② 외국어
③ 모국어　　　　④ 유행어
⑤ 동형어

중요

12 다음에서 쓰인 '쌓다'의 뜻으로 알맞은 것은 무엇입니까? ( )

> 『화성성역의궤』는 수원 화성에 성을 쌓는 과정을 기록한 책인 의궤야.

① 밑바탕을 닦아서 든든하게 마련하다.
② 행동을 반복하거나 그 행동의 정도가 심하다.
③ 물건을 차곡차곡 포개어 얹어서 구조물을 이루다.
④ 경험, 기술, 업적, 지식 따위를 거듭 익혀 많이 이루다.
⑤ 재산, 명예 또는 불명예, 신뢰 또는 불신 따위를 많이 얻거나 가지다.

응용

13 다음 빈칸에 들어갈 말은 소리는 같으나 뜻이 다른 낱말입니다. 공통으로 들어갈 알맞은 낱말은 무엇입니까? ( )

> • 자, 우리 모두 혜윤이가 그린 작품을 함께 ☐☐ 해 보자.
> • 비가 내리면 영선이는 ☐☐ 에 빠지곤 한다.

① 발전　　　　② 감상
③ 시선　　　　④ 슬픔
⑤ 행복

14~16 다음 글을 읽고 물음에 답하시오.

현재 서울에 남아 있는 조선 시대의 궁궐은 모두 다섯 곳으로 경복궁, 창덕궁, 창경궁, 경희궁, 경운궁이다.

궁궐의 건물

궁궐에는 왕과 왕비뿐만 아니라 왕실의 가족과 관리, 군인, 내시, 나인 등 많은 사람이 살았다. 이 사람들은 각자 자신의 신분에 알맞은 건물에서 생활했고, 건물의 명칭 또한 주인의 신분에 따라 달랐다. 예컨대, 궁궐에는 강녕전이나 교태전과 같이 '전' 자가 붙는 건물이 있는데, 이러한 건물에는 궁궐에서 가장 신분이 높은 왕과 왕비만 살 수 있었다. 왕실 가족이나 후궁들은 주로 '전'보다 한 단계 격이 낮은 '당' 자가 붙는 건물을 사용했다. 그 밖의 궁궐 사람들은 주로 '각', '재', '헌'이 붙는 건물에서 생활했다. 그러나 경우에 따라서는 왕도 '전'이 아닌 다른 건물을 사용했다.

「서울의 궁궐」

14 현재 서울에 남아 있는 조선 시대의 궁궐의 이름을 모두 쓰시오.

( )

15 '전'자가 붙은 건물에 살 수 있는 사람은 누구였습니까? ( )

① 군인　　　　② 후궁
③ 왕과 왕비　　④ 왕실의 가족
⑤ 내시와 나인

응용

16 다음은 '궁궐의 건물'을 정리한 내용입니다. 빈칸에 들어갈 알맞은 말을 쓰시오.

> 궁궐에는 사람이 많이 살았는데, 각자 ☐☐ 에 알맞은 건물에서 생활했다.

( )

[17~20] 다음 글을 읽고 물음에 답하시오.

경복궁

'큰 복을 누리며 번성하라'는 뜻을 가진 경복궁은 조선 시대 최초의 궁궐이면서 여러 궁궐 가운데 가장 대표적인 것이다. 경복궁은 태조 이성계가 조선을 세운 뒤에 한양, 즉 지금의 서울에 세운 조선의 법궁이다.

경복궁의 건물은 7600여 칸으로 규모가 어마어마하다. 경복궁에서 가장 웅장한 건물은 '부지런히 나라를 다스리라'는 뜻을 가진 근정전이다. 근정전은 왕의 즉위식, 왕실의 혼례식, 외국 사신과의 만남 등과 같은 나라의 중요한 행사를 치르던 곳이다.

경복궁에서 안쪽에 자리 잡은 교태전은 왕비가 생활하던 곳이다. 교태전은 중앙에 대청마루를 두고 왼쪽과 오른쪽에 온돌방을 놓은 구조로 되어 있다. 교태전 뒤쪽으로는 아미산이라는 작고 아름다운 후원이 있다.

'경사스러운 연회'라는 뜻의 경회루는 커다란 연못 중앙에 섬을 만들고 그 위에 지은, 우리나라에

▲경복궁의 근정전

서 가장 큰 누각이다. 이곳은 왕이 외국 사신을 접대하거나 신하들에게 연회를 베풀던 장소이다.

창덕궁

창덕궁은 경복궁 동쪽에 있다고 하여 창경궁과 함께 '동궐'로도 불렸다. 건물과 후원이 잘 어우러져 아름다우며 유네스코 세계 문화유산으로 기록되었다. 산이 많은 우리나라답게 산자락에 자연스럽게 배치한 건물이 인상적이다. 넓은 후원의 정자와 연못들은 우리나라 전통 정원의 모습을 잘 보여 주고 있다.

특히 부용지는 '하늘은 둥글고 땅은 네모나다'는 전통적 사상을 반영하여, 땅을 나타내는 네모난 연못 가운데 하늘을 뜻하는 둥근 섬을 띄워 놓은 형태이다. 연못 가장자리에 있는 부용정은 십자(+)모양의 정자로, 단청이 화려하고 처마 끝 곡선이 무척 아름답다.

---

17 경복궁은 어떤 뜻을 지녔습니까? (　　　)

① 큰 복을 누리며 번성하라.
② 경사스러운 연회를 베푼다.
③ 부지런히 나라를 다스리라.
④ 우리나라 최초의 법궁이다.
⑤ 조선 시대 최고의 궁궐이다.

18 창덕궁은 왜 동궐로 불렸습니까? (　　　)

① 경복궁의 동쪽에 있어서
② 문이 동쪽에만 나 있어서
③ 왕세자가 머물던 곳이어서
④ 동산에 지어진 궁궐이라서
⑤ 연못과 정자가 있는 궁궐이라서

19 건물과 후원이 잘 어우러져 유네스코 세계 문화유산으로 기록된 궁궐은 어느 것인지 쓰시오.

(　　　　　　　　　　)

20 창덕궁이 아름다운 궁궐인 까닭을 두 가지 고르시오.
(　　,　　)

① 연못 가장자리에 지어져서
② 큰 정자와 화려한 단청이 있어서
③ 서울에 세운 가장 웅장한 건물이어서
④ 건물이 산자락에 자연스럽게 배치하여서
⑤ 넓은 후원의 정자와 연못들이 우리나라 전통 정원의 모습을 잘 보여 주어서

1~2 다음 영상을 보고 물음에 답하시오.

❶

1999년 10월 탈북

❷

2006년 8월 탈북

❸

2006년 8월 탈북
선생님 김선경

❹

2007년 8월 탈북
봉사단 방은화

❺

1999년 10월 탈북
한의사 정일경

❻

같은 일상을 살아가는 우리
우리는 이미 하나입니다

1 다음은 이 영상에서 추론할 수 있는 내용을 말한 것입니다. 빈 곳에 알맞은 말을 쓰시오.

우리 주위에 북한 이탈 주민이 많이 있구나.

서로 존중하고 더불어 살아가야 행복하다는 것을 알 수 있어.

2 이 영상을 보고 신영이는 어떤 방법으로 생각했는지 알맞은 것에 ○ 표를 하시오.

낯선 곳에 잠깐 여행하는 것도 힘든 점이 많던데 잘 적응하며 사시는 게 놀라워.

신영

(1) 자신의 경험 떠올리기 ( )
(2) 말이나 행동에서 단서 확인하기 ( )

3~4 다음 그림을 보고 물음에 답하시오.

「야묘도추」, 김득신

3 그림 속 남자의 마음은 어떠하겠습니까? ( )
① 기쁠 것이다. ② 즐거울 것이다.
③ 미안할 것이다. ④ 우스웠을 것이다.
⑤ 깜짝 놀랐을 것이다.

서술형

4 이 그림을 보고 추론할 수 있는 내용을 쓰시오.

_____

_____

다음 글을 읽고 물음에 답하시오.

『화성성역의궤』는 수원 화성에 성을 쌓는 과정을 기록한 책인 의궤야. 수원 화성은 일제 강점기를 거치면서 성곽 일대가 훼손되기 시작하고 6.25 전쟁 때 크게 파괴되었는데, 『화성성역의궤』를 보고 원래의 모습대로 다시 만들어졌단다. ㉠덕분에 수원 화성이 1997년에 유네스코 세계 문화유산으로 등록될 수 있었어.

『화성성역의궤』는 정조 임금이 갑자기 세상을 떠나는 바람에 다음 임금인 순조 때 만들어졌는데, 건축과 관련된 의궤 가운데에서도 가장 내용이 많아. ㉡수원 화성 공사와 관련된 공식 문서는 물론, 참여 인원, 사용된 물품, 설계 등의 기록이 그림과 함께 실려 있는 일종의 보고서인 셈이야. 내용이 아주 세세하고 치밀해서 공사에 참여한 기술자 1800여 명의 이름과 주소, 일한 날수와 받은 임금까지 적혀 있어. 공사에 사용된 모든 물건의 크기와 값은 또 얼마나 상세히 적었는지 입이 떡 벌어질 정도라니까. 당시에 이렇게 자세한 공사 보고서를 남긴 나라는 우리나라밖에 없다고 해.

수원 화성은 정조 임금의 원대한 꿈이 담긴 곳으로 볼거리가 많아. 건물 하나만 보는 것보다는 주변 경치를 함께 감상하는 것이 더 좋아. ㉢정조 임금이 엄격하게 고른 좋은 자리에 지었으니까. 화성은 규모가 커서 다 돌아보려면 꽤 시간이 걸려. 다리가 아프면 화성 열차를 타는 것도 좋겠지. 화성 열차는 수원 화성 구경을 하러 온 사람들을 위해 마련한 열차야.

더 둘러보고 싶은 친구가 있다면 근처에 있는 융건릉과 용주사에 가 볼 것을 추천할게. 융건릉은 사도 세자의 무덤인 융릉과 정조 임금의 무덤인 건릉을 합쳐서 부르는 이름이고, 용주사는 사도 세자의 명복을 빌려고 지은 절이야.

▲ 수원 화성

5 수원 화성 근처에는 어떤 문화유산이 더 있는지 찾아 쓰시오.

( )과 ( )

6 다음은 이 글의 내용을 어떤 방법으로 추론한 과정입니까? ( )

• 수원 화성은 규모가 커서 다 돌아보려면 꽤 시간이 걸린다.
• 경주 여행을 갔을 때 편한 신발을 신지 않아서 힘들었던 적이 있다.

↓

수원 화성을 직접 가 보려면 운동화를 신는 것이 좋겠다.

① 경험 떠올리기
② 국어사전 찾아보기
③ 인물의 말 살펴보기
④ 인물의 표정 살펴보기
⑤ 인물의 행동 살펴보기

7 ㉠의 내용으로 추론할 수 있는 사실에 ○표를 하시오.

(1) 수원 화성은 세계적인 문화유산으로 인정받을 만큼 훌륭한 건축물이다. ( )
(2) 수원 화성은 최근에 다시 만들면서 세계 문화유산으로 등록되기 어려웠다. ( )

8 ㉡의 내용을 바탕으로 하여 수원 화성을 원래의 모습대로 만들 수 있었던 까닭을 쓰시오.

( )

서술형

9 ㉢의 내용으로 추론할 수 있는 사실을 쓰시오.

_____

_____

10~15 다음 글을 읽고 물음에 답하시오.

창덕궁

창덕궁은 경복궁 동쪽에 있다고 하여 창경궁과 함께 '동궐'로도 불렸다. 건물과 후원이 잘 어우러져 아름다우며 유네스코 세계 문화유산으로 기록되었다. 산이 많은 우리나라답게 산자락에 자연스럽게 배치한 건물이 인상적이다. 넓은 후원의 정자와 연못들은 우리나라 전통 정원의 모습을 잘 보여 주고 있다.

특히 부용지는 '하늘은 둥글고 땅은 네모나다'는 전통적 사상을 반영하여, 땅을 나타내는 네모난 연못 가운데 하늘을 뜻하는 둥근 섬을 띄워 놓은 형태이다. 연못 가장자리에 있는 부용정은 십자(+) 모양의 정자로, ㉠단청이 화려하고 처마 끝 곡선이 무척 아름답다.

창경궁

창경궁은 성종이 할머니들을 모시려고 지은 궁궐로, 효자로 유명한 정조가 태어난 곳이기도 하여 효와 인연이 깊다. 창경궁은 임진왜란 때 불탔다가 광해군 때 제 모습을 찾았으나, 그 뒤로도 큰 화재를 겪는 수난을 당했다. 문정전 앞뜰은 사도 세자가 목숨을 잃은 비극이 일어난 곳으로 유명하다. 왕비가 생활하던 통명전 서쪽에는 아름다운 연못이 있고, 뒤쪽에는 '열천'이라는 우물이 남아 있다.

한편 일제 강점기에는 일본 사람들이 창경궁에 동물원과 식물원을 만들면서 많은 건물을 헐고, 이름도 '창경원'으로 바꾸었다. 1983년에 동물원과 식물원 일부를 옮기고 창경궁이라는 이름을 되찾았다.

10 '하늘은 둥글고 땅은 네모나다'는 전통적 사상을 반영한 곳의 이름을 쓰시오.

( )

11 창경궁을 지은 까닭은 무엇인지 쓰시오.

( )

12 ㉠의 뜻을 추론한 내용으로 알맞은 것은 무엇인지 ○표를 하시오.

⑴ 경치가 좋은 곳에 놀거나 쉬기 위하여 지은 집. ( )

⑵ 옛날식 집의 벽, 기둥, 천장 따위에 여러 가지 빛깔로 그린 그림이나 무늬. ( )

13 다음은 '창경궁'의 내용을 정리한 것입니다. 빈칸에 알맞은 말을 쓰시오.

여러 번의 화재가 일어나고 □□□□가 목숨을 잃은 곳이다.

( )

14 창경궁이 효와 인연이 깊은 까닭을 두 가지 고르시오. (,)

① 사도 세자가 살던 곳이어서
② 문정전 앞뜰에서 비극이 일어나서
③ 성종이 할머니들을 모시려고 지어서
④ 임진왜란 때 불탔다가 다시 지어져서
⑤ 효자로 유명한 정조가 태어난 곳이어서

15 일제 강점기에 창경궁은 어떤 수난을 겪었습니까? ( )

① 창경궁을 산속으로 옮겨 버렸다.
② '동궐'이라며 지위를 낮춰 불렀다.
③ 일본 사람들이 궁의 모든 건물을 헐었다.
④ 일본 사람들이 사도 세자의 목숨을 잃게 했다.
⑤ 동물원과 식물원을 만들면서 많은 건물을 헐고, 이름도 창경원으로 바꾸었다.

다음 글을 읽고 물음에 답하시오.

경희궁

경희궁의 처음 명칭은 경덕궁이었으나, 영조 때 경희궁으로 고쳐 불렀다. 인조 이후 철종에 이르기까지 10대에 걸쳐 왕들이 머물렀다. 특히 영조는 25년 동안이나 이곳에 머물렀다고 한다. 경희궁은 경복궁의 서쪽에 있다고 하여 '서궐'로도 불렸다. 궁궐의 원래 규모는 1500칸에 이르렀으나, 일제 강점기에 강제로 헐려 터만 남아 있다가 최근에 옛 모습의 일부를 되찾았다.

이 궁궐 안에는 왕이 신하들과 나랏일을 논의하거나 사신을 접대하는 등의 행사를 치르던 숭정전과 영조의 어진을 모신 태령전이 있다.

▲ 경희궁의 태령전

경운궁

지금의 덕수궁은 원래 경운궁이라고 불렸는데, 성종의 형인 월산 대군의 집이었다. 선조가 임진왜란이 끝난 뒤에 서울로 돌아오니 궁궐이 모두 불타 버려서 이곳을 넓혀 행궁으로 만들었다고 한다. 선조가 죽고 광해군이 왕위에 오른 뒤에 이 행궁을 경운궁이라고 했다. 그러다가 조선 왕조 말기에 고종이 강한 나라들의 정치적 소용돌이에 휘말리면서 거처를 경운궁으로 옮긴 뒤, 비로소 궁궐다운 모습을 갖추었다.

경운궁 안에는 중화전과 같은 전통적 건물, 석조전이나 정관헌과 같은 서양식 건물이 함께 들어서 있다. 중화전은 국가적 의식을 치르던 곳이고, 석조전은 왕이 일상생활을 하던 곳이다. 정관헌은 고종 황제가 커피를 마시며 여가를 즐기거나 손님을 맞이하던 곳이다.

▲ 경운궁의 중화전　　　▲ 경운궁의 석조전

---

16 경희궁의 처음 명칭은 무엇입니까? (　　　)

① 서궐　　② 덕수궁　　③ 경덕궁
④ 경운궁　　⑤ 경복궁

---

17 경희궁은 일제 강점기에 어떤 일을 당하였습니까?
(　　　)

① 강제로 헐렸다.
② 행궁으로 바뀌었다.
③ 서양식 건물로 다시 지어졌다.
④ 궁궐다운 모습을 갖추게 되었다.
⑤ 손님을 접대하는 공간이 되었다.

---

18 경운궁 안에는 어떠어떠한 건물들이 있습니까?
(　　,　　,　　)

① 중화전　　　　② 석조전
③ 정관헌　　　　④ 숭정전
⑤ 태령전

---

19 자신이 평소 관심 있는 분야를 골라 영상 광고를 만들려고 합니다. 가장 먼저 할 일은 무엇입니까?
(　　　)

① 역할 나누기
② 장면 촬영하기
③ 편집 도구로 자막 넣기
④ 촬영 도구와 편집 도구 준비하기
⑤ 영상 광고의 주제, 내용과 분량 정하기

서술형

20 알리고 싶은 내용을 영상 광고를 만들려고 합니다. 역할을 나눌 때 주의할 점을 한 가지 더 쓰시오.

• 친구들의 능력과 선호도를 고려해 역할을 맡을 수 있도록 최대한 배려한다.

•　＿＿＿＿＿＿＿＿＿＿＿＿＿＿＿＿＿＿＿＿＿

＿＿＿＿＿＿＿＿＿＿＿＿＿＿＿＿＿＿＿＿＿＿＿

1 '쌓다'가 어떤 뜻으로 쓰였는지 다음 국어사전에서 찾아 번호를 쓰시오.

쌓다

(1) 윤수는 체육 자료실에 깔개를 차곡차곡 쌓아 놓았다.

(2) 고구려는 국경 지방에 천리장성을 쌓으면서 외적의 침략에 대비했다.

낱말	국어사전
쌓다	❶ 여러 개의 물건을 겹겹이 포개어 얹어 놓다. ❷ 물건을 차곡차곡 포개어 얹어서 구조물을 이루다.

(1) 윤수는 체육 자료실에 깔개를 차곡차곡 쌓아 놓았다.

                      (   )

(2) 고구려는 국경 지방에 천리장성을 쌓으면서 외적의 침략에 대비했다.

                      (   )

2 다음 문장에 쓰인 '감상'은 어떤 뜻을 가졌는지 짐작해 쓰고, 같은 뜻의 '감상'을 넣어 짧은 글을 쓰시오.

> 건물 하나만 보는 것보다는 주변 경치를 함께 감상하는 것이 더 좋아.

(1) '감상'의 뜻: _____

_____

(2) 짧은 글 쓰기: _____

도움말

⭐ 다의어와 동형어가 쓰인 경우는 이야기에 사용된 뜻을 국어사전에서 어떻게 찾을 수 있는지 생각합니다.

1 여러 가지 뜻이 있는 낱말을 다의어라고 합니다.

2 형태가 같지만 뜻이 다른 낱말을 동형어라고 합니다. '감상'은 여러 가지 뜻을 가지고 있는 낱말입니다.

3~4

『화성성역의궤』는 수원 화성에 성을 쌓는 과정을 기록한 책인 의궤야. 수원 화성은 일제 강점기를 거치면서 성곽 일대가 훼손되기 시작하고 6.25 전쟁 때 크게 파괴되었는데, 『화성성역의궤』를 보고 원래의 모습대로 다시 만들어졌단다. 덕분에 수원 화성이 1997년에 유네스코 세계 문화유산으로 등록될 수 있었어.

『화성성역의궤』는 정조 임금이 갑자기 세상을 떠나는 바람에 다음 임금인 순조 때 만들어졌는데, 건축과 관련된 의궤 가운데에서도 가장 내용이 많아. 수원 화성 공사와 관련된 공식 문서는 물론, 참여 인원, 사용된 물품, 설계 등의 기록이 그림과 함께 실려 있는 일종의 보고서인 셈이야. 내용이 아주 세세하고 치밀해서 공사에 참여한 기술자 1800여 명의 이름과 주소, 일한 날수와 받은 임금까지 적혀 있어. 공사에 사용된 모든 물건의 크기와 값은 또 얼마나 상세히 적었는지 입이 떡 벌어질 정도라니까. 당시에 이렇게 자세한 공사 보고서를 남긴 나라는 우리나라밖에 없다고 해.

3 이 글을 읽고 글쓴이의 생각을 추론할 수 있는 질문과 답을 만들어 쓰시오.

질문	답
(1)	수원 화성이 여러 가지 수난을 겪었음을 우리에게 알려 주기 위해서이다.
글쓴이가 "당시에 이렇게 자세한 공사 보고서를 남긴 나라는 우리나라밖에 없다고 해."라고 말한 까닭은 무엇일까?	(2)

4 3의 내용을 바탕으로 하여 글쓴이의 생각을 추론하여 쓰시오.

_____

_____

_____

도움말

☆ 「수원 화성은 어떻게 만들었을까」를 읽고 내용을 파악한 뒤에 추론하는 방법을 탐구합니다.

3 추론하며 읽기란 글에 직접 드러나지 않는 부분을 글의 앞뒤 사실로 미루어 생각하며 읽는 방법입니다.

4 추론하며 읽으면 글에 대한 이해가 깊어지고 글에 직접 드러나지 않은 내용에 대하여 생각해 볼 수 있습니다.

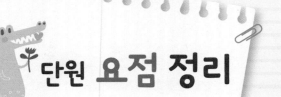

단원 요점 정리

7. 우리말을 가꾸어요

핵심 1 자신의 언어생활 점검하기

• 자신의 언어생활을 생각해 봅니다.
• 자신의 언어생활을 점검해 봅니다.

> **언어생활 상태가 어떠한지 질문을 만들어 묻고 답하기**
> • 언어생활 상태에서 바람직한 점을 답하도록 질문을 만들어 봅니다. → 예 자신의 언어생활에서 고칠 점은 무엇인가요?
> • 언어생활 상태에서 고칠 점을 답하도록 질문을 만들어 봅니다.
> • 앞으로 자신의 언어생활을 어떻게 하면 좋을지에 대한 생각을 들을 수 있는 질문을 만들어 봅니다.

핵심 2 우리말 *사용 실태 알아보기

• 우리말 사용에 대한 사례를 살펴봅니다.
• 올바른 우리말 사용에 대해 생각해 봅니다.
• 실태 조사 결과를 보고 올바른 우리말 사용에 대해 생각해 봅니다.
  → 외국어, 줄임 말, 욕설이나 비속어, 배려의 말, 긍정하는 말, 바른 말 조사 결과를 살펴봅니다. 우리말 사용 실태를 한눈에 보기 쉽게 도표로 나타내 봅니다.

핵심 3 우리말 사용 실태 조사하기

• 우리말 사용 실태를 찾아보고 조사할 내용을 생각해 봅니다.
• 우리말 사용 실태 조사 계획을 세워 봅니다.
  – 조사 날짜와 시간, 조사 장소, 준비물, 조사 방법, 조사 자료, 주의할 점 등을 정리합니다.
• 계획에 따라 조사해 봅니다.
  – 조사 주제, 조사 내용, 조사 결과와 출처, 조사한 뒤 드는 생각이나 느낌 등을 정리합니다.
• 발표할 때 주의할 점을 생각하며 발표를 해 봅니다. → 발표 차례, 발표 내용, 사용할 매체를 고려합니다.

> **발표할 때 주의할 점**
> • 일정한 목소리로 발표하지 않고 중요한 부분은 강조하며 발표합니다.
> • 듣는 사람이 이해하기 쉽도록 알맞은 목소리로 발표합니다.
> • 발표 효과를 높이려면 사진이나 그림, 도표, 동영상 따위의 매체를 사용할 수 있습니다. 단 많은 분량을 보여 주지 않고 자세한 내용은 말로 발표합니다.

핵심 4 실태 조사를 바탕으로 하여 올바른 우리말 사용을 주제로 글 쓰기

• 조사한 실태를 바탕으로 하여 쓴 글을 읽고 생각해 봅니다.
  – 올바른 우리말 사용에 대해 글을 쓰려면 어떻게 해야 할지 친구들과 질문을 만들어 묻고 답해 봅니다. → 생각을 들을 수 있는 질문, 글 쓰기의 목적을 정해 말할 수 있는 질문 등
  – 글을 쓴 목적에 따라 정리해 봅니다.
  예 '교과서 250쪽'의 내용 정리

주장	긍정하는 말과 고운 우리말을 사용합시다.
근거	• 친구에게 긍정하는 말을 해 주니 좋은 일이 생겼습니다. • 긍정으로 말하면 말하는 사람은 물론이고 듣는 사람의 마음도 편안해집니다. • 고운 말을 사용하면 말하는 사람과 듣는 사람의 마음을 아름답게 해 줍니다.

• 글쓰기 목적에 따라 글의 개요를 작성해 봅니다.
• 실태 조사를 바탕으로 하여 올바른 우리말 사용에 대해 글을 써 봅니다.
  – 근거는 예를 들거나 인용을 하는 등의 방법으로 자세히 설명해 주장을 뒷받침할 수 있습니다.

핵심 5 올바른 우리말 *사례집 만들기

• 올바른 우리말 사용 사례집을 살펴봅니다.
• 올바른 우리말 사례집을 만들기 위한 의견을 나누고 정리해 봅니다.
• 올바른 우리말 사례집을 만들어 봅니다.
  예 의논한 것을 정리하기

> • 주제는 무엇으로 정할까요?
> • 어떤 내용으로 만들까요?
> • 어떤 형식으로 할까요?
> • 조사는 어떻게 할까요?
> • 역할 분담은 어떻게 할까요?

조금 더 알기

부정하는 말을 긍정하는 말로 바꾸어 사용하기 (예)

- 안 돼. ➡ 할 수 있어.
- 짜증 나. ➡ 괜찮아.
- 이상해 보여. ➡ 멋있어 보여.
- 힘들어 ➡ 힘내자
- 어쩔 수 없어. ➡ 가능한 일이야.
- 망했어. ➡ 다시 할 거야.

여러 가지 내용과 다양한 형식의 매체를 활용해 올바른 우리말 사례집 만들기 (예)

- 우리말을 훼손하는 자료를 수집해 올바르게 고쳐 쓴 사례집을 만듭니다.
- 너무 줄여서 말하는 낱말을 바르게 고쳐 사례집으로 엮습니다.
- 외국어 간판을 우리말로 바꾸어 보는 사례집을 만듭니다.

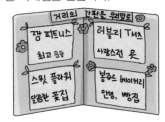

낱말 사전

★ **실태** 있는 그대로의 상태. 또는 실제의 모양.
★ **사례집** 어떤 일이나 분야에 관련된 사례를 모아 엮은 책.

✏️ 개념을 확인해요

1 자신의 언어생활을 생각해 봅니다. 그리고 자신의 언어생활을 ☐☐ 해 봅니다.

2 우리말 사용 실태 ☐☐ 계획을 세울 때에는 조사 날짜와 시간, 조사 장소, 준비물, 조사 방법, 조사 자료, 주의할 점 등을 정리합니다.

3 우리말 사용 실태를 계획에 따라 조사할 때에는 조사 주제, 조사 내용, 조사 결과와 ☐☐, 조사한 뒤 생각이나 느낌 등을 정리합니다.

4 일정한 목소리로 발표하지 않고 중요한 부분은 ☐☐ 하며 발표합니다.

5 ☐☐ 사람이 이해하기 쉽도록 알맞은 목소리로 발표합니다.

6 발표 ☐☐ 를 높이려면 사진이나 그림, 도표, 동영상 따위의 매체를 사용할 수 있습니다.

7 올바른 우리말 사용에 대해 글을 쓰려면 어떻게 해야 할지 친구들과 ☐☐ 을 만들어 묻고 답해 봅니다.

8 ☐☐ 는 예를 들거나 인용하거나 자세히 설명해 주장을 뒷받침할 수 있습니다.

9 올바른 우리말 사례집을 만들기 위한 ☐☐ 을 나누고 정리해 봅니다.

10 올바른 우리말 사례집을 만들기 위해 의논한 것을 정리할 때에는 '☐☐ 분담은 어떻게 할까요?'가 있습니다.

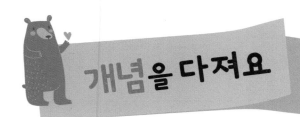

도움말

1. '줄임 말'은 낱말의 일부분을 줄여 만든 말로 일상적으로 굳어진 축약어 외에 우리말의 뜻을 쉽게 이해할 수 없는 무조건적 줄임의 말을 뜻합니다.

2. 줄임 말과 신조어, 비속어, 공격적인 언어 표현 등은 모두 언어 예절에 맞지 않는 말들입니다.

3. 긍정적인 말로 상대의 기분을 상하게 하지 말아야 합니다.

핵심 1

1 오른쪽 그림처럼 줄임 말을 부모님께 하면 어떤 일이 생길 수 있을지 쓰시오.

_____

_____

_____

> ?
>
> 이번 생선은 심멎한걸요.

핵심 1

2 자신이 평소 언어생활을 점검할 때 살펴볼 점으로 알맞지 <u>않은</u> 것은 어느 것입니까? (   )

① 나는 다른 사람을 배려하며 말한다.
② 나는 긍정적인 말을 자주 사용한다.
③ 나는 최신 유행어를 꾸준히 사용한다.
④ 나는 언제나 올바른 우리말을 사용한다.
⑤ 나는 욕설이나 비속어를 섞어서 말하지 않는다.

핵심 2

3 올바르지 못한 말을 사용하는 친구와 대화할 때의 느낀 점을 바르게 말한 친구의 이름을 쓰시오.

> 나를 무시하는 것 같아서 상대방이 미워지고 기분이 나빠졌어.

서아

> 상대방이 친근하게 느껴지고, 나도 그런 말을 써야겠다고 생각했어.

성준

(   )

핵심 3

4 우리말 사용 실태를 조사할 때 자료는 어디에서 찾을 수 있는지 쓰시오.

_____

_____

4. 자료는 인쇄물, 영상, 인터넷 등을 매개로 하여 접할 수 있는 모든 것을 포괄합니다.

핵심 4

5 친구들이 올바른 우리말 사용에 대해 이야기하고 있습니다. 빈 곳에 들어갈 알맞은 내용을 쓰시오.

5. 올바른 우리말을 사용하려면 어법에 맞고 고운 말인 품위 있는 말을 써야 합니다.

긍정하는 말을 사용해야 해.

상대를 배려하는 말을 사용해야 해.

(　　　　　　　　　　　　　　　　　)

핵심 5

6 올바른 우리말 사용에 대해 주장하는 글을 쓰려고 할 때 알맞은 내용을 두 가지 고르시오. (　　　 , 　　　)

① 줄임 말 쓰기
② 긍정하는 말하기
③ 비속어 사용하기
④ 욕설 사용하지 않기
⑤ 외국어 자주 사용하기

6. 언어 예절에 맞지 않는 말
　•유행어: 사람들이 어떤 기간 동안에 많이 사용하는 말.
　•비속어: 예절에 어긋나게 대상을 낮추거나 품위 없이 천한 말.
　•공격적인 언어 표현 : 폭력적인 뜻을 담고 있는 말.

1~3 다음 그림을 보고 물음에 답하시오.

1 아빠는 여자아이가 한 어떤 말이 잘 이해가 되지 않았는지 두 가지 고르시오. (　　, 　　)

① 이번　　　　　② 생선
③ 핵노잼　　　　④ 친구들
⑤ 이것도

2 여자아이가 그림 ❶과 같은 표현을 사용한 까닭은 무엇이겠습니까? (　　　)

① 아빠와 대화하기 싫었기 때문에
② 줄임 말을 평소에 즐겨 사용하기 때문에
③ 아빠께 줄임 말을 알려 드리고 싶었기 때문에
④ 아빠와 재미있는 말놀이를 하고 싶었기 때문에
⑤ 다른 사람이 알아들을까 봐 걱정되었기 때문에

 서술형

3 아빠와 여자아이는 왜 말이 통하지 않았는지 쓰시오.

_____

4~5 다음 그림을 보고 물음에 답하시오.

4 그림 ❷에서 이기고 있는 모둠 친구의 말을 듣고 솔연이의 마음은 어떠하였겠습니까? (　　　)

① 즐겁다.　　② 무섭다.　　③ 속상하다.
④ 미안하다.　⑤ 뿌듯하다.

5 그림 ❸에서 이기고 있는 모둠 친구는 강민이에게 어떤 말을 하였습니까? (　　　)

① 사과하는 말　　　② 격려하는 말
③ 칭찬하는 말　　　④ 축하하는 말
⑤ 불평하는 말

 중요

6 자신의 언어생활을 점검할 때 자주 사용해도 되는 말은 무엇입니까? (　　　)

① 욕설　　　② 고유어　　　③ 비속어
④ 외국어　　⑤ 줄임 말

7~10 다음 사례를 보고 물음에 답하시오.

사례 1 텔레비전 프로그램

욕 해도 될까요?

평범한 중고등학생 네 명을 대상으로 욕 사용 실태를 관찰했더니 네 시간 동안 평균 500여 번의 욕설이 쏟아졌습니다.

충격적인 것은 이 학생들이 문제아나 불량 청소년이 아니라는 것입니다. 이제 욕은 많은 학생들의 입에서 거침없이 터져 나오는 일상어가 되어 버렸습니다.

그렇다면 아이들이 최초로 욕을 대하는 때는 언제일까요?

대중 매체 환경이 빠르게 바뀌면서 욕설이나 비속어를 대하는 나이가 더욱 어려지는 지금, 초등학교 교실을 찾아 그들이 아는 욕설을 적어 보도록 했습니다.

그 결과, 절반 가까운 학생이 욕을 열 개 이상 버릇처럼 사용하고, 서른 개 이상 사용하는 아이도 있었습니다.

출처: 한국교육방송공사(2011), 「EBS 다큐 프라임: 욕, 해도 될까요?」

사례 2 교실에서 일어난 일

며칠 전 우리 반 교실에서 일어난 일입니다. 준형이와 수진이가 교실 뒤쪽을 걷다가 뜻하지 않게 서로 부딪혔습니다. 준형이와 수진이는 서로 노려보면서 눈살을 찌푸렸습니다.

야, 넌 눈도 없냐? 똑바로 보고 다녀야지!

뭐라고? 재수 없어. 네가 날 쳤잖아.

7 〈사례 1〉은 올바른 우리말 사용에 대하여 어떤 자료에서 조사한 것입니까? (   )

① 책   ② 광고
③ 신문 기사   ④ 거리 간판
⑤ 텔레비전 프로그램

7 단원

8 욕 사용 실태를 관찰한 결과로 알맞은 것은 어느 것입니까? (   )

① 욕을 하는 학생들은 문제아가 많다.
② 욕을 하는 아이들은 불량 청소년이다.
③ 하루 동안 평균 500번의 욕설을 했다.
④ 욕은 많은 학생들에게 일상어가 되어 버렸다.
⑤ 고등학생 절반가량이 서른 개 이상의 욕을 습관적으로 사용하고 있다.

9 욕설이나 비속어를 대하는 나이가 더욱 어려지는 까닭이 무엇 때문이라고 하였는지 쓰시오.

• (   ) 때문이라고 하였다.

응용

10 〈사례 2〉의 그림 속 친구들의 대화를 보고 바르게 말한 것에 ○표를 하시오.

(1) 줄임 말을 여러 번 사용했다.   (   )
(2) 비속어나 거친 말을 사용하여 말했다.
                                          (   )
(3) 긍정적인 말로 상대의 기분을 좋게 했다.
                                          (   )

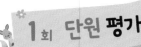
11~15 다음 글을 읽고 물음에 답하시오.

나는 텔레비전 뉴스 기사를 인터넷에서 찾았어. 그래서 「초등학생 줄임 말, 신조어 '심각'」이라는 뉴스야.

초등학생이 가장 많이 사용하는 신조어와 줄임 말	
핵노잼	23퍼센트
생선	22퍼센트
노답	18퍼센트
○○	18퍼센트
멘붕	16퍼센트

 지원아, 조사를 참 잘했구나. 나는 선생님과 학생, 학생과 학생끼리도 서로 높임말을 사용하는 언어문화를 조사했어.

그랬구나. 중화야, 그 사례를 좀 더 자세히 이야기해 주겠니?

 ○○초등학교에서는 선생님과 학생, 학생과 학생끼리 공부 시간은 물론이고 학교에서 지내는 동안 높임말을 사용한대. 학생들이 서로 "진수 님, ⊙ "라고 존칭과 높임말을 쓰고, 선생님께서도 "연화 님, 연화 님은 배려심이 참 많아 칭찬해 주고 싶어요."처럼 존칭과 높임말을 사용하는 문화가 자리 잡았다고 해. 그래서 존중하고배려하는 생활 공동체를 만들어 나가고 있대.

와, 그런 학교도 있구나. 우리 반에서도 하루 정도 날을 정해 선생님과 아이들, 친구들 사이에 높임말을 쓰거나 올바른 우리말을 사용해 보면 어떨까? 그러고 난 뒤에 어떤 마음이 들었는지 이야기도 나눠 보고 말이야.

11 지원이는 어떤 자료에서 실태를 조사했습니까?

( )

① 책 ② 광고
③ 사설 ④ 잡지
⑤ 뉴스 기사

12 지원이는 초등학생이 가장 많이 사용하는 어떠어떠한 말들에 대해 찾아보았습니까? (,)

① 높임말 ② 외래어
③ 신조어 ④ 외국어
⑤ 줄임 말

13 중화는 '우리말 사용 실태'에 대한 어떤 내용을 조사했습니까? ( )

① 언어문화 ② 언어 폭력
③ 잘못된 존칭 ④ 새로운 우리말
⑤ 잘못된 우리말 사용

응용

14 중화가 설명한 내용을 보아, ⊙ 안에 들어갈 알맞은 말은 어느 것입니까? ( )

① 창문 좀 닫자.
② 창문 좀 닫아라.
③ 창문 좀 닫을래?
④ 창문 좀 닫았으면 좋겠어.
⑤ 창문 좀 닫아 줄 수 있을까요?

서술형

15 '우리말 사용 실태' 조사 내용을 다시 한번 읽어 보고 올바른 언어 사용에 대한 자신의 생각을 까닭을 들어 쓰시오.

_____

_____

_____

_____

16~20 다음 글을 읽고 물음에 답하시오.

❶ 요즘 우리 반 친구들이 대화할 때 짜증 난다는 말이나 비속어, 욕설 따위를 사용합니다. 그런 말을 들으면 기분이 나빠지고 화가 나서 다툼도 일어납니다.

❷ 우리 반에는 공놀이할 때마다 실수해서 같은 편이 되기를 꺼려 하는 친구가 있습니다. 대부분 그 친구와 같은 편이 되면 "짜증 나."라는 말이나 비속어, 욕설을 합니다. 그러던 어느 날, 그 친구가 안쓰러워서 "괜찮아, 넌 잘할 수 있어."라고 말했습니다. 그랬더니 신기하게도 그 친구가 승점을 냈습니다.

❸ 이 일이 있은 뒤에 우리 반 친구들을 대상으로 조사해 보니 긍정하는 말이 부정하는 말보다 듣기가 좋다는 결과가 나왔습니다. 긍정하는 말을 하면 말하는 사람은 물론 듣는 사람도 마음이 편안해집니다. 예를 들면 "안 돼."보다는 "할 수 있어.", "짜증 나."보다는 "괜찮아.", "이상해 보여."보다는 "멋있어 보여.", "힘들어."보다는 "힘내자."와 같이 부정하는 말을 긍정하는 말로 고쳐 사용하면, 말하는 사람과 듣는 사람 모두 기분도 좋아지고 자신감도 생긴다는 것입니다.

❹ 또 비속어나 욕설 같은 거친 말보다는 고운 우리말 사용이 자신과 상대의 마음을 아름답게 해 준다는 결과도 있습니다. 상대의 실수에는 너그러운 말을 하고, 내 잘못에는 미안하다는 말을 하며, 상대의 배려에는 고마운 말을 하는 것입니다. 비속어나 욕설을 사용하면 추한 마음이 생길 것인데 고운 우리말을 사용하면 너그러운 마음이 생기고, 미안한 마음이 생기며, 고마운 마음이 생기므로 아름다운 사람이 된다는 것입니다.

❺ 긍정하는 표현은 자신은 물론 주변 사람들 마음에 긍정하는 힘을 줍니다. 그리고 고운 우리말 사용이 아름다운 소통을 이루고, 진정한 말맛을 느끼게 합니다. 그러므로 긍정하는 말과 고운 우리말을 사용해야 합니다.

16 친구에게 할 수 있는 긍정하는 말의 예를 하나 더 쓰시오.

할 수 있어.	괜찮아.	

17 이 글에서 문제 상황은 무엇입니까? (   )

① 친구 사이의 따돌림 문제
② 겉모습만을 중요하게 생각하는 것
③ 올바르지 못한 생활습관 개선 방향
④ 학급문고의 책을 바르게 관리하는 방법
⑤ 짜증 난다는 부정적인 말과 비속어, 욕설 등의 거친 말 사용

18 이 글은 어떤 실태 조사를 바탕으로 하여 쓴 것인지 문단 ❸에서 찾아 쓰시오.

• (   )이 부정하는 말보다 좋다는 우리 반 친구들의 실태

19 문단 ❶~❺ 가운데 글의 내용을 요약하고 글쓴이의 주장을 다시 한번 강조한 곳의 번호를 쓰시오.

(   )

20 이 글에서 알맞은 근거를 한 가지 더 쓰시오.

주장	긍정하는 말과 고운 우리말을 사용합시다.
근거	• 친구에게 긍정하는 말을 하고 해 주니 좋은 일이 생겼습니다. • 긍정으로 말하면 말하는 사람은 물론이고 듣는 사람의 마음도 편안해집니다. •

1~3 다음 그림을 보고 물음에 답하시오.

4~6 다음 그림을 보고 물음에 답하시오.

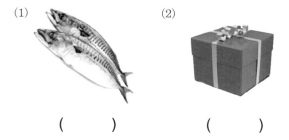

1 그림 ❶에서 여자아이가 말한 '생선'은 무엇을 뜻하는 것인지 알맞은 사진에 ○표를 하시오.

(1) ( )   (2) ( )

2 여자아이가 사용한 말을 바른 말로 고쳐 쓰시오.
(1) 핵노잼: ( )
(2) 헐: ( )

서술형

3 여자아이처럼 줄임 말이나 신조어를 사용하면 어떤 문제점이 있는지 쓰시오.

_____

4 그림 ❷에서 이기고 있는 모둠 친구가 잘못한 점은 무엇입니까? ( )
① 솔연이에게 화를 냈다.
② 솔연이의 편을 들어 주지 않았다.
③ 강민이와 솔연이를 비교하여 말했다.
④ 솔연이네 모둠 편을 들며 강민이를 놀렸다.
⑤ 솔연이의 기분을 배려하지 않고 함부로 말했다.

5 그림 ❷에서 이기고 있는 모둠 친구의 말을 바꾸어 쓸 말로 알맞은 것에 ○표를 하시오.
(1) 그거 정말 쌤통이다. ( )
(2) 열심히 했는데 져서 어떡하니? 너무 속상해하지 마. 다음에 이기면 되니까 기운 내. ( )

6 그림 ❸에서 이기고 있는 모둠 친구의 말을 듣고 강민이의 마음은 어떠하였겠습니까? ( )
① 우울하다.   ② 속상하다.   ③ 미안하다.
④ 화가 난다.   ⑤ 힘이 난다.

7~10 다음 사례를 보고 물음에 답하시오.

사례 1 텔레비전 프로그램

욕 해도 될까요?

평범한 중고등학생 네 명을 대상으로 욕 사용 실태를 관찰했더니 네 시간 동안 평균 500여 번의 욕설이 쏟아졌습니다.

충격적인 것은 이 학생들이 문제아나 불량 청소년이 아니라는 것입니다. 이제 욕은 많은 학생들의 입에서 거침없이 터져 나오는 일상어가 되어 버렸습니다.

그렇다면 아이들이 최초로 욕을 대하는 때는 언제일까요?

대중 매체 환경이 빠르게 바뀌면서 욕설이나 비속어를 대하는 나이가 더욱 어려지는 지금, 초등학교 교실을 찾아 그들이 아는 욕설을 적어 보도록 했습니다.

그 결과, 절반 가까운 학생이 욕을 열 개 이상 버릇처럼 사용하고, 서른 개 이상 사용하는 아이도 있었습니다.

출처: 한국교육방송공사(2011), 「EBS 다큐 프라임: 욕, 해도 될까요?」

사례 2 교실에서 일어난 일

며칠 전 우리 반 교실에서 일어난 일입니다. 준형이와 수진이가 교실 뒤쪽을 걷다가 뜻하지 않게 서로 부딪혔습니다. 준형이와 수진이는 서로 노려보면서 눈살을 찌푸렸습니다.

7 미라는 언어 예절에 맞지 않는 말 가운데 무엇에 대해 이야기하고 있습니까? (   )

평범한 중고등학생 네 명을 대상으로 관찰했더니 네 시간 동안 평균 500여 번의 이 말을 사용했다는 충격적인 실태 보고가 있어.

미라

① 욕설   ② 신조어
③ 줄임 말   ④ 비꼬는 말
⑤ 비난하는 말

8 〈사례 2〉를 보고 아이들의 말을 올바르게 고칠 때 아이들이 해야 할 말은 무엇입니까? (   )

① 충고하는 말   ② 사과하는 말
③ 고맙다는 말   ④ 주장하는 말
⑤ 부정적인 말

9 다음과 같은 언어생활이 지속된다면 어떤 일이 벌어지겠습니까? (   )

우리에게 친숙한 외래어 · 외국어	• 펫시터(반려동물을 돌봐주는 사람) • 캣맘, 캣대디(들고양이 보호 활동을 하는 사람)

① 긍정적인 말하기가 될 것이다.
② 같이 욕설을 하고 싶어질 것이다.
③ 자기 의견만 주장하게 될 것이다.
④ 올바른 우리말이 점점 사라져 갈 것이다.
⑤ 바르고 긍정적인 우리말이 늘어날 것이다.

10 실제 우리 주변에서 올바르지 못한 언어를 사용하고 있는 예는 무엇이 있을지 쓰시오.

11~15 다음 글을 읽고 물음에 답하시오.

나는 텔레비전 뉴스 기사를 인터넷에서 찾았어. 그래서 「초등학생 줄임 말, 신조어 '심각'」이라는 뉴스야.

초등학생이 가장 많이 사용하는 신조어와 줄임 말	
핵노잼	23퍼센트
생선	22퍼센트
노답	18퍼센트
○○	18퍼센트
멘붕	16퍼센트

지원아, 조사를 참 잘했구나. 나는 선생님과 학생, 학생과 학생끼리도 서로 높임말을 사용하는 언어문화를 조사했어.

그랬구나. 중화야, 그 사례를 좀 더 자세히 이야기해 주겠니?

○○초등학교에서는 선생님과 학생, 학생과 학생끼리 공부 시간은 물론이고 학교에서 지내는 동안 ☐☐☐을 사용한대. 학생들이 서로 "진수 님, "라고 존칭과 ☐☐☐을 쓰고, 선생님께서도 "연화 님, 연화 님은 배려심이 참 많아 칭찬해 주고 싶어요."처럼 존칭과 ☐☐☐을 사용하는 문화가 자리 잡았다고 해. 그래서 존중하고배려하는 생활 공동체를 만들어 나가고 있대.

와, 그런 학교도 있구나. 우리 반에서도 하루 정도 날을 정해 선생님과 아이들, 친구들 사이에 높임말을 쓰거나 올바른 우리말을 사용해 보면 어떨까? 그리고 난 뒤에 어떤 마음이 들었는지 이야기도 나눠 보고 말이야.

11 초등학생들이 많이 사용하는 줄임 말이나 신조어가 아닌 것은 어느 것입니까? ( )

① 생선　　② 노답　　③ 멘붕
④ 핵노잼　　⑤ 시나브로

12 지원이가 조사한 실태는 어떤 내용입니까?

( )

① 높임말 사용　　② 언어생활 문화
③ 외국어 간판 사용　　④ 잘못된 우리말 사용
⑤ 욕설과 비속어 중독

13 중화가 설명한 내용을 보아, ☐☐☐ 안에 공통으로 들어갈 말은 어느 것입니까? ( )

① 외국어　　② 높임말
③ 신조어　　④ 비속어
⑤ 줄임 말

14 이와 같이 조사한 자료를 정리할 때 주의할 점으로 알맞은 것은 무엇입니까? ( )

① 출처를 정확하게 밝힌다.
② 조사 과정을 밝히지 않는다.
③ 사진 자료는 덧붙이지 않는다.
④ 자신의 생각이나 느낌은 쓰지 않는다.
⑤ 최대한 길고 재미있는 자료만 조사한다.

15 중화가 우리말 사용 실태에 대해 조사한 내용을 발표하려고 합니다. 알맞은 방법을 모두 고르시오.

(, ,)

① 중요한 부분은 강조하며 발표한다.
② 일정한 목소리로 조용하게 발표한다.
③ 매체는 많은 분량을 자세히 보여 준다.
④ 듣는 사람이 이해하기 쉽도록 알맞은 목소리로 발표한다.
⑤ 발표 효과를 높이려면 사진이나 그림, 도표 따위의 매체를 사용한다.

16~19 다음 글을 읽고 물음에 답하시오.

요즘 우리 반 친구들이 대화할 때 짜증 난다는 말이나 비속어, 욕설 따위를 사용합니다. 그런 말을 들으면 기분이 나빠지고 화가 나서 다툼도 일어납니다.

우리 반에는 공놀이할 때마다 실수해서 같은 편이 되기를 꺼려 하는 친구가 있습니다. 대부분 그 친구와 같은 편이 되면 "짜증 나."라는 말이나 비속어, 욕설을 합니다. 그러던 어느 날, 그 친구가 안쓰러워서 "괜찮아, 넌 잘할 수 있어."라고 말했습니다. 그랬더니 신기하게도 그 친구가 승점을 냈습니다.

이 일이 있은 뒤에 우리 반 친구들을 대상으로 조사해 보니 긍정하는 말이 부정하는 말보다 듣기가 좋다는 결과가 나왔습니다. 긍정하는 말을 하면 말하는 사람은 물론 듣는 사람도 마음이 편안해집니다. 예를 들면 "안 돼."보다는 "할 수 있어.", "짜증 나."보다는 "괜찮아.", "이상해 보여."보다는 "멋있어 보여.", "힘들어."보다는 "힘내자."와 같이 부정하는 말을 긍정하는 말로 고쳐 사용하면, 말하는 사람과 듣는 사람 모두 기분도 좋아지고 자신감도 생긴다는 것입니다.

또 비속어나 욕설 같은 거친 말보다는 고운 우리말 사용이 자신과 상대의 마음을 아름답게 해 준다는 결과도 있습니다. 상대의 실수에는 너그러운 말을 하고, 내 잘못에는 미안하다는 말을 하며, 상대의 배려에는 고마운 말을 하는 것입니다. 비속어나 욕설을 사용하면 추한 마음이 생길 것인데 고운 우리말을 사용하면 너그러운 마음이 생기고, 미안한 마음이 생기며, 고마운 마음이 생기므로 아름다운 사람이 된다는 것입니다.

긍정하는 표현은 자신은 물론 주변 사람들 마음에 긍정하는 힘을 줍니다. 그리고 고운 우리말 사용이 아름다운 소통을 이루고, 진정한 말맛을 느끼게 합니다. 그러므로 긍정하는 말과 고운 우리말을 사용해야 합니다.

16 글쓴이가 이 글을 쓴 목적은 무엇일지 쓰시오.

_____

_____

17 글쓴이의 생각을 뒷받침하는 근거를 두 가지 고르시오. (,   )

① 실수를 하는 친구에게 충고를 해 주어야 한다.
② 부정의 말을 긍정의 말로 고치는 것은 힘들다.
③ 친구에게 비속어를 사용하니 좋은 일이 생겼다.
④ 고운 말을 사용하면 말하는 사람과 듣는 사람의 마음을 아름답게 해 준다.
⑤ 긍정으로 말하면 말하는 사람은 물론이고 듣는 사람의 마음도 편안해진다.

18 글쓴이의 주장은 무엇입니까? (   )

① 미안하다는 말을 해 봅시다.
② 상대의 마음을 이해해 봅시다.
③ 대화할 때 짜증을 내지 맙시다.
④ 상대의 실수를 너그럽게 용서합시다.
⑤ 긍정하는 말과 고운 우리말을 사용합시다.

19 빈칸에 제목은 무엇으로 넣는 것이 좋을지 쓰시오.

(   )

20 우리가 너무 줄여 말하는 낱말을 바르게 고쳐 쓴 사례집을 만들려고 합니다. 자료를 조사하는 방법으로 알맞지 않은 것은 어느 것입니까? (   )

① 신문에서 조사한다.
② 뉴스에서 조사한다.
③ 속담 사전에서 조사한다.
④ 국립국어원 누리집에서 조사한다.
⑤ 텔레비전 프로그램을 보고 조사한다.

1~3

도움말

💭 품격 있는 사람이 되려면 어떻게 말을 해야 하는지에 대해 생각할 수 있습니다.

1 아이들이 무엇을 나타낸 도표를 보면서 이야기를 나누고 있는지 쓰시오.

_____

_____

1. 그림 속 도표를 살펴봅니다.

2 올바른 우리말을 사용하기 위해 어떤 점을 생각해 보면 좋을지 쓰시오.

_____

_____

2. 우리가 사용하는 말 중에는 욕설이나 비속어처럼 거친 말과 품위 있는 고운 말이 있음을 알아야 합니다.

3 품격 있는 사람이 되려면 어떻게 말해야 할지 쓰시오.

_____

_____

3. '품격(品 물건 품 格 격식 격)'은 사람된 바탕과 타고난 성품을 뜻합니다.

다듬은 우리말 신문　　　　　　　20○○년 ○○월 호

우리말로 다듬어 새로운 낱말 탄생!

국립국어원 우리말 다듬기 누리집에서는 들어온 지 얼마 안 된 어려운 외국어를 쉬운 우리말로 바꾼 사례를 볼 수 있다.

우리말 다듬기 누리집에 올라온 다듬은 말을 오른쪽 표와 같이 사례집으로 엮어 보았다.

앞으로 외국어를 우리말로 다듬은 낱말을 자주 사용해 올바른 우리말 사용의 터전을 닦아 나가야겠다.

다듬을 말	다듬은 말
포스트잇	붙임쪽지
이모티콘	그림말
버킷 리스트	소망 목록
타임캡슐	기억상자
무빙워크	자동길

4 어떤 내용으로 우리말 사례집을 만들었는지 쓰시오.

_____

_____

4
국립국어원의 우리말 다듬기 누리집에서 자료를 수집해서 신문으로…….

5 어떤 형식으로 만들었는지 쓰시오.

（　　　　　　　　　　　　）

5 올바른 우리말 사례집을 만드는 형식으로는 신문, 광고, 뉴스, 영화, 책, 애니메이션 따위가 있습니다.

6 올바른 우리말 사례집을 만들기 위한 내용을 정리해 쓰시오.

주제는 무엇으로 정할까요?	(1)
어떤 내용으로 만들까요?	(2)
어떤 형식으로 할까요?	(3)
조사는 어떻게 할까요?	(4)

6 올바른 우리말 사례집을 어떻게 만들지 모둠 친구들끼리 의견을 나누어 보고 우리말 사례집을 만들 수 있습니다.

단원 요점 정리

8. 인물의 삶을 찾아서

핵심 1 글쓴이가 말하고자 하는 생각 찾기

• 글쓴이가 말하고자 하는 생각을 글의 주제라고 합니다.
• 글의 제목, 중요한 낱말, 중심 문장을 살펴보면 글의 주제를 파악할 수 있습니다.

> **글쓴이가 말하고자 하는 생각을 찾으면 글을 읽으면 얻을 수 있는 점**
> • 글의 내용을 더 깊이 이해할 수 있습니다.
> • 글을 쓴 의도나 목적을 알 수 있습니다.
> • 대상에 대한 자신의 생각을 다시 점검할 수 있습니다.
> • 자신의 삶을 되돌아볼 수 있습니다.

핵심 2 인물이 *추구하는 *가치 파악하기

• 인물이 처한 상황을 떠올려 봅니다.
• 인물이 처한 상황에서 인물이 한 말과 행동을 알아봅니다.
• 인물이 처한 상황에서 그렇게 말하고 행동한 까닭을 생각해 봅니다.
  ㉑ 「제게 12척의 배가 있으니」에서 이순신이 그렇게 말하고 행동한 까닭 말하기

이순신은 군사와 배가 적었지만 쉽게 포기하지 않았어. 어떤 어려움도 극복할 수 있다고 생각하는 사람이기 때문에 그렇게 행동했을 거야.

> **인물이 추구하는 가치**
> • 사람이 어떤 행동이나 일을 선택하고 실천하는 데 바탕이 되는 생각을 가치라고 합니다.
> • 이야기에서 인물이 처한 상황에 따라 인물이 어떤 일을 선택하고 실천하는 것은 인물의 말과 행동으로 알 수 있습니다.

핵심 3 인물들이 추구하는 다양한 가치 비교하기

• 이야기 속 인물이 되어 보고 자신이라면 어떻게 했을지 생각해 봅니다.
• 이야기 속 인물이 되어 역할극을 해 봅니다.
• 인물들이 추구하는 가치를 생각하며 이야기의 주제를 생각해 봅니다.

> **인물들이 추구하는 가치가 다른 까닭**
> • 인물들이 처한 상황이 다르기 때문입니다.
> • 인물들의 생각이 다르기 때문입니다.

└ 이야기도 지은이가 말하고자 하는 생각이 들어 있습니다. 이야기에서는 그것이 주로 이야기 속 인물의 말과 행동으로 드러납니다. 그러므로 인물을 따라 이야기 속 사건을 경험하며 사건 흐름을 살펴보면 이야기 주제를 파악할 수 있습니다. 이야기 주제는 인물이 추구하는 가치와도 관련이 있습니다.

핵심 4 인물이 추구하는 가치를 자신의 삶과 관련짓기

• 이야기와 관련한 자신의 경험을 생각해 봅니다.
• 인물과 자신의 삶을 비교해 보고 느낀 점을 생각해 봅니다.
• 자신이 처한 문제나 고민 해결에 도움을 준 인물의 말과 행동을 생각해 봅니다.

> **인물이 추구하는 가치와 자신의 삶을 비교하는 과정에서 알게 된 점**
> • 이야기가 전달하는 가치를 알고 자신의 삶을 되돌아볼 수 있었습니다.
> • 이야기의 인물처럼 비슷한 상황을 겪게 된다면 어떻게 대처할 수 있을지 생각하게 되었습니다.

└ 이야기를 읽을 때 인물이 추구하는 가치를 파악하면서 읽으면 이야기의 내용을 더 깊이 이해할 수 있고 자신의 삶을 되돌아볼 수 있습니다.

핵심 5 문학 작품 속 인물 소개하기

• 문학 작품의 제목, 지은이, 소개할 인물의 이름을 말합니다.
• 인물이 추구하는 가치를 파악할 수 있는 내용을 말합니다.
  – 인물을 말해 주는 질문과 대답, 기억나는 인물의 말과 행동
• 인물이 추구하는 가치에서 느낀 점을 말합니다.

조금 더 알기

🎲 「하여가」와 「단심가」에서 인물의 생각 파악하기 (예)

인물	인물의 생각
이방원	뜻을 함께 모아 새 나라를 세우자.
정몽주	변함없이 고려에 충성을 다하겠다.

🎲 「버들이를 사랑한 죄」에서 인물들이 추구하는 가치 (예)

인물	인물의 생각
몽당깨비	진심을 담아 상대를 대하는 것을 추구한다. / 믿음과 사랑을 추구한다.
버들이	현실적인 이익을 추구한다. / 효를 추구한다.

🎲 「나무를 심는 사람」에서 왕가리 마타이가 한 말과 행동에서 추구하는 가치 짐작하기 (예)

왕가리 마타이가 나무 심기 운동을 꾸준히 실천하고 우후루 공원에 건물 짓는 것을 반대한 것은 그 일이 자신뿐 아니라 현재와 미래의 케냐 사람들을 생각하는 마음 때문이라고 생각해. 왕가리 마타이가 추구하는 가치는 모두의 이익과 행복인 것 같아.

낱말 사전

★ 추구 목적을 이룰 때까지 뒤좇아 구함.
★ 가치 사람이 어떤 행동이나 일을 선택하고 실천하는 데 바탕이 되는 생각.

✏️ 개념을 확인해요

1 글쓴이가 말하고자 하는 생각을 글의 ☐☐ 라고 합니다.

2 글의 제목, 중요한 ☐☐, 중심 문장을 살펴보면 글의 주제를 파악할 수 있습니다.

3 글쓴이가 말하고자 하는 생각을 찾으면 글의 ☐☐ 을 더 깊이 이해할 수 있습니다.

4 글쓴이가 말하고자 하는 생각을 찾으면 글을 읽으면 글을 쓴 의도나 ☐☐ 을 알 수 있습니다.

5 인물이 추구하는 가치를 파악할 때에는 인물이 처한 상황에서 인물이 한 말과 ☐☐ 을 알아봅니다.

6 사람이 어떤 행동이나 일을 선택하고 실천하는 데 바탕이 되는 생각을 ☐☐ 라고 합니다.

7 이야기에서 인물이 처한 상황에 따라 인물이 어떤 일을 선택하고 실천하는 것은 인물의 ☐ 과 행동으로 알 수 있습니다.

8 인물들이 추구하는 ☐☐ 가 다른 까닭은 인물들이 처한 상황이 다르기 때문입니다.

9 인물이 추구하는 가치를 자신의 삶과 관련지을 때에는 이야기와 관련한 자신의 ☐☐ 을 생각해 봅니다.

10 문학 작품 속 인물 소개할 때에는 문학 작품의 제목, 지은이, 소개할 ☐☐ 의 이름을 말합니다.

8. 인물의 삶을 찾아서

도움말

1. 글쓴이가 전하고자 하는 의도나 삶에 대한 자세를 말합니다.

핵심 1

1 다음은 무엇에 대한 설명입니까? (　　　)

> 글에서 글쓴이가 말하고자 하는 생각입니다.

① 근거　　　　　　　　② 글감
③ 줄거리　　　　　　　④ 글의 주제
⑤ 글의 갈래

핵심 1

2 이야기의 주제를 파악하는 방법으로 알맞지 않은 것에 × 표를 하시오.

2. 이야기의 줄거리, 주요 인물의 말과 행동 등을 통해서도 글의 주제를 짐작할 수 있습니다.

(1) 중심 문장을 살펴본다.　　　　　　　　　　　(　　　)
(2) 글의 제목을 살펴본다.　　　　　　　　　　　(　　　)
(3) 중요한 낱말을 찾아본다.　　　　　　　　　　(　　　)
(4) 이야기에 등장하는 인물의 수를 세어 본다.　　(　　　)

핵심 2

3 인물이 추구하는 가치를 파악하는 방법으로 알맞지 않은 것은 어느 것입니까? (　　　)

3. 사람이 어떤 행동이나 일을 선택하는 데 바탕이 되는 생각을 '가치'라고 합니다.

① 인물의 생김새를 살펴본다.
② 인물이 처한 상황을 떠올려 본다.
③ 인물이 처한 상황에서 인물이 한 말을 살펴본다.
④ 인물이 처한 상황에서 인물이 한 행동을 살펴본다.
⑤ 인물이 처한 상황에서 그렇게 말하고 행동한 까닭을 생각해 본다.

핵심 2

4 인물이 추구하는 가치를 파악하며 이야기를 읽어야 하는 까닭을 잘못 말한 친구는 누구인지 쓰시오.

이야기의 결말을 미리 알 수 있어서 굳이 끝까지 읽지 않아도 돼.

이야기 속 인물의 생각이나 삶에서 삶의 교훈을 얻을 수 있어.

자신에게 비슷한 일이 일어났을 때 어떻게 생각하고 행동해야 하는지 미리 생각해 볼 수도 있어.

지욱   가을   승현

(   )

도움말

4. 이야기 속 인물이 되어 보면 인물이 추구하는 가치를 더 깊이 이해할 수 있습니다.

핵심 3

5 다음 빈칸에 공통으로 들어갈 알맞은 말은 무엇입니까? (   )

- 이야기 주제는 인물이 추구하는 [   ]와도 관련이 있습니다.
- 이야기 속 인물이 되어 보면 인물이 추구하는 [   ]를 더 깊이 이해할 수 있습니다.

① 소개   ② 가치   ③ 동기
④ 작가   ⑤ 사회

5. 인물들은 자신이 가치 있다고 생각하는 삶을 추구합니다.

핵심 4

6 인물이 추구하는 가치를 자신의 삶과 관련지을 때 살펴보아야 할 것이 아닌 것은 무엇입니까? (   )

① 자신의 삶과 비교해 본다.
② 관련한 자신의 경험을 생각해 본다.
③ 자신의 삶과 비교해 느낀 점을 생각해 본다.
④ 재미있는 표현이 나타난 부분을 찾아 감상해 본다.
⑤ 자신이 처한 문제나 자신의 고민 해결에 도움을 준 인물의 말과 행동을 살펴본다.

6. 인물의 추구하는 가치를 자신의 삶과 관련짓기
- 인물이 추구하는 삶을 생각합니다.
- 인물이 처한 상황을 생각하며 이야기의 흐름을 간추려 봅니다.
- 인물의 말과 행동을 보고 인물이 추구하는 삶을 파악하여 봅니다.
- 인물이 추구하는 삶을 자신의 삶과 비교하여 봅니다.

1~5 다음 글을 읽고 물음에 답하시오.

　내가 처음으로 재미있게 읽은 책은 발데마르 본 젤스의 『꿀벌 마야의 모험』인데, 아기 꿀벌이 꿀을 모으러 바깥세상에 나갔다가 모험을 시작하는 이야기야. 그 꿀벌이 여러 가지 경험을 하며 자신의 삶을 이끌어 가는 모습이 내게 꿈과 희망을 줬어. 이야기가 어찌나 흥미로웠던지 발데마르 본젤스처럼 작가가 되는 꿈을 갖게 되었지.

　나는 책을 많이 읽었어. 누구보다 빅토르 위고 작품을 좋아했는데, 『레 미제라블』은 여러 번 읽었단다. 자신이 받은 도움을 생각하며 어려운 사람들을 돕는 인물 모습이 내 마음을 울렸거든. 이렇듯 빅토르 위고는 현실에서 소외된 사람들의 이야기에도 관심이 있었는데 빈민 구제를 주장하며 정치가로도 활동했어. 어니스트 헤밍웨이가 쓴 『노인과 바다』에서는 온갖 어려움에도 의지를 굽히지 않는 늙은 어부의 용기와 도전을 만날 수 있었어. 『갈매기의 꿈』은 『꿀벌 마야의 모험』만큼 내게 특별한 책이었지. 단지 먹으려고 날았던 다른 갈매기와는 달리 자신만의 꿈을 이루려고 끊임없이 나는 법을 연습했던 특별한 갈매기의 이야기였거든. 그 책은 내게 꿈을 이루려면 어떻게 해야 하는지 가르쳐 줬어. 그래서 작가라는 꿈을 이루려고 더 많은 책을 읽었단다.

　책 속에는 많은 이야기가 숨어 있어. 그리고 이야기 속 인물들은 우리를 다양한 경험 세계로 데려다주지. 꿈과 희망, 소외된 사람들에 대한 관심, 용기와 도전같이 작가가 말하고자 하는 생각도 듣는단다. 그 많은 이야기에 공감하며 이야기 속 인물의 삶에서 내 삶을 돌아보는 기회가 되는 것도 책이 주는 선물이야. 그래서 책을 읽는 사람은 지혜롭게 세상을 살 수 있다고 해. 나는 책에서 꿈을 찾았고 꿈을 이루는 방법까지 배웠으니 책이 주는 더 특별한 선물을 받은 거지.

　책이 주는 선물을 받고 싶니? 너희도 책을 읽어 봐.

1 이 글에서 자주 사용했거나 중요하다고 생각하는 낱말은 무엇입니까? (　　　)

① 책　　　　　　　② 법
③ 활동　　　　　　④ 의지
⑤ 용기

중요
2 글쓴이가 말하고자 하는 생각은 무엇입니까?

(　　　)

① 글을 쓰자.　　　　② 책을 읽자.
③ 희망을 갖자.　　　④ 도전을 하자.
⑤ 어려운 사람을 돕자.

3 『레 미제라블』의 인물은 글쓴이에게 어떤 영향을 주었습니까? (　　　)

① 새로운 모험을 매일 시작하게 했다.
② 책을 처음으로 재미있게 읽도록 만들었다.
③ 사람들에게 꿈을 이루는 방법을 가르쳐 줬다.
④ 빈민 구제를 주장하며 정치가로 활동하게 했다.
⑤ 자신이 받은 도움을 생각하며 어려운 사람들을 돕는 모습이 마음을 울렸다.

 중요
4 글쓴이는 책 읽는 사람이 지혜롭게 세상을 살 수 있는 까닭으로 어떤 점들을 들었습니까?

(　　　,　　　,　　　)

① 다양한 경험을 할 수 있다.
② 소외된 사람들을 도울 수 있다.
③ 내 삶을 돌아보는 기회가 된다.
④ 작가가 말하고자 하는 생각을 듣게 된다.
⑤ 자신이 하고자 하는 일을 빨리 하게 된다.

 응용
5 글쓴이가 소개한 책 가운데에서 하린이에게 도움이 될 만한 책은 무엇인지 찾아 쓰시오.

 온갖 어려움에도 의지를 굽히지 않는 노인의 모습이 쉽게 포기하는 내게 도움이 될 것 같아.

하린

(　　　　　　　　　)

6~10 다음 글을 읽고 물음에 답하시오.

(가)　　**고려 말 상황**

　　고려 말에 새로 등장한 정치 세력과 무인들은 고려 사회를 개혁하려고 했다. 그러나 그들 가운데에서 정몽주와 이성계가 생각하는 개혁 방법은 서로 달랐다. 정몽주는 고려를 유지하면서 개혁해야 한다고 생각했고, 이성계는 고려를 무너뜨리고 새로운 왕조를 세우고자 했다. 이러한 상황에서 이성계의 아들 이방원은 「하여가」를 썼고, 정몽주는 「단심가」를 썼다.

(나)　　　　　　**하여가**
　　　　　　　　　　　　　　　이방원

　　이런들 어떠하며 저런들 어떠하리
　　만수산 드렁칡이 얽혀진들 어떠하리
　　우리도 이같이 얽혀져 백 년까지 누리리

(다)　　　　　　**단심가**
　　　　　　　　　　　　　　　정몽주

　　이 몸이 죽고 죽어 일백 번 고쳐 죽어
　　백골이 진토 되어 넋이라고 있고 없고
　　임 향한 일편단심이야 가실 줄이 있으랴

---

6 인물들은 각각 어떤 상황에 처해 있는지 글 (가)를 참고하여 쓰시오.

이성계, 이방원	(1)
정몽주	(2)

응용

7 글 (나)와 (다)에서 이방원과 정몽주는 무엇으로 자신의 생각을 전하고 있습니까? (　　　　)

① 시조　　　② 편지　　　③ 그림
④ 희곡　　　⑤ 이야기

---

8 이방원과 정몽주는 각각 무엇에 빗대어 자신의 생각을 말하고 있는지 선으로 이으시오.

(1)　이방원　　•　　　•　㉠　백골이 진토 된다

(2)　정몽주　　•　　　•　㉡　만수산 드렁칡

9 다음 빈칸에 들어갈 알맞은 말은 무엇인지 수현이의 이야기를 참고하여 네 글자로 쓰시오.

> 　　「단심가」에서는 '□□□□'이 정몽주의 생각을 잘 드러낸 말이라고 생각합니다. 변치 않는 마음이라는 뜻이 정몽주의 생각을 그대로 보여 주는 것 같습니다.

한 조각의 붉은 마음이라는 뜻으로, 진심에서 우러나오는 변치 아니하는 마음을 이르는 말이야.

수현

(　　　　　　　　　　　　)

주의

10 다음은 이방원과 정몽주 가운데 어떤 인물의 생각인지 쓰시오.

뜻을 모아 새 나라를 세우자.

(　　　　　　　　　　　　)

11~15 다음 글을 읽고 물음에 답하시오.

(가) "샘가에 집을 지으면 우리가 더 오래 만날 수 있다고 버들이가 말했을 때에는 아주 행복했단다. 그래서 결심했어. 샘가에서 살 수 없다면 조금 떨어진 곳에 집을 짓기로. 파랑이도 더 반대하지 못했지. 그때부터 나는 재주를 한껏 발휘해 돈을 만들었단다. 부자들의 보물도 훔쳐 냈어. 버들이에게 오두막이 아닌 대궐 같은 기와집을 지어 주고 싶어서 말이야. 낮에는 사람들이 집을 지었지만 밤에는 내가 지었지. 아주 튼튼하게. 대왕님이 알고 호통쳤지만 하나도 무섭지 않았어. 그런데……."

"그런데?"

"버들이가 이번에는 샘을 기와집 뒤란으로 옮겨 달라고 하잖아. 그러면 집에서 샘물을 긷게 될 거라고."

"이제 보니 버들이는 ㉠ 구나. 샘을 옮기다니! 그러면 다른 동물들은 샘물을 못 마시잖아?"

"파랑이도 그렇게 말했어. 하지만 나도 그걸 원했으니까 ㉡버들이를 탓하지는 마. 나도 어느새 버들이랑 똑같은 생각을 하게 되었던 거야."

"그래서 샘을 옮겨 주었니?"

"땅속의 샘물줄기를 기와집 뒤란으로 흐르도록 해 주겠다고 약속했어. 그때 버들이가 기뻐하던 모습이라니, 지금도 잊을 수가 없어."

(나) "그래. 나는 대왕님한테 잡혀 벌을 받았단다. 대왕님은 기와집 담 밖에 구덩이를 파고 은행나무 한 그루를 심었지. 나도 그 속에 묻고. 나는 천 년 동안 은행나무 뿌리에 얽매여 있어야 하는 벌을 받았단다. 버들이 곁에 있으면서도 만날 수 없는 끔찍한 벌이었지……."

몽당깨비가 말끝을 흐렸습니다.

"가엾어라!"

미미는 자기도 모르게 눈물을 흘리고 말았습니다.

"이럴 수가! 너 때문에 내가 눈물을 흘렸어. 내게도 마음이 생겼나 봐."

미미는 눈물을 손가락으로 찍어 신기한 듯 들여다보았습니다.

「버들이를 사랑한 죄」, 황선미

11 몽당깨비가 처한 상황으로 알맞지 않은 것은 어느 것입니까? ( )

① 버들이를 사랑한다.
② 미미를 가엾게 생각한다.
③ 버들이가 샘가에 집을 지어 살고 싶어 한다.
④ 버들이를 위해 무엇이든지 해 주고 싶어 한다.
⑤ 버들이가 샘을 기와집 뒤란으로 옮겨 달라고 한다.

12 버들이가 샘가에 집을 짓고 살기 위해 몽당깨비에게 한 말은 무엇입니까? ( )

① 네가 도와주어서 고맙다.
② 너와 가장 친하게 지낼 수 있다.
③ 너와 함께 살 집을 짓게 되어 행복하다.
④ 더 이상 샘물을 긷지 않아도 되어서 다행이다.
⑤ 샘가에 집을 지으면 우리가 더 오래 만날 수 있다.

13 버들이의 말과 행동으로 보아, ㉠ 안에 들어갈 알맞은 말은 어느 것입니까? ( )

① 욕심쟁이   ② 착한 효녀
③ 좋은 친구   ④ 인정 많은 사람
⑤ 재주 많은 도깨비

 서술형

14 ㉡과 같은 몽당깨비의 말로 보아 알 수 있는 몽당깨비가 추구하는 가치를 쓰시오.

_____

중요

15 몽당깨비가 추구하는 가치로 볼 때 이 글의 주제로 알맞은 것은 어느 것입니까? ( )

① 상부상조   ② 깊은 효심
③ 자연 보호   ④ 가족 간의 사랑
⑤ 진정한 사랑과 용서

16~17 다음 글을 읽고 물음에 답하시오.

외국에서 공부를 마치고 케냐로 돌아온 왕가리 마타이는 황폐해진 케냐의 마을 풍경을 보고 깜짝 놀랐다. 케냐의 새로운 지도자들이 돈벌이를 위해 숲을 없애고 차나무와 커피나무를 심은 것이었다. 울창했던 숲은 벌목으로 벌거벗은 모습이 되었고, 비옥했던 토양은 영양분이 고갈되어 동물과 식물을 제대로 길러 낼 수 없는 상태가 되었다. 이러한 변화로 사람들은 땔감을 구하기 어려웠고, 작물이 잘 자라지 않아 가난과 굶주림 속에서 고통받게 되었다.

파괴된 환경이 그녀와 그녀의 아이들 그리고 케냐의 모든 이에게 고통을 주고 있다는 것을 깨달은 왕가리 마타이는 자신이 할 수 있는 일이 무엇인지 생각해 보았다.

'나무를 심는 거야.'

왕가리 마타이는 나무를 심기로 마음먹고, 방법을 고민한 끝에 나무를 심어 주는 회사를 세웠다. 그녀는 이 회사가 헐벗고 삭막한 도시를 풍요롭게 만들 뿐만 아니라, 가난한 사람들에게 나무를 심고 관리하는 일자리를 제공할 것이라고 생각했다. 그러나 사업은 적자를 면하기 어려웠고, 누구도 그녀를 도와주지 않았다.

「나무를 심는 사람」

16 왕가리 마타이가 외국에서 공부를 마치고 케냐로 돌아왔을 때 보게 된 것은 무엇입니까? (   )

① 울창한 숲
② 비옥한 토양
③ 번화한 도시
④ 잘 자란 작물
⑤ 황폐해진 마을

17 왕가리 마타이는 무엇을 하기로 마음먹었습니까?
(   )

① 공장 짓기
② 나무 심기
③ 동물 기르기
④ 지도자 되기
⑤ 도시 건설하기

18~20 다음 글을 읽고 물음에 답하시오.

1989년, 케냐 정부는 나이로비 시내 한복판에 있는 우후루 공원에 복합 빌딩을 건설하려고 했다. 우후루 공원은 대도시 나이로비에 남아 있는 유일한 녹지 공간으로, 콘크리트 건물 사이에서 시민들의 쉼터 역할을 하고 있었다. 왕가리 마타이는 도심 속 녹지대와 시민들의 쉼터가 계속 보전되어야 한다고 생각했다. 그녀는 관련 회사와 정부에 편지를 쓰고 언론에 자신의 주장을 알리며 우후루 공원을 지키려고 애썼다. 친구들은 힘들어하는 왕가리 마타이를 걱정했다.

"왜 이렇게까지 하는 거야? 그건 네가 간섭할 일은 아니잖아?"

"우후루 공원은 모든 사람의 것이야. 그러니까 누군가는 그 잘못을 말해야 해."

18 왕가리 마타이가 우후루 공원을 지키려고 한 까닭은 무엇입니까? (   )

① 모든 사람들이 빌딩 건설을 막고 있어서
② 케냐에 남아 있는 유일한 녹지 공간이어서
③ 복합 빌딩이 생기면 시내가 복잡할 것 같아서
④ 자신의 회사가 우후루 공원과 관련되어 있어서
⑤ 도심 속의 녹지대와 시민들의 쉼터가 계속 보전되어야 한다고 생각해서

서술형

19 케냐 정부가 우후루 공원에 복합 빌딩을 건설하려고 했을 때 왕가리 마타이가 한 말이나 행동을 쓰시오.

_____

_____

20 왕가리 마타이가 한 말과 행동에서 왕가리 마타이가 추구하는 가치는 무엇입니까? (   )

① 물질
② 자랑하는 삶
③ 모두의 행복
④ 개인적인 이익
⑤ 현실적인 이익

1~3 다음 글을 읽고 물음에 답하시오.

(가) 이야기책을 좋아하니? 나는 이야기를 쓰는 작가야. 책을 읽고 작가가 되는 꿈을 갖게 되었고 책을 읽으면서 그 꿈을 키웠단다. 너희에게 내가 기억하는 책들을 소개해 줄게.

내가 처음으로 재미있게 읽은 책은 발데마르 본젤스의 『꿀벌 마야의 모험』인데, 아기 꿀벌이 꿀을 모으러 바깥세상에 나갔다가 모험을 시작하는 이야기야. 그 꿀벌이 여러 가지 경험을 하며 자신의 삶을 이끌어 가는 모습이 내게 꿈과 희망을 줬어. 이야기가 어찌나 흥미로웠던지 발데마르 본젤스처럼 작가가 되는 꿈을 갖게 되었지.

(나) 책 속에는 많은 이야기가 숨어 있어. 그리고 이야기 속 인물들은 우리를 다양한 경험 세계로 데려다주지. 꿈과 희망, 소외된 사람들에 대한 관심, 용기와 도전같이 작가가 말하고자 하는 생각도 듣는단다. 그 많은 이야기에 공감하며 이야기 속 인물의 삶에서 내 삶을 돌아보는 기회가 되는 것도 책이 주는 선물이야. 그래서 책을 읽는 사람은 지혜롭게 세상을 살 수 있다고 해. 나는 책에서 꿈을 찾았고 꿈을 이루는 방법까지 배웠으니 책이 주는 더 특별한 선물을 받은 거지.

책이 주는 선물을 받고 싶니? 너희도 책을 읽어 봐.

1 글쓴이는 무엇을 하는 사람인지 쓰시오.

( )

2 글쓴이에게 『꿀벌 마야의 모험』은 어떤 의미를 지닌 책입니까? ( )

① 책을 빨리 읽게 해 주었다.
② 작가가 되는 꿈을 갖게 해 주었다.
③ 꿀벌의 특징을 자세히 알게 해 주었다.
④ 소외된 사람들에 대해 알게 해 되었다.
⑤ 책을 읽고 오래 기억할 수 있게 해 주었다.

3 글쓴이가 말하고자 하는 생각을 가장 알맞게 이야기한 친구는 누구인지 쓰시오.

재하: 책을 읽으면 지혜롭게 세상을 살 수 있으니 책을 읽자고 말하고 있어.

지선: 『꿀벌 마야의 모험』을 읽고 독서 감상문을 쓰자고 주장하고 있어.

지유: 자신이 쓴 『꿀벌 마야의 모험』의 내용을 자세히 소개하면서 책을 사기를 권유하고 있어.

( )

4 글쓴이가 말하고자 하는 생각을 파악하며 글을 읽을 때의 좋은 점이 아닌 것은 어느 것입니까? ( )

① 자신의 삶을 되돌아볼 수 있다.
② 글을 쓴 의도나 목적을 알 수 있다.
③ 글의 내용을 더 깊이 이해할 수 있다.
④ 글에 나타난 다양한 표현법을 쉽게 익힐 수 있다.
⑤ 대상에 대한 자신의 생각을 다시 점검할 수 있다.

5 다음 시조에 대한 설명으로 알맞은 것에 ○표를 하시오.

> 이런들 어떠하며 저런들 어떠하리
> 만수산 드렁칡이 얽혀진들 어떠하리
> 우리도 이같이 얽혀져 백 년까지 누리리

(1) 임금에 대한 충성심이 돋보인다. ( )
(2) 마음이 확고함을 빗대어 표현했다. ( )
(3) 뜻을 같이하자며 친근감을 드러냈다. ( )

6~10 다음 글을 읽고 물음에 답하시오.

이순신은 작전을 짰습니다.

"우리는 모든 것이 적다. 무기도 적고, 군사도 적고, 배도 적다. 적은 것을 갑자기 늘릴 방법은 없다. 그러나 많아 보이게 할 수는 있을 것이다."

이순신은 ㉠우선 고기잡이배와 피난 가는 배들을 판옥선처럼 꾸미게 했습니다. 비록 실제로 싸울 수 있는 배는 먼저 구한 12척과 나중에 구한 1척, 이렇게 총 13척밖에 안 되었지만, 멀리서 보면 수십 척의 판옥선이 갖추어진 것처럼 보이게 한 것입니다. 백성들에게는 바다가 보이는 육지의 산봉우리에서 계속 돌아다니게 했습니다. 마치 우리 군사의 수가 많은 것처럼 보이도록 한 것입니다.

이순신은 모든 준비를 끝낸 뒤 부하 장수들을 불러 모았습니다.

"㉡죽으려 하면 살고, 살려 하면 죽는다. 오늘 우리는 이 말처럼 죽기를 각오하고 싸워야 한다."

마침내 수많은 적선이 흐르는 물살을 타고 우리 수군 쪽으로 빠르게 쳐들어왔습니다. 그러나 이순신은 물살 방향이 조선 수군에게 유리해질 때까지 공격하지 못하게 했습니다. 드디어 물살 방향이 반대로 바뀌자 이순신은 일제히 공격하도록 지시했습니다. 단번에 30척이 넘는 적의 배가 부서져 버렸습니다. 일본 배들은 뒤로 물러나려고 했습니다. 그렇지만 물살이 너무 세서 배를 돌릴 수도 없고 앞으로 나아갈 수도 없었습니다. 우리 수군은 이때를 놓치지 않았습니다. 적의 배를 향해 총통을 쏘고 불화살을 날리며 총공격을 했습니다.

단 13척의 배로 133척의 배를 물리친 기적 같은 전투였습니다. 이 전투가 바로 '명량 대첩'입니다.

「제게 12척의 배가 있으니」, 이강엽

6 누구의 이야기인지 쓰시오.

( )

7 이순신은 적은 수의 무기, 군사, 배로 전쟁에서 이기려고 어떻게 하였습니까? ( )

① 많은 수로 싸울 방법을 고민했다
② 전쟁을 빨리 끝낼 방법을 궁리했다.
③ 전쟁을 하지 않고 지낼 방법을 생각했다.
④ 적은 것을 많아 보이게 하는 방법을 썼다.
⑤ 준비가 끝나지 않아 일단 후퇴할 구실을 찾았다.

서술형

8 ㉠으로 보아, 이순신은 어떤 상황에 처해 있는지 쓰시오.

_____

_____

_____

9 ㉡의 말로 알 수 있는 이순신이 추구하는 가치로 알맞은 것을 모두 고르시오. (, ,)

① 용기 ② 자신감
③ 안정된 삶 ④ 극복하려는 의지
⑤ 자식에 대한 사랑

10 명량 대첩을 기적 같은 전투라고 하는 까닭은 무엇입니까? ( )

① 쉽게 승리했기 때문에
② 아무도 다치지 않았기 때문에
③ 기적을 예상하며 치른 전투이기 때문에
④ 30척이 넘는 배가 갑자기 가라앉았기 때문에
⑤ 단 13척의 배로 133척의 배를 물리쳤기 때문에

11~12 다음 글을 읽고 물음에 답하시오.

(가) "왜 그곳에 가야 하지?"

몽당깨비가 빙그레 웃었습니다.

"샘마을에는 버들이가 살거든. 나는 버들이를 위해 큰 기와집을 지었단다. 버들이랑 같이 사람으로 살고 싶어서. 그런데……."

갑자기 몽당깨비의 얼굴이 어두워졌습니다. 미미가 활짝 웃으며 말했습니다.

"너도 사람이 되고 싶었니? 우린 공통점을 가졌구나. 그래서?"

"버들이는 강안이마을에서 늙고 병든 어머니와 둘이 살았어. 가난했지만 누구보다 예쁜 아가씨였단다. 새벽마다 도깨비 샘물을 뜨러 왔었지. 가장 먼저 샘물을 길어 마셔야 효험이 있다니까 어머니 병을 낫게 하려고 새벽마다 온 거였어. 도깨비들은 그때쯤이면 숲으로 숨기 시작하는데 나는 버들이를 보려고 늘 남아 있었지."

(나) 그런데 이내 몽당깨비의 표정이 어두워졌습니다.

"버들이가 묻더군. 도깨비가 제일 무서워하는 게 뭐냐고."

"무서운 거?"

"말 머리와 말 피를 무서워한다고 했지. 그랬더니 그걸로 도깨비들이 집 안에 얼씬거리지 못하도록 수를 써야 한다고 했어. 내가 샘물줄기를 바꾸고 나면 틀림없이 도깨비들이 노여워할 거라고 말이야. ㉠샘물줄기를 찾아 물길을 바꾸고 며칠 뒤에 가 보니까 기와집 앞은 온통 아수라장이었어."

"왜?"

"샘이 마른 이유를 알아내고 동물과 도깨비들이 모두 그곳으로 모인 거야. 대왕님은 나를 잡아 오라고 불호령을 내렸지. 하지만 아무도 기와집은 건드리지 못했어. ㉡기와집 담에는 빈틈없이 말 피가 뿌려져 있었고 대문에는 말 머리가 높이 올려져 있었던 거야. 끔찍한 광경이었어."

"너는? 너는 어떻게 들어갔어?"

"나도 도깨비야. 나도 지금까지 그 기와집에 들어가 보지 못했단다. 그게 마지막이야."

"저런! 너무 늦게 돌아왔구나."

11 몽당깨비와 미미의 공통점은 무엇입니까? ( )

① 무서운 도깨비이다.
② 말 피를 무서워한다.
③ 사람이 되고 싶어 한다.
④ 죄를 지어 벌을 받고 있는 중이다.
⑤ 말 머리와 말 피를 제일 무서워한다.

12 버들이가 처한 상황으로 알맞은 것을 두 가지 고르시오. (,)

① 대왕님에게 잡혀 벌을 받게 되었다.
② 도깨비들을 피해 숲으로 숨기 시작했다.
③ 어머니가 편찮으셔서 돌봐 드려야 한다.
④ 기와집에서 동물과 도깨비들을 기다렸다.
⑤ 몽당깨비에게 도움을 받을 수 있게 되었다.

13 ㉠처럼 행동한 것으로 보아 몽당깨비는 어떤 인물일지 쓰시오.

• 자신이 사랑하는 사람을 위해 ( ) 인물이다.

14 버들이가 자신을 도와 준 몽당깨비에게 한 말은 무엇인지 알맞은 것에 ○표를 하시오.

• 도깨비가 제일 (좋아하는 , 무서워하는)게 뭐냐고 물었다.

15 ㉡과 같은 버들이의 행동으로 보아 알 수 있는 버들이가 추구하는 가치를 쓰시오.

16~20 다음 글을 읽고 물음에 답하시오.

(가) 회사 운영이 어려워지자 왕가리 마타이는 묘목 장사를 해서 회사를 살리기로 하고, 1975년 나이로비에서 열린 국제 전람회에 참석해 묘목을 전시했다. 그러나 묘목을 사는 사람은 아무도 없었다. 실망스러웠지만 왕가리 마타이는 포기하지 않았다. 때마침 그녀는 국제연합 해비탯 회의에 참석할 수 있는 기회를 얻었다. 왕가리 마타이는 그곳에서 테레사 수녀와 마거릿 미드에게 큰 감명을 받고, 나무와 숲이 있는 더 푸른 도시를 만들기로 결심했다. 하지만 새로운 꿈을 품고 케냐로 돌아온 왕가리 마타이를 맞이한 것은 말라 죽은 묘목들이었다.

"이제 나무 심기는 그만하면 어때?"

주위 사람들은 나무 심기에만 열중하는 왕가리 마타이를 설득했다.

"나무 심기를 포기할 수는 없어요."

왕가리 마타이는 포기하지 않고 나무 심기를 계속할 수 있는 방법을 찾아보았다.

(나) 나무를 가꾸는 데 지친 몇몇 사람은 나무를 심기보다는 베어서 쓰고 싶어 했다.

"나무가 빨리 자라지 않으니 나무를 심기 싫어요."

왕가리 마타이는 사람들에게 인내심을 지니고 나무를 심어 줄 것을 부탁했다.

"우리가 오늘 베고 있는 나무는 우리가 심은 것이 아니라 이전에 누군가가 심어 준 것입니다. 그러니까 우리도 우리 아이들을 위해서, 미래의 케냐를 위해서 나무를 심어야 해요."

16 왕가리 마타이가 국제 전람회에 참석한 까닭으로 알맞은 것에 ○표를 하시오.

(1) 묘목 장사를 해서 회사를 살리려고 ( )

(2) 국제연합 해비탯 회의에 참석하려고 ( )

17 왕가리 마타이가 국제연합 해비탯 회의에 참석한 뒤에 결심한 것은 무엇인지 찾아 쓰시오.

• 나무와 숲이 있는 더 ( )를 만들기

18 새로운 꿈을 가지고 케냐로 돌아온 왕가리 마타이가 처한 상황은 어떠했습니까? ( )

① 묘목들이 말라 죽어 있었다.

② 사람들이 나무를 모두 베어서 썼다.

③ 묘목을 사고 싶어 하는 사람이 늘었다.

④ 주위 사람들이 나무 심기에 더욱 열중했다.

⑤ 사람들이 미래를 위해서 나무를 심자고 했다.

19 글 (가), (나)에 나타난 왕가리 마타이의 성격으로 알맞은 것은 무엇입니까? ( )

① 마음이 약하다.

② 인내심이 없다.

③ 단념이 빠르다.

④ 쉽게 포기하지 않는다.

⑤ 자신의 이익만 추구한다.

20 나무가 빨리 자라지 않아 나무를 심기 싫다는 사람들에게 왕가리 마타이는 어떻게 했습니까? ( )

① 자신도 나무를 심기 싫다고 말했다.

② 나무를 심기보다는 베어서 쓰자고 말했다.

③ 자신도 나무를 가꾸는 데 지쳤다고 말했다.

④ 인내심을 가지고 나무를 심어 줄 것을 부탁했다.

⑤ 오늘 베고 있는 나무도 우리가 심은 것이라며 '나'를 위해 나무를 심자고 설득했다.

1~2 ┌─승수가 쓴 글입니다.

오늘도 동생 일기장 속 날씨는 맑음이 아닐 거다. 우중충한 구름 모양에 동그라미가 처질 게 뻔하다. 어머니께서 등교하는 우리에게 마스크를 단단히 씌워 주셨기 때문이다. 분명 아침 날씨는 덥게 느껴질 정도였고 비가 온다는 일기 예보는 없었다. 다만 마스크를 챙기라는 안내는 있었다.

어머니께서는 출근하려고 자동차 열쇠를 집어 들던 아버지께도 마스크를 하나 건네셨다.

"우리 아이들을 위해서!" / "우리 아이들을 위해서!"

우리는 아버지와 함께 뿌연 아침 공기를 뚫고 집을 나섰다.

동생은 아버지께 자동차를 운전해서 출근하는 대신 대중교통을 이용해 출근하는 것이 왜 우리를 위한 일인지 여쭈어보았지만 나는 다 알고 있었다. 부모님의 눈빛과 대화에서 우리를 걱정하는 마음이 그대로 느껴졌기 때문이다. 나와 동생뿐만 아니라 같이 살아갈 우리 모두를 위한 선택이고 실천이라는 것도 안다. 왕가리 마타이가 케냐 사람들을 위해 나무 심기 운동을 했던 것처럼, 또 우후루 공원에 건물 짓는 것을 반대한 것처럼 말이다. 왕가리 마타이가 모두의 이익과 행복을 추구하는 것은, 노년에도 환경 보호 운동에 앞장섰다는 부분에서 가장 크게 느낄 수 있었다. 왕가리 마타이와 우리 부모님께서 보여 주신 말과 행동을 보며 그동안 나는 어떤 사람이었는지 되돌아보게 된다. 나는 우리 모두를 위해 어떤 일을 했던가?

"우리 아이들을 위해서!" / "모든 사람의 것이야."

왕가리 마타이가 모두의 이익과 행복을 추구하는 모습을 보여 주는 말이다. 부모님께서 하셨던 말씀이기도 하다. 왕가리 마타이와 부모님께서 우리에게 보여 주신 행동처럼 나도 우리 모두를 위한 일이 무엇인지 찾아봐야겠다. 그리고 꼭 실천해야겠다.

도움말

☆ 승수는 「나무를 심는 사람」에서 왕가리 마타이가 추구하는 가치를 자신의 삶과 관련지어 이야기하고 있습니다.

왕가리 마타이(1940.4.1 ~ 2011.9.25.)

케냐의 여성 환경 운동가입니다. 아프리카 그린벨트 운동을 창설하여 생태적으로 가능한 아프리카의 사회, 경제, 문화적 발전을 촉진했습니다. 이 공로를 인정 받아 2004년 노벨 평화상을 수상했습니다.

1 승수가 쓴 글을 읽고 왕가리 마타이가 추구하는 가치를 승수는 어떻게 자신의 삶과 관련지었는지 쓰시오.

1 왕가리 마타이가 한 말과 행동에서 왕가리 마타이가 추구하는 가치를 짐작해 봅니다.

_____

_____

2 자신과 승수의 생각은 어떤 점이 비슷하고, 어떤 점이 다른지 쓰시오.

2 자신과 승수의 생각이 다른 까닭은 무엇일지 생각해 봅니다.

_____

_____

_____

민수가 쓴 인물 소개서

『샘마을 몽당깨비』의 '몽당깨비'를 소개합니다

- 지은이: 황선미

- 이름: 몽당깨비   • 성별: 남   • 나이: 알 수 없음.   • 특징: 도깨비

- 인물에게 일어난 일
  - 어머니의 병을 낫게 하려고 도깨비 샘물을 뜨러 오는 버들이를 사랑하게 됨.
  - 버들이의 부탁을 받고 도깨비 샘의 물길을 바꾼 벌로 천 년 동안 은행나무 뿌리에 갇힘.
  - 은행나무가 옮겨 가는 바람에 삼백 년 만에 세상에 나왔지만 도깨비들이 샘을 잃어버린 것과 버들이의 자손인 아름이가 죗값으로 가슴병을 앓는 것을 알게 됨.
  - 은행나무가 다시 살아나고 아름이의 가슴 병도 낫자 대왕 도깨비로 거듭나려고 다시 은행나무 뿌리 속으로 들어감.

- 인물을 말해 주는 질문과 대답
  - 좋아하는 것은? 사람, 특히 버들이
  - 싫어하는 것은? 은행나무 뿌리에 갇히는 것
  - 잘하는 것은? 남을 도와주는 것
  - 못하는 것은? 버들이의 부탁을 거절하는 것
  - 희망하는 것은? 버들이를 다시 만나는 것, 대왕 도깨비로 거듭나는 것
  - 걱정하는 것은? 은행나무가 죽어 가는 것, 도깨비들이 사라지는 것

- 기억나는 인물의 말과 행동
  - 기억나는 말: "버들이와 아름이는 내게 사랑과 용서를 가르친 사람들이야."
  - 기억나는 행동: 버들이를 위해 돈을 만들어 주고 부잣집 보물을 훔친 행동, 다시 은행나무 뿌리 속으로 들어가기 전에 미소를 보이며 왼손을 든 행동

8 단원

3 민수가 쓴 인물 소개서에는 어떤 내용이 들어 있는지 쓰시오.

3 작품 제목, 지은이, 소개할 인물의 이름이 들어가야 합니다.

4 인물이 추구하는 가치가 드러나는 내용은 무엇인지 쓰시오.

4 인물이 추구하는 가치를 파악하려면 인물이 처한 상황에서의 말과 행동, 그렇게 말하고 행동한 까닭을 생각해 봅니다.

5 몽당깨비가 추구하는 가치가 무엇이라고 생각하는지 쓰시오.

5 인물들이 추구하는 가치는 인물들이 처한 상황이나 생각에 따라 다릅니다.

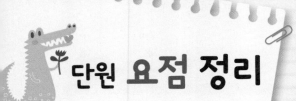

핵심 1 글을 쓰는 상황과 목적 파악하기

- 마음을 나누는 글을 써 본 경험을 떠올려 봅니다.
- 마음을 나누는 글을 쓰는 상황과 목적을 살펴봅니다.
- 마음을 나누는 글을 쓰는 상황을 파악해 봅니다.
  - 어떤 일이 일어났는지, 나누고자 하는 마음이 무엇인지, 읽는 사람은 누구인지, 글을 전하는 방법은 무엇이 효과적인지 생각해 봅니다.
- 글을 쓰는 상황과 목적 파악하기와 관련한 질문을 만들어 봅니다.

핵심 2 글 쓸 내용 계획하기

- 글을 쓸 상황과 목적을 파악해 봅니다.
  - 마음을 나누는 글은 누가, 어떤 사람에게 썼는지에 따라 표현하는 방법이 다릅니다.
  - 어떤 내용과 마음을 나누느냐에 따라서도 표현하는 방법이 달라집니다.
- 마음을 나누는 글의 내용과 짜임을 생각합니다.
- 글을 쓸 계획을 세울 때 고려할 점을 정리합니다.

상황과 목적 파악하기
- 상황을 파악한다.
- 목적을 정한다.

쓸 내용 정하기
- 일어난 사건을 떠올린다.
- 일어난 사건에 대한 자신의 생각이나 행동을 떠올린다.
- 나누려는 마음을 생각한다.

표현하기
- 읽을 사람을 생각해서 표현한다.
- 맞춤법, 띄어쓰기를 잘 지켜 표현한다.

나누려는 마음을 쓰면 좋은 점
- 편지: 하고 싶은 말을 자세히 표현할 수 있습니다.
- 문자 메시지: 내 생각이나 느낌을 바로 전할 수 있습니다. 읽는 사람의 반응을 바로 확인할 수 있습니다.

핵심 3 마음을 나누는 글 쓰기

- 글을 쓸 상황과 목적을 파악합니다.
  - 마음을 나눌 상황: 언제, 어디에서, 누구와 일어난 일인가요? 어떤 마음을 나누려고 하나요?
- 읽는 사람과의 관계를 고려해서 표현합니다.
- 나누려는 마음이 잘 드러나게 씁니다.
- 내용과 짜임에 맞게 글을 씁니다.
- 글을 쓰는 상황과 목적을 고려해서 글쓰기 계획을 세웁니다.
  - 마음을 나누는 글을 쓸 때에는 일어난 사건을 먼저 자세히 밝힙니다.
  - 나눌 마음과 생각, 행동은 읽을 사람을 고려해서 표현합니다.

자신의 글을 점검해 보고 고쳐 쓰기
- 일어난 사건을 자세히 밝혔나요?
- 나누려고 하는 마음을 잘 표현했나요?
- 읽는 사람을 고려해 이해하기 쉬운 표현을 사용했나요?

└─ 일어난 사건을 다시 한번 떠올려 친구들이 이해하기 쉽게 자세히 씁니다. 나누고자 하는 마음을 구체적으로 표현합니다. 읽는 사람을 고려해 정확하고 쉬운 표현을 사용합니다.

핵심 4 학급 신문 만들기

- 우리 반 친구들이 겪은 일을 떠올려 봅니다.
- 인상 깊었던 일로 학급 신문을 만들어 봅니다.
  - 신문 기사를 쓸 때에는 사실을 있는 그대로 쓰고 읽을 사람의 마음을 고려해야 합니다.
  - 신문 기사를 주제별, 모둠별, 시기별 등으로 모아 학급 신문을 만들 수 있습니다.
  - 사실을 썼는지 나누려는 마음은 잘 드러나는지 생각해 봅니다.
  - 그림이나 사진 따위를 넣어 실감 나게 표현해 봅니다.

학급 신문을 만드는 과정
❶ 인상 깊었던 일을 정한다.
❷ 쓸 내용을 정리한다.
❸ 인상 깊었던 일을 글로 쓴다.
❹ 쓴 글과 그림이나 사진 자료로 신문 기사를 완성한다.
❺ 신문 기사를 모아 학급 신문을 만든다.

마음을 나누는 글의 짜임

- 마음을 나누려는 사람을 밝히고, 첫인사를 쓴다.
- 일어난 사건을 자세히 쓴다.

↓

- 일어난 사건에 대한 자신의 생각이나 행동을 표현한다.

↓

- 나누려는 마음을 표현하고 끝인사를 한다.
- 마지막에는 글을 쓴 사람을 밝힌다.

1 마음을 나누는 글을 쓰는 ☐☐ 과 목적을 살펴봅니다.

2 마음을 나누는 글은 ☐☐, 어떤 사람에게 썼는지에 따라 표현하는 방법이 다릅니다.

3 어떤 내용과 ☐☐ 을 나누느냐에 따라서도 표현하는 방법이 달라집니다.

4 쓸 내용을 정할 때에는 일어난 ☐☐ 에 대한 자신의 생각이나 행동을 떠올립니다.

5 ☐☐ 로 나누려는 마음을 쓰면 하고 싶은 말을 자세히 표현할 수 있습니다.

6 ☐☐ 메시지로 나누려는 마음을 쓰면 내 생각이나 느낌을 바로 전할 수 있습니다.

7 마음을 나누는 글을 쓸 때에는 일어난 ☐☐ 을 먼저 자세히 밝힙니다.

8 마음을 나누는 글을 쓰고 점검할 때에는 읽는 사람을 고려해 이해하기 ☐☐ 표현을 사용했는지도 생각합니다.

9 신문 기사를 쓸 때에는 사실을 있는 그대로 쓰고 읽을 사람의 ☐☐ 을 고려해야 합니다.

10 학급 신문을 만드는 과정으로는 먼저, ☐☐ 깊었던 일을 정합니다.

조선 시대의 *실학자 정약용의 업적

▲ 『목민심서』와 거중기

낱말 사전

★ 실학자 조선 시대에, 실생활의 유익을 목표로 한 새로운 학풍인 실학사상을 주장한 사람.

9
단원

9. 마음을 나누는 글을 써요

도움말

1. 글을 쓸 상황과 목적을 파악하는 데 글을 쓴 시간과 장소는 중요하지 않습니다.

핵심 1

1 글을 쓸 상황과 목적을 파악하기 위해 생각할 점이 <u>아닌</u> 것은 어느 것입니까? (   )

① 누가 읽을 것인가?
② 어디에 글을 쓸 것인가?
③ 나누고자 하는 마음은 무엇인가?
④ 언제, 어디에서 글을 쓸 것인가?
⑤ 어떤 사건으로 글을 쓸 생각을 했는가?

핵심 2

2. 누구에게 어떤 마음을 어디에 써서 보냈는지 정리해 봅니다.

2 다음 그림을 보고 누구에게 어떤 마음을 어떤 매체를 사용하여 전하였는지 쓰시오.

	누구에게	전한 마음	사용한 매체
채아	(1)	(2)	(3)
민규	(4)	(5)	(6)

3. 읽을 사람을 생각해서 표현합니다.

핵심 2

3 마음을 나누는 글은 누가, 어떤 사람에게 썼는지에 따라 표현하는 방법이 달라집니다. 관계가 있는 것끼리 선으로 이으시오.

(1)　선생님　·　　　　·　㉠　친근한 표현

(2)　친구　·　　　　·　㉡　공손한 표현

4 마음을 나누는 글을 쓸 때 다음은 어느 부분에 써야 할 내용인지 알맞은 것에 ○ 표를 하시오.

> 나누려는 마음을 표현하고 끝인사를 한다.

(처음 부분 , 가운데 부분 , 끝 부분)

4. 마음을 나누는 글의 짜임을 생각해 봅니다.

9 단원

5 마음을 나누는 글을 쓸 때의 방법으로 알맞지 않은 것은 어느 것입니까?

( )

① 내용과 짜임에 맞게 글을 쓴다.
② 글을 쓰게 된 상황과 목적을 파악한다.
③ 나누려는 마음이 잘 드러나게 써야 한다.
④ 읽는 사람에 따라 때로는 알기 쉬운 표현을 사용해야 한다.
⑤ 읽는 사람과의 관계에 상관없이 높임말을 써서 공손하게 표현한다.

5. 마음을 나누는 글은 누가, 어떤 사람에게 쓰는지에 따라 표현하는 방법이 달라집니다.

6 자신이 정한 인상 깊은 일로 경험 나눔 학급 신문을 만드는 과정에 맞게 나열하시오.

> ㉮ 쓸 내용을 정리한다.
> ㉯ 인상 깊었던 일을 정한다.
> ㉰ 인상 깊었던 일을 글을 쓴다.
> ㉱ 신문 기사를 모아 학급 신문을 만든다.
> ㉲ 쓴 글과 그림이나 사진 자료로 신문 기사를 완성한다.

( ) ➡ ( ) ➡ ( ) ➡ ( ) ➡ ( )

6. 우리 반이 겪은 일 가운데에서 자신에게 인상 깊었던 일을 정하여 신문 기사를 쓴 다음 친구들이 함께 쓴 신문 기사를 모아 학급 신문을 완성합니다.

9. 마음을 나누는 글을 써요

1~5 다음 만화를 보고 물음에 답하시오.

1 그림 ❶에서 서연이가 '나무와 같은 자원을 아껴 써야겠구나.'라는 생각을 하게 된 계기는 무엇인지 쓰시오.

_____

_____

2 그림 ❷∼❻은 어디에서 일어난 일인지 쓰시오.
( )

3 서연이가 나누고 싶은 마음은 무엇무엇입니까?
(,)

① 자원이 낭비되어 걱정하는 마음
② 새 학용품을 준비하며 신나는 마음
③ 연필과 지우개 주인이 누구인지 궁금한 마음
④ 연필이나 지우개가 많은 친구들이 부러운 마음
⑤ 친구들이 학용품을 소중히 다루지 않는 것이 안타까운 마음

응용

4 이 만화에서 글을 쓸 상황과 목적을 파악하기 위한 다음 질문에 알맞은 답을 각각 쓰시오.

질문	답
글을 쓴다면 누가 읽으면 좋을까요?	⑴
어디에 실으면 좋을까요?	⑵

5 글을 쓰는 목적을 생각할 때, 서연이가 쓸 글의 제목으로 알맞은 것은 어느 것입니까? ( )

① 식물을 사랑하자
② 학용품을 아껴 쓰자
③ 쉬는 시간에 조용히 하자
④ 연필과 지우개를 나누어 쓰자
⑤ 남의 물건을 함부로 만지지 말자

6~10 다음 글을 읽고 물음에 답하시오.

> 선생님께
>
> 선생님, 안녕하세요? 저는 최연아입니다.
> 올해 선생님을 만난 건 저에게 큰 행운입니다. 저는 이상하게 국어 공부가 싫었습니다. 책은 만화 책 말고는 모두 재미가 없고, 글쓰기도 팔만 아픈 것 같았습니다. 그런데 선생님과 함께 국어를 공부하고 나서는 조금씩 달라지기 시작했습니다.
> 선생님께서는 읽기와 쓰기를 할 때 도움이 되는 여러 가지 재미있는 방법을 알려 주셨습니다. 그리고 이해가 되지 않는 부분은 없는지, 더 알고 싶은 것이 있는지를 물어봐 주시고 진지하게 들어 주셨습니다. 그래서 저는 용기를 내어 궁금한 점이나 더 알고 싶은 것을 여쭈어보았고, 새로운 내용을 알면서 국어 공부가 점점 더 좋아지기 시작했습니다.
> 국어 공부를 좋아하게 되니 다른 과목 공부도 재미있었습니다. 모두 선생님 덕분입니다. 선생님께서 수업 시간에 늘 말씀하고 것처럼 몸과 마음이 건강한 사람이 되도록 노력하겠습니다. 선생님, 정말 고맙습니다.
>
> 20○○년 ○○월 ○○일
> 최연아 올림

6 이 글은 누가 누구에게 쓴 글인지 쓰시오.

· (   )이(가) (   )에게(께)

7 연아는 선생님 덕분에 국어에 대한 마음이 어떻게 바뀌었습니까? (   )

① 싫다. → 좋다.
② 어렵다. → 싫다.
③ 좋다. → 지겹다.
④ 재밌다. → 힘들다.
⑤ 힘들다. → 포기하고 싶다.

8 연아가 선생님과 나누려는 마음은 무엇입니까?

(   )

① 감사한 마음
② 속상한 마음
③ 죄송한 마음
④ 사과하는 마음
⑤ 원망하는 마음

9 연아가 선생님께 다짐한 일은 무엇입니까?

(   )

① 국어 공부를 열심히 하겠다.
② 친구들과 사이좋게 지내겠다.
③ 다른 과목 공부를 열심히 하겠다.
④ 궁금한 점은 끝까지 파고들어 알아내겠다.
⑤ 몸과 마음이 건강한 사람이 되도록 노력하겠다.

9
단원

서술형

10 다음은 이 글을 읽은 친구들의 대화입니다. 지훈이의 질문에 어떻게 대답할지 쓰시오.

> 이 글을 쓴 연아와 같은 마음을 표현하는 글을 쓸 수 있는 상황은 또 언제일까?

지훈

11~14 다음 글을 읽고 물음에 답하시오.

❶ 지효에게

　지효야, 안녕? 나 신우야.

　지효야, 아까 내가 네 책상 앞에서 미역국을 엎질렀지? 너는 네 가방이 더러워져서 많이 속상했을 텐데 나에게 "괜찮아?" 하면서 걱정을 해 주었어. 그리고 미역국 치우는 것을 도와주었어.

❷ 나는 미역국을 엎지르고 너에게 미안하다는 말도 못 하고 멍하니 서 있었어. 너무 당황스러워서 어떻게 해야 할지 생각이 나지 않았어. 그런데 네가 오히려 나를 걱정해 주고 같이 치워 주어서 감동했단다.

❸ 지효야, 아까는 당황스러워서 너에게 고맙다는 말을 제대로 못 했어. 정말 고마워! 네 따뜻한 마음을 잊지 않을게.

 앞으로 내가 도와줄 일이 있으면 꼭 도와줄게. 그리고 우리 앞으로도 친하게 지내자. 안녕.

친구 신우가

11 신우는 지효에게 어떤 마음을 글로 표현했습니까?

(　　)

① 서운한 마음　　② 고마운 마음
③ 귀찮은 마음　　④ 우울한 마음
⑤ 화가 난 마음

12 신우는 어떤 사건 때문에 지효에게 글을 썼습니까?

(　　)

① 지효와 다퉈서 속상했던 일
② 지효의 가방에 물을 쏟은 일
③ 미역국을 엎질러서 지효가 화를 낸 일
④ 지효가 엎지른 미역국 때문에 다친 일
⑤ 미역국을 엎질렀을 때 지효가 도와준 일

13 이와 같이 마음을 나누는 글에 들어가야 할 내용으로 알맞은 것을 모두 고르시오. (　 , 　 , 　)

① 일어난 사건
② 알맞은 근거
③ 나누려는 마음
④ 읽는 사람에게 바라는 점
⑤ 일어난 사건에 대한 자신의 생각

14 글의 내용과 짜임을 생각하며 알맞은 말을 보기 에서 찾아 빈칸에 쓰시오.

보기

첫인사　　끝인사　　나누려는 마음

❶ 부분	마음을 나누려는 사람을 밝히고, ((1) 　　　　　)을/를 썼다.
❷ 부분	일어난 사건에 대한 자신의 생각이나 행동을 표현하고 있다.
❸ 부분	((2) 　　　　　)을/를 표현하고 ((3) 　　　　　)을/를 하고 있다.

응용

15 다음은 글을 쓸 계획 가운데 무엇을 할 때의 고려할 점인지 알맞은 것에 ○표를 하시오.

- 읽을 사람을 생각해서 표현한다.
- 맞춤법, 띄어쓰기를 지켜 표현한다.

(1) 표현하기 (　　)
(2) 쓸 내용 정하기 (　　)
(3) 상황과 목적 파악하기 (　　)

16~20 다음 글을 읽고 물음에 답하시오.

(가) 너희는 항상 버릇처럼 말하기를 "일가친척 중에 한 사람도 불쌍히 여겨 돌보아 주는 사람이 없다."라고 개탄하였다. 더러는 험난한 물길 같다느니, 꼬불꼬불 길고 긴 험악한 길을 살아간다느니 하며 한탄하고 있다. 하지만 이는 모두 하늘을 원망하고 사람을 미워하는 말투로, 큰 병이다.

　너희가 아픈 데가 있으면 다른 사람들이 돌보아 주기 마련이었다. 날마다 어떠냐는 안부를 전해 오고, 안아서 부축해 주는 사람도 있었다. 약을 먹여 주고 양식까지 대 주는 사람도 있었다. 이런 일에 너희가 너무 익숙해져 항상 은혜를 베풀어 주기만 바라고 있구나. 너희가 사람의 본분을 망각하지는 않았는지 걱정이다. 그래서 내가 이 편지를 보낸다.

(나) 남이 어려울 때 자기는 은혜를 베풀지 않으면서 남이 먼저 은혜를 베풀어 주기만 바라는 것은 너희가 지닌 그 오기 근성이 없어지지 않았기 때문이다.
이후로는 평상시 일이 없을 때라도 항상 공손하고 화목하며, 조심하고 자기 정성을 다해 다른 사람의 환심을 얻는 일에 힘쓸 것이지, 마음속에 보답받을 생각은 가지지 않도록 해라.

　다른 사람을 위해 먼저 베풀어라. 그러나 뒷날 너희가 근심 걱정할 일이 있을 때 다른 사람이 보답해 주지 않더라도 부디 원망하지 마라. 가벼운 농담일 망정 "나는 지난번에 이렇게 저렇게 해 주었는데 저들은 그렇지 않구나!" 하는 소리도 입 밖에 내뱉지 말아야 한다. 만약 그러한 말이 한 번이라도 입 밖에 나오게 되면, 지난날 쌓아 놓은 공덕은 재가 바람에 날아가듯 하루아침에 사라져 버리고 말 것이다.

「주어라, 또 주어라」, 정약용

16 이 글은 정약용이 두 아들에게 보낸 편지의 일부분입니다. 어떤 마음이 나타나 있습니까? (　　　)

① 흡족한 마음　　② 뿌듯한 마음
③ 대견한 마음　　④ 걱정하는 마음
⑤ 자랑스러운 마음

17 정약용은 두 아들의 어떠어떠한 말버릇을 걱정하고 있습니까? (　　,　　)

① 하늘을 원망하는 말투
② 사람을 미워하는 말투
③ 다른 사람을 걱정하는 말
④ 사람의 환심을 얻으려는 말
⑤ 은혜를 먼저 베풀려고 하는 말

 중요

18 정약용은 두 아들이 다른 사람에게 어떻게 하기를 바라고 있습니까? (　　　)

① 도움을 달라고 말하기를 바란다.
② 남이 어려울 때 나서지 않기를 바란다.
③ 항상 자신감 넘치고 떳떳하기를 바란다.
④ 다른 사람을 위해 먼저 베풀기를 바란다.
⑤ 남은 신경 쓰지 않고 자신의 일만 하기를 바란다.

 서술형

19 정약용이 두 아들에게 결국 하고 싶은 말은 무엇인지 쓰시오.

_____

_____

응용

20 이 글을 쓰기 전에 정약용이 했을 생각으로 알맞은 것을 모두 찾아 기호를 쓰시오.

> ㉠ 아들에게 당부하고 싶은 말을 써야겠어.
> ㉡ 다른 사람을 위해 내가 먼저 베풀어야 해.
> ㉢ 다른 사람을 기쁘게 하는 일은 말아야 해.

（　　　　　）

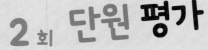
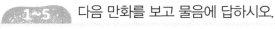

1~5 다음 만화를 보고 물음에 답하시오.

1 그림 ❶에서 서연이가 어떤 내용의 뉴스를 보았는지 쓰시오.

_____

2 그림 ❸~❺에서 서연이는 어떤 사실을 알게 되었는지 쓰시오.

• 친구들이 연필과 지우개를 잃어버리고도

_____

3 다음은 자원을 아끼기 위해 학용품을 소중히 다루어야 하는 까닭을 이야기한 것입니다. 빈칸 안에 들어갈 알맞은 말은 무엇입니까? (   )

> 학용품을 아껴 사용하면 [   ]을/를 할 수 있기 때문이다.

① 자연 개발   ② 상품 수출
③ 자원 절약   ④ 문화 교류
⑤ 신제품 개발

4 그림 ❻의 서연이가 친구들에게 글을 쓴다면 그 목적은 무엇이겠습니까? (   )

① 연필과 지우개가 만들어지는 과정을 자세히 설명하기 위해서
② 자원을 낭비하더라도 산업이 발전되어야 한다고 주장하기 위해서
③ 연필과 지우개가 어떤 자원으로 만들어졌는지 알려 주기 위해서
④ 학용품에 이름을 써서 분실물을 줄이자는 의견을 내세우기 위해서
⑤ 친구들이 학용품을 소중히 쓰지 않아 안타까운 마음을 전하기 위해서

서술형

5 학용품을 소중히 다루어야 하는 까닭은 무엇인지 쓰시오.

_____

6~10 다음 글을 읽고 물음에 답하시오.

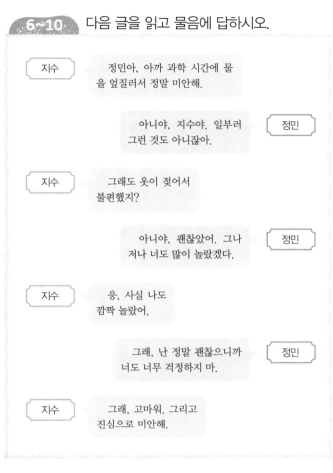

지수: 정민아, 아까 과학 시간에 물을 엎질러서 정말 미안해.

정민: 아니야, 지수야. 일부러 그런 것도 아니잖아.

지수: 그래도 옷이 젖어서 불편했지?

정민: 아니야, 괜찮았어. 그나저나 너도 많이 놀랐겠다.

지수: 응, 사실 나도 깜짝 놀랐어.

정민: 그래, 난 정말 괜찮으니까 너도 너무 걱정하지 마.

지수: 그래, 고마워. 그리고 진심으로 미안해.

6 이 글은 누구에게 쓴 글입니까? (　　　)

① 친구
② 부모님
③ 선생님
④ 할머니
⑤ 동네 아주머니

7 물을 엎질렀을 때 지수의 마음으로 알맞은 것을 두 가지 고르시오. (　　,　　)

① 설레는 마음
② 통쾌한 마음
③ 답답한 마음
④ 미안한 마음
⑤ 당황스러운 마음

8 지수가 정민이와 나누려는 마음은 무엇입니까?

(　　　)

① 화난 마음
② 미안한 마음
③ 귀찮은 마음
④ 섭섭한 마음
⑤ 실망한 마음

9 지수가 정민이에게 문제 **8**번의 답과 같은 마음을 전하려는 까닭은 무엇입니까? (　　　)

① 정민이한테 화를 내서
② 친구들에게 정민이의 흉을 보아서
③ 물을 엎질러서 옷이 젖게 만들어서
④ 과학 실험 방법을 알려 주지 않아서
⑤ 실험을 망친 정민이에게 화를 내어서

서술형

10 다음은 이 글을 읽은 철우와 혜랑이의 대화입니다. 혜랑이가 어떻게 대답할지 쓰시오.

철우: 친구와 나누려는 마음을 이 글처럼 문자 메시지로 쓰면 좋은 점은 무엇일까?

혜랑

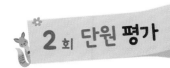

11~13 다음 그림을 보고 물음에 답하시오.

❶

아까 점심시간에 미역국을 엎질러서 지효 가방이 더러워졌어. 하지만 지효는 나를 이해해 주었지. 지효에게 미안한 마음과 고마운 마음을 나누는 글을 써 볼까?

❷

신우

11 신우는 어떤 사건 때문에 글을 쓰려고 합니까?

(　　)

① 점심시간에 미역국을 먹은 일
② 복도에서 지효와 부딪쳐 넘어진 일
③ 더러워진 지효 가방을 수건을 닦은 일
④ 내 책상에 미역국을 쏟아서 지효가 미안해 한 일
⑤ 점심시간에 미역국을 엎질러서 지효 가방이 더러워진 일

12 어떤 마음을 나누려고 합니까? (　　)

① 미안한 마음　　　② 애석한 마음
③ 유쾌한 마음　　　④ 즐거운 마음
⑤ 섭섭한 마음

13 신우는 누구에게 어떤 방법으로 글을 쓰면 좋을지 쓰시오.

(1) 누구: (　　　　　　　　)
(2) 방법: (　　　　　　　　)

14~15 다음 글을 읽고 물음에 답하시오.

지효에게

지효야, 안녕? 나 신우야.

지효야, 아까 내가 네 책상 앞에서 미역국을 엎질렀지? 너는 네 가방이 더러워져서 많이 속상했을 텐데 나에게 "괜찮아?" 하면서 걱정을 해 주었어. 그리고 미역국 치우는 것을 도와주었어.

나는 미역국을 엎지르고 너에게 미안하다는 말도 못 하고 멍하니 서 있었어. 너무 당황스러워서 어떻게 해야 할지 생각이 나지 않았어. 그런데 네가 오히려 나를 걱정해 주고 같이 치워 주어서 감동했단다.

지효야, 아까는 당황스러워서 너에게 고맙다는 말을 제대로 못 했어. 정말 고마워! 네 따뜻한 마음을 잊지 않을게.

앞으로 내가 도와줄 일이 있으면 꼭 도와줄게. 그리고 우리 앞으로도 친하게 지내자. 안녕.

친구 신우가

14 이 글의 내용 가운데 신우의 마음이 느껴지는 말을 두 가지 고르시오. (　　, 　　)

① 안녕?
② 도와주었어.
③ 감동했단다.
④ 정말 고마워.
⑤ 친구 신우가

서술형

15 자신이 지효라면 신우의 편지를 받고 어떤 마음이 들었을지 쓰시오.

16~17 다음 글을 읽고 물음에 답하시오.

예나 지금이나 남의 도움만을 받으면서 살라는 법은 애초에 없었다. 마음속으로 남의 은혜를 받고자 하는 생각을 버린다면, ㉠절로 마음이 평안하고 기분이 화평해져 하늘을 원망한다거나 사람을 미워하는 그런 병폐는 없어질 것이다.

여러 날 밥을 끓이지 못하고 있는 집이 있을 텐데 너희는 쌀이라도 퍼 주고, 추운 집에는 장작개비라도 나누어 따뜻하게 해 주어라. 병들어 약을 먹어야 할 사람들에게는 한 푼의 돈이라도 쪼개어 약을 지을 수 있도록 도와주어라. 가난하고 외로운 노인이 있는 집에는 때때로 찾아가 무릎 꿇고 모시어 따뜻하고 공손한 마음으로 공경해야 한다. 그리고 근심 걱정에 싸여 있는 집에 가서 연민의 눈빛으로 그 고통을 함께 나누며 잘 처리할 방법을 의논해야 한다.

㉡이러한 몇 가지 일도 못하면서 어떻게 다른 집에서 너희가 위급할 때 깜짝 놀라 허겁지겁 쫓아올 것이며, 너희가 곤경에 처하였을 때 달려올 것을 바라겠느냐?

16 ㉠은 어떻게 했을 때 얻는 효과입니까? (   )

① 하늘을 원망했을 때
② 다른 사람을 미워할 때
③ 남의 도움만을 받으며 살 때
④ 남의 은혜를 바라는 생각을 버렸을 때
⑤ 마음속으로 남의 은혜를 받고자 했을 때

17 ㉡은 어떤 일을 말하는 것입니까? (   )

① 도움을 받는 일
② 양식을 얻는 일
③ 남에게 베푸는 일
④ 재산을 불리는 일
⑤ 부모를 공경하는 일

18 다음 표는 반 친구들이 겪은 일을 떠올린 내용입니다. 하단에 있는 사진은 몇 월에 겪은 일인지 쓰시오.

3월	• 새로운 친구를 만나다. • 교실이 바뀌다.
4월	• 과학 실험을 하다. • 컴퓨터 실습을 하다.
5월	• 체육 대회를 하다. • 봉사 활동을 하다.
6월	• 현장 체험학습을 가다.

(   )

19 반 친구들이 떠올린 일로 학급 신문을 만들고자 합니다. 가장 먼저 할 일은 무엇입니까? (   )

① 쓸 내용을 정리한다.
② 신문 기사를 작성한다.
③ 인상 깊은 일을 글로 쓴다.
④ 글과 그림이나 사진 자료를 모은다.
⑤ 겪은 일 가운데에서 인상 깊은 일을 정한다.

20 인상 깊은 일로 학급 신문을 만들려고 합니다. 알맞지 않은 방법은 무엇입니까? (   )

① 사실을 있는 그대로 쓴다.
② 재미있게 내용을 꾸며 쓴다.
③ 읽는 사람의 마음을 고려해 쓴다.
④ 언제, 어디에서, 누구와 있었던 일인지 쓴다.
⑤ 그림, 사진 등을 이용해서 실감 나게 표현한다.

1~3

도움말

⭐ 글쓰기 과정을 생각하며 마음을 나누는 글을 쓸 수 있습니다.

1 여학생과 남학생은 무엇을 하고 있는지 각각 쓰시오.

(1) 여학생:

(2) 남학생:

1 여학생과 남학생이 쓴 글을 살펴봅니다.

2 남학생이 문자 메시지를 보내게 된 계기는 무엇일지 쓰시오.

2 인터넷 게시판과 문자 메시지의 장점을 생각해 봅니다.

3 그림 속 여학생과 남학생처럼 글을 써서 마음을 나누면 좋은 점은 무엇일지 쓰시오.

3 인터넷 게시판과 문자 메시지의 장점을 생각해 봅니다.

4 마음을 나누는 글을 써 본 경험을 떠올려 다양한 마음에 맞게 쓰시오.

기쁜 마음을 나누는 글을 썼던 상황	친구에게 생일 선물을 받았을 때 감사 편지를 썼다.
슬픈 마음을 나누는 글을 썼던 상황	(1)
고마운 마음을 나누는 글을 썼던 상황	(2)
미안한 마음을 나누는 글을 썼던 상황	(3)

도움말

⭐ 글을 쓰는 상황과 목적을 파악하는 것이 목적입니다.

4 인터넷 누리집 게시판, 문자 메시지, 쪽지, 편지 등 다양한 방법으로 마음을 나눌 수 있습니다.

9 단원

5 마음을 나누는 글을 쓰는 상황을 파악해 보려고 합니다. 다음 상황에 알맞은 내용을 쓰시오.

5 나누려는 마음은 무엇인지, 읽을 사람은 누구인지, 어떻게 글을 전할 것인지 생각합니다.

마음을 나누는 글을 쓰는 상황		
선생님께서 국어 공부를 재미있게 하는 방법을 알려 주심. 		
나누려는 마음	읽을 사람	글을 전하는 방법
(1)	(2)	(3)
글을 쓰는 목적		
(4)		

100점
예상문제

국어 6-1

5~6
학년군

1
다음과 같은 표현 방법이 사용된 것을 두 가지 고르 시오. (,)

> 뻥튀기가 봄날 꽃잎처럼 바람에 흩날린다.

① 하늘은 바다
② 내 마음은 호수
③ 풀잎 같은 친구
④ 쌍둥밤처럼 어깨동무하고 있네.
⑤ 벚꽃은 봄을 알려 주는 우편집배원

2
다음 대상을 비유하는 표현을 써서 친구들에게 알맞 게 소개한 것은 무엇입니까? ( )

① 토끼털이 솜사탕처럼 폭신합니다.
② 선생님이 글쓰기를 가르쳐 주셨습니다.
③ 꽃처럼 아름다운 우리 반 친구들은 언제나 밝게 웃습니다.
④ 우리 가족은 이불입니다. 언제나 포근하게 나를 안아 줍니다.
⑤ 잘못을 해서 부모님께 꾸중 듣는 시간은 쓰디쓰 게 느껴집니다.

3
묻고 답하기를 할 때에 시의 내용과 형식을 묻는 질 문을 두 가지 고르시오. (,)

① 몇 연 몇 행인가요?
② 시를 읽고 무엇을 느꼈나요?
③ 시를 읽으면서 무엇이 생각났나요?
④ 운율이 느껴지는 부분은 어디인가요?
⑤ 시를 읽으면 어떤 장면이 떠오르나요?

4
친구의 의미를 다른 대상에 비유하여 표현한 것의 기호를 쓰시오.

> ㉮ 가깝게 오래 사귄 사람을 친구라고 합니다.
> ㉯ 다리가 다쳤을 때 반 친구들에게 도움을 많이 받 았습니다. 친구에게 고마운 생각이 많이 듭니다.
> ㉰ 친구는 햇볕처럼 따뜻합니다. 친구를 보면 늘 따 뜻한 느낌을 받는데 마치 햇볕 같은 느낌을 주기 때문입니다.

( )

5
시화를 그리고 감상하려고 합니다. 시에 어울리는 그 림을 그리는 방법으로 알맞지 않은 것은 무엇입니 까? ( )

① 그림은 시를 잘 표현해야 한다.
② 시의 장면을 상상하며 그려야 한다.
③ 시 내용이 잘 드러나게 그려야 한다.
④ 분위기를 밝고 경쾌하게 그려야 한다.
⑤ 그림이 시 읽는 것을 방해하면 안 된다. 법이다.

6~8 다음 글을 읽고 물음에 답하시오.

(가) 사람은 누구나 저승에 곳간이 하나씩 있다. 그렇지만 이승에서 부자라고 해서 그 곳간이 꽉 차 있지는 않다. 마찬가지로 가난하게 사는 사람이라고 해서 저승 곳간까지 텅 빈 것도 아니었다. 그 곳간은 이 세상에서 좋은 일을 한 만큼 재물이 쌓이게끔 되어 있었다.

(나) 그때였다. 저승사자가 핀잔하듯 말했다.

"네 고을에 사는 주막집 딸은 곳간을 그득하게 채웠는데, 고을 원님이라는 사람이 이게 무슨 꼴이냐?"

"아니, 그게 무슨 얘깁니까?"

"덕진이라는 아가씨의 곳간에는 쌀이 수백 석이나 있으니, 일단 거기서 쌀을 꾸어 계산하고 이승에 나가서 갚도록 해라."

저승사자가 원님에게 제안했다. 결국 원님은 덕진의 곳간에서 쌀 삼백 석을 꾸어 셈을 치를 수 있었다.

(다) "너에게 빚진 쌀 삼백 석을 갚으러 왔느니라."

그러자 덕진은 어리둥절해하며 원님을 쳐다보았다.

"하여튼 받아 두어라. 먼 훗날, 너도 알게 될 것이니라."

덕진이 받을 수 없다고 하자 원님은 강제로 쌀을 떠맡겼다.

(라) 그날 밤, 덕진은 이리저리 몸을 뒤척이며 고민하다가 결론을 내렸다.

'어차피 내 쌀이 아니니 좋은 일에 쓰도록 하자.'

그리하여 덕진은 쌀을 팔아서 마을 앞을 가로지르는 강가에 다리를 놓기로 했다. 마을 사람들 모두가 그곳에 다리가 없어서 불편을 겪던 참이었다. 이렇게 해서 돌다리를 놓자, 사람들은 그 다리를 '덕진 다리'라고 했다.

2. 이야기를 간추려요

6 원님의 저승 곳간에 재물이 없었던 까닭은 무엇일지 쓰시오.

_____

_____

2. 이야기를 간추려요

7 원님은 어떻게 저승사자에게 셈을 치렀습니까? ( )

① 저승에서 농사를 지어서
② 덕진의 이승 곳간에서 꾸어서
③ 덕진의 저승 곳간에서 꾸어서
④ 저승사자의 일을 열심히 도와서
⑤ 자신의 저승 곳간에 있는 것을 꺼내어서

2. 이야기를 간추려요

8 이 글에서 알 수 있는 덕진의 성격과 관계가 있는 것을 두 가지 고르시오. (,)

① 착하다.
② 게으르다.
③ 욕심이 많다.
④ 부끄러움을 잘 탄다.
⑤ 좋은 일에 앞장선다.

3. 짜임새 있게 구성해요

9 자료를 효과적으로 활용하여 발표하면 좋은 점이 아닌 것을 두 가지 고르시오. (,)

① 듣는 사람이 더 잘 이해할 수 있다.
② 정보를 효과적으로 전달할 수 있다.
③ 발표를 짧은 시간에 빨리 끝낼 수 있다.
④ 듣는 사람의 흥미를 불러일으킬 수 있다.
⑤ 말하는 이의 발표에 반박을 잘할 수 있다.

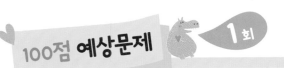

3. 짜임새 있게 구성해요

10 음악이나 자막을 넣어 분위기를 잘 전달할 수 있는 자료의 기호를 쓰시오.

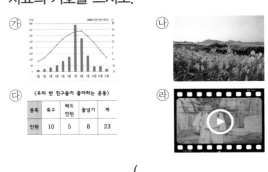

( )

11~12 다음 그림을 보고 물음에 답하시오.

가 자료가 너무 복잡해.

나 자료를 어디에서 가져왔을까?

3. 짜임새 있게 구성해요

11 가에서 발표자는 어떻게 발표해야 하겠습니까?

( )

① 목소리의 크기를 크게 한다.
② 중요한 내용만 짧게 간추린다.
③ 적절한 양의 내용을 보여 준다.
④ 자료를 제시하지 않고 발표한다.
⑤ 발표 내용에 알맞은 자료를 사용한다.

서술형

3. 짜임새 있게 구성해요

12 나의 상황에서 발표자가 주의할 점을 쓰시오.

13~14 다음 글을 읽고 물음에 답하시오.

지훈: 저는 동물원이 있어야 한다고 생각합니다. 그 까닭은 첫째, 동물원은 우리에게 큰 즐거움을 줍니다. 3000년 전에 이미 동물원을 만들었을 만큼 사람은 동물을 좋아하고 가까이해 왔습니다. 동물원에서는 쉽게 만날 수 없는 동물을 가까이에서 볼 수 있는데, 열대 지역에 사는 사자나 극지방에 사는 북극곰도 쉽게 만날 수 있습니다. 서울 동물원에만 한 해 평균 350만 명이 방문한다고 합니다. 이렇게 많은 사람이 동물원을 좋아하고 동물원에서 즐거움을 느낍니다.

미진: 동물원은 없애야 합니다. 첫째, 동물원은 동물의 자유를 구속하고, 동물에게 사람의 구경거리가 되는 고통을 줍니다. 동물원에서 동물은 제한된 공간에 갇혀 수많은 관람객과 마주해야 합니다. 이러한 상황에서 동물은 극심한 스트레스를 받습니다. 동물은 사람의 눈요깃거리가 아니라 그 자체로 존중받아야 하는 소중한 생명체입니다.

4. 주장과 근거를 판단해요

13 지훈이와 미진이는 동물원을 어떻게 생각하는지 쓰시오.

지훈	(1)
미진	(2)

4. 주장과 근거를 판단해요

14 미진이의 주장에 대한 근거는 무엇입니까?

( )

① 많은 사람이 동물원을 좋아한다.
② 동물원은 동물의 자유를 구속한다.
③ 동물의 스트레스 해소에 도움을 준다.
④ 동물원은 우리에게 큰 즐거움을 준다.
⑤ 서울 동물원에서만 평균 350만 명이 방문한다.

15~17 다음 글을 읽고 물음에 답하시오.

(가) 요즘에 우리 전통 음식보다는 외국에서 유래한 햄버거나 피자와 같은 음식을 더 좋아하는 어린이를 쉽게 볼 수 있습니다. 이러한 음식은 지나치게 많이 먹으면 건강이 나빠지기도 합니다. 그에 비해 우리 전통 음식은 오랜 세월에 걸쳐 전해 오면서 우리 입맛과 체질에 맞게 발전해 왔기 때문에 여러 가지 면에서 우수합니다. ㉠우리 전통 음식을 사랑합시다. 왜 우리 전통 음식을 사랑해야 할까요?

(나) 첫째, 우리 전통 음식은 건강에 이롭습니다. 우리가 날마다 먹는 밥은 담백해 쉽게 싫증이 나지 않으며 어떤 반찬과도 잘 어우러져 균형 잡힌 영양분을 섭취하기 좋습니다. 또 된장, 간장, 고추장과 같은 발효 식품에는 무기질과 비타민이 풍부하게 들어 있어 몸을 건강하게 해 줍니다. 특히 청국장은 항암 효과는 물론 해독 작용까지 뛰어나다고 합니다. 된장도 건강에 이로운 식품으로 알려져 있습니다.

(다) 우리나라 전통 음식은 세계 여러 나라 사람에게 주목받고 있습니다. 우리 조상의 넉넉한 마음과 삶에서 배어 나온 지혜가 담긴 전통 음식은 그 맛과 멋과 영양의 삼박자를 모두 갖추고 있습니다. ㉡우리는 우리 전통 음식의 과학성과 우수성을 알고 전통 음식에 관심을 가지고 우리 전통 음식을 사랑해야겠습니다.

4. 주장과 근거를 판단해요

15 글 (가)~(다) 가운데 글쓴이의 주장에 대한 근거와 근거를 뒷받침하는 예나 자료를 제시한 부분의 기호를 쓰시오.

( )

4. 주장과 근거를 판단해요

16 ㉠, ㉡은 무엇을 나타냅니까? ( )

① 근거　　　　　② 주장
③ 문제 상황　　　④ 자료의 출처
⑤ 글을 쓴 목적

4. 주장과 근거를 판단해요

17 이와 같은 글의 특성으로 알맞지 않은 것은 어느 것입니까? ( )

① 주장을 제시한다.
② 주장에 대한 근거를 제시한다.
③ 서론, 본론, 결론으로 짜여 있다.
④ 글을 쓴 시간과 장소를 제시한다.
⑤ 글을 쓰게 된 문제 상황을 제시한다.

18~20 다음 글을 읽고 물음에 답하시오.

영주네 가족은 이삿짐 싸는 차례를 서로 다르게 생각했어요.

할머니와 이모께서는 깨지기 쉬운 항아리나 유리 그릇부터 싸라고 하셨고, 삼촌께서는 텔레비전이나 컴퓨터부터 옮기라고 하셨어요. ㉠"사공이 많으면 배가 산으로 간다."라는 　㉡　처럼 서로 의견을 굽히지 않아 시간만 흘러갔어요.

5. 속담을 활용해요

18 ㉠의 뜻으로 알맞은 것은 무엇입니까? ( )

① 사람이 많으면 배를 들고 갈 수도 있다.
② 사공이 많으면 목적지에 빨리 도달할 수 있다.
③ 여럿의 손을 빌리면 힘든 일도 쉽게 할 수 있다.
④ 힘이 없어도 꾸준히 노력하면 목표를 이룰 수 있다.
⑤ 여러 사람이 저마다 제 주장대로 배를 몰려고 하면 결국에는 배가 물로 못 가고 산으로 올라간다.

5. 속담을 활용해요

19 ㉠과 같은 말을 사용한 까닭은 무엇일지 쓰시오.

5. 속담을 활용해요

20 ㉡ 안에 들어갈 알맞은 말은 무엇입니까? ( )

① 민요　　　　　② 속담　　　　　③ 천자문
④ 고사성어　　　⑤ 사자성어

100점 예상문제 2회

1~3 다음 글을 읽고 물음에 답하시오.

『화성성역의궤』는 수원 화성에 성을 쌓는 과정을 기록한 책인 의궤야. 수원 화성은 일제 강점기를 거치면서 성곽 일대가 훼손되기 시작하고 6.25 전쟁 때 크게 파괴되었는데, 『화성성역의궤』를 보고 원래의 모습대로 다시 만들어졌단다. ㉠덕분에 수원 화성이 1997년에 유네스코 세계 문화유산으로 등록될 수 있었어.

『화성성역의궤』는 정조 임금이 갑자기 세상을 떠나는 바람에 다음 임금인 순조 때 만들어졌는데, 건축과 관련된 의궤 가운데에서도 가장 내용이 많아. ㉡수원 화성 공사와 관련된 공식 문서는 물론, 참여 인원, 사용된 물품, 설계 등의 기록이 그림과 함께 실려 있는 일종의 보고서인 셈이야. 내용이 아주 세세하고 치밀해서 공사에 참여한 기술자 1800여 명의 이름과 주소, 일한 날수와 받은 임금까지 적혀 있어. 공사에 사용된 모든 물건의 크기와 값은 또 얼마나 상세히 기록되어 있는지 입이 떡 벌어질 정도라니까. 당시에 이렇게 자세한 공사 보고서를 남긴 나라는 우리나라밖에 없다고 해.

수원 화성은 정조 임금의 원대한 꿈이 담긴 곳으로 볼거리가 많아. 건물 하나만 보는 것보다는 주변 경치를 함께 감상하는 것이 더 좋아. ㉢정조 임금이 엄격하게 고른 좋은 자리에 지었으니까. 수원 화성은 규모가 커서 다 돌아보려면 꽤 시간이 걸려. 다리가 아프면 화성 열차를 타는 것도 좋겠지. 화성 열차는 수원 화성 구경을 하러 온 사람들을 위해 마련한 열차야.

㉣더 둘러보고 싶은 친구가 있다면 근처에 있는 융건릉과 용주사에 가 볼 것을 추천할게. 융건릉은 사도 세자의 무덤인 융릉과 정조 임금의 무덤인 건릉을 합쳐서 부르는 이름이고, 용주사는 사도 세자의 명복을 빌려고 지은 절이야.

6. 내용을 추론해요

1 ㉠~㉣ 가운데 다음은 어떤 내용으로 추론한 사실인지 기호를 쓰시오.

> 정조 임금은 수원 화성을 건축하는 데 많은 관심을 가졌다.

( )

6. 내용을 추론해요

2 수원 화성을 원래의 모습대로 만들 수 있었던 까닭으로 알맞은 것은 무엇입니까? ( )

① 정조가 고른 좋은 자리에 지었기 때문이다.
② 정조 임금의 원대한 꿈이 담겼기 때문이다.
③ 다 돌아볼 수 없을 만큼 규모가 크기 때문이다.
④ 『화성성역의궤』가 자세하게 기록되었기 때문이다.
⑤ 『화성성역의궤』에 공사에 참여한 기술자 이름이 적혀 있었기 때문이다.

6. 내용을 추론해요

3 다음은 이 글을 읽고 사실적 내용을 확인할 수 있는 질문입니다. 알맞은 답을 쓰시오.

> 규모가 큰 수원 화성을 다 돌아보기 위해 이용할 수 있는 시설은 무엇인가요?

( )

6. 내용을 추론해요

4 다음은 이 글의 내용을 추론하는 방법입니다. 빈칸에 들어갈 알맞은 말은 무엇입니까? ( )

> 글에 쓰인 다의어나 동형어의 뜻을 정확히 이해하려면 [ ]을 찾아본다.

① 위인전   ② 국어사전
③ 인명사전   ④ 한자사전
⑤ 속담 사전

다음 글을 읽고 물음에 답하시오.

요즘 우리 반 친구들이 대화할 때 짜증 난다는 말이나 비속어, 욕설 따위를 사용합니다. 그런 말을 들으면 기분이 나빠지고 화가 나서 다툼도 일어납니다.

우리 반에는 공놀이할 때마다 실수해서 같은 편이 되기를 꺼려 하는 친구가 있습니다. 대부분 그 친구와 같은 편이 되면 "짜증 나."라는 말이나 비속어, 욕설을 합니다. 그러던 어느 날, 그 친구가 안쓰러워서 ㉠"괜찮아, 넌 잘할 수 있어."라고 말했습니다. 그랬더니 신기하게도 그 친구가 승점을 냈습니다.

이 일이 있은 뒤에 우리 반 친구들을 대상으로 조사해 보니 긍정하는 말이 부정하는 말보다 좋은 결과가 나왔습니다. 긍정하는 말을 하면 말하는 사람은 물론 듣는 사람도 마음이 편안해집니다. 예를 들면 "안 돼."보다는 "할 수 있어.", "짜증 나."보다는 "괜찮아.", "이상해 보여."보다는 "멋있어 보여.", "힘들어."보다는 "힘내자."와 같이 부정하는 말을 긍정하는 말로 고쳐 사용하면, 말하는 사람과 듣는 사람 모두 기분도 좋아지고 자신감도 생기게 된다는 것입니다.

또 비속어나 욕설 같은 거친 말보다는 고운 우리말 사용이 자신과 상대의 마음을 아름답게 해 준다는 결과도 있습니다. 상대의 실수에는 너그러운 말을 하고, 내 잘못에는 미안하다는 말을 하며, 상대의 배려에는 고마운 말을 하는 것입니다. 비속어나 욕설을 사용하면 추한 마음이 생길 것인데 고운 우리말을 사용하면 너그러운 마음이 생기고, 미안한 마음이 생기며, 고마운 마음이 생기므로 아름다운 사람이 된다는 것입니다.

긍정하는 표현은 자신은 물론 주변 사람들 마음에 긍정하는 힘을 줍니다. 그리고 고운 우리말 사용이 아름  다운 소통을 이루고, 진정한 말맛을 느끼게 합니다. 그러므로 긍정하는 말과 고운 우리말을 사용해야 합니다.

5
요즘 우리 반 친구들이 대화할 때의 문제점은 무엇입니까? (   )

① 친구들끼리 높임말을 사용한다.
② 분위기와 어울리지 않는 말을 한다.
③ 어른들만 쓸 수 있는 말을 사용한다.
④ 법으로 사용이 금지된 말을 사용한다.
⑤ 짜증 난다는 말, 비속어, 욕설 등을 사용한다.

6
문제 **5**에서 답한 문제점 때문에 어떤 일이 일어난다고 하였는지 쓰시오.

_____

_____

7
㉠과 같은 말하기가 나타내는 효과가 **아닌** 것은 어느 것입니까? (   )

① 진정한 말맛을 느끼게 해 준다.
② 듣는 사람의 마음이 편안해진다.
③ 말하는 사람의 기분이 좋아진다.
④ 주변 사람들과 대화하는 시간이 줄어든다.
⑤ 말하는 사람, 듣는 사람 모두 자신감이 생긴다.

8
글쓴이가 주장한 것을 두 가지 고르시오.
(,   )

① 긍정하는 말을 하자.
② 생각나는 대로 말하자.
③ 생각과 습관을 고치자.
④ 고운 우리말 사용하자.
⑤ 외국어를 자주 쓰지 말자.

9
다음 말을 긍정하는 말로 고쳐 쓰시오.

귀찮아. ➡ [   ]

100점 예상 문제

10~14 다음 글을 읽고 물음에 답하시오.

(가) 파괴된 환경이 그녀와 그녀의 아이들 그리고 케냐의 모든 이에게 고통을 주고 있다는 것을 깨달은 왕가리 마타이는 자신이 할 수 있는 일이 무엇인지 생각해 보았다.

'나무를 심는 거야.'

왕가리 마타이는 나무를 심기로 마음먹고, 방법을 고민한 끝에 나무를 심어 주는 회사를 세웠다. 그녀는 이 회사가 헐벗고 삭막한 도시를 풍요롭게 만들 뿐만 아니라, 가난한 사람들에게 나무를 심고 관리하는 일자리를 제공할 것이라고 생각했다. 그러나 사업은 적자를 면하기 어려웠고, 누구도 그녀를 도와주지 않았다.

회사 운영이 어려워지자 왕가리 마타이는 묘목 장사를 해서 회사를 살리기로 하고, 1975년 나이로비에서 열린 국제 전람회에 참석해 묘목을 전시했다. 그러나 묘목을 사는 사람은 아무도 없었다. 실망스러웠지만 왕가리 마타이는 포기하지 않았다.

(나) 왕가리 마타이는 아무리 힘든 상황이라도 절망하지 않고 문제를 해결할 수 있는 방법을 찾아 나섰다. 환경 운동가인 왕가리 마타이에게 환경을 보호하는 방법은 나무를 심는 것이었다. 나무를 심고 키우는 것이 환경을 보호하고 사람을 이롭게 한다고 생각했다. 그래서 다른 사람들이 은퇴를 하고 휴식을 취할 무렵인 노년에도 환경 보호 운동에 앞장섰다. 그리고 왕가리 마타이는 이러한 노력을 인정받아 2004년에 아프리카 여성 최초로 노벨 평화상을 받았다.

8. 인물의 삶을 찾아서

10 왕가리 마타이가 나무를 심겠다고 생각한 까닭은 무엇입니까? (　　　)

① 너도나도 돈벌이를 위해 벌목을 해서
② 사람들에게 일자리를 제공하고 싶어서
③ 외국의 울창한 숲을 보고 감동을 받아서
④ 땔감을 구하기 어려운 사람들을 돕고 싶어서
⑤ 파괴된 환경이 케냐의 모든 이에게 고통을 주고 있다는 것을 깨달아서

8. 인물의 삶을 찾아서

11 왕가리 마타이가 나무를 심어 주는 회사를 세우면서 한 생각으로 알맞은 것을 두 가지 고르시오.
(　　, 　　)

① 적자를 면하기 어려울 것이다.
② 묘목 장사로 부자가 될 것이다.
③ 많은 사람들이 발 벗고 도와줄 것이다.
④ 가난한 사람들에게 일자리를 제공할 것이다.
⑤ 헐벗고 삭막한 도시를 풍요롭게 만들 것이다.

8. 인물의 삶을 찾아서

12 왕가리 마타이의 말과 행동으로 보아 추구하는 삶은 무엇이겠습니까? (　　　)

① 책임감 있고 끈기 있는 삶
② 자신의 이익만 생각하는 삶
③ 편리함을 위해 발명하는 삶
④ 과거와 현재만 생각하는 삶
⑤ 자연 개발을 위해 노력하는 삶

8. 인물의 삶을 찾아서

13 왕가리 마타이가 노벨 평화상을 받게 된 까닭은 무엇입니까? (　　　)

① 많은 일자리를 제공해서
② 환경 보호 운동에 앞장서서
③ 나무 심어 주는 회사를 세워서
④ 가난한 사람들의 자립을 도와줘서
⑤ 아프리카 경제 발전에 이바지해서

서술형
8. 인물의 삶을 찾아서

14 노년에도 환경 보호 운동에 앞장섰다는 왕가리 마타이의 행동에서 어떤 생각이 드는지 쓰시오.

_____

_____

8. 인물의 삶을 찾아서

15 [보기]에서 ( ) 안에 들어갈 말을 찾아 인물이 추구하는 가치를 자신의 삶과 관련짓는 방법을 쓰시오.

> **보기**
>
> 말   비교   경험   행동

(1) 이야기와 관련한 자신의 ( )을/를 생각해 본다.

(2) 인물과 자신의 삶을 ( )해 보고 느낀 점을 생각해 본다.

(3) 자신이 처한 문제나 고민 해결에 도움을 준 인물의 ( )와/과 ( )을/를 생각해 본다.

16~17 다음 문자 메시지를 보고 물음에 답하시오.

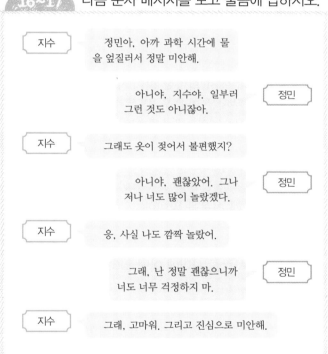

9. 마음을 나누는 글을 써요

16 나누려는 마음을 어떤 방법으로 썼는지 쓰시오.

( )

9. 마음을 나누는 글을 써요

17 괄호 안의 알맞은 말에 ○ 표를 하시오.

- 이 글처럼 친구에게 글을 쓸 때에는 (공손한 , 친근한) 표현을 사용해야 한다.

18~20 다음 글을 읽고 물음에 답하시오.

(가) 너희가 아픈 데가 있으면 다른 사람들이 돌보아 주기 마련이었다. 날마다 어떠냐는 안부를 전해 오고, 안아서 부축해 주는 사람도 있었다. 약을 먹여 주고 양식까지 대 주는 사람도 있었다. 이런 일에 너희가 너무 익숙해져 항상 은혜를 베풀어 주기만 바라고 있구나. 너희가 사람의 본분을 망각하지는 않았는지 걱정이다. 그래서 내가 이 편지를 보낸다.

(나) 다른 사람을 위해 먼저 베풀어라. 그러나 뒷날 너희가 근심 걱정할 일이 있을 때 다른 사람이 보답하여 주지 않더라도 부디 원망하지 마라. 가벼운 농담 일망정 ㉠"나는 지난번에 이렇게 저렇게 해 주었는데 저들은 그렇지 않구나!" 하는 소리도 입 밖에 내뱉지 말아야 한다. 만약 그러한 말이 한 번이라도 입 밖에 나오게 되면, 지난날 쌓아 놓은 공덕은 재가 바람에 날아가듯 하루아침에 사라져 버리고 말 것이다.

9. 마음을 나누는 글을 써요

18 이 글은 어떤 말을 전하는 편지입니까? ( )

① 사과하는 말   ② 당부하는 말

③ 칭찬하는 말   ④ 감사하는 말

⑤ 그리워하는 말

9. 마음을 나누는 글을 써요

19 ㉠은 어떤 말입니까? ( )

① 원망하는 말   ② 보답하는 말

③ 기쁘게 하는 말   ④ 도움을 주는 말

⑤ 환심을 얻는 말

9. 마음을 나누는 글을 써요

20 글쓴이가 전하고자 하는 말은 무엇입니까? ( )

① 좋은 친구를 사귀어라.

② 미리 근심 걱정하지 말아라.

③ 가벼운 농담을 하지 말아라.

④ 말을 할 때에는 신중하게 해라.

⑤ 다른 사람을 위해 먼저 베풀어라.

100점 예상 문제

1~3 다음 시를 읽고 물음에 답하시오.

봄비

해님만큼이나
큰 은혜로
내리는 교향악

이 세상
㉠ 모든 것이 다
악기가 된다.

달빛 내리던 지붕은
두둑 두드둑
큰북이 되고

아기 손 씻던
세숫대야 바닥은

도당도당 도당당
작은북이 된다.

앞마을 냇가에선
풍풍 포옹 풍
뒷마을 연못에선
풍풍 푸웅 풍

외양간 엄마 소도 함께
댕그랑댕그랑

엄마 치마 주름처럼
산들 나부끼며
왈츠
봄의 왈츠
하루 종일 연주한다.

1. 비유하는 표현

1 봄비 내리는 소리를 무엇에 비유했습니까? ( )

① 달빛　　② 연못　　③ 교향악
④ 외양간　　⑤ 치마 주름

1. 비유하는 표현

2 ㉠처럼 빗대어 표현하는 방법에 대한 설명으로 알맞지 않은 것의 기호를 쓰시오.

> ㉮ 은유법이다.
> ㉯ '~같은'으로 표현하였다.
> ㉰ 두 대상 사이에는 공통점이 있다.

( )

1. 비유하는 표현

3 지붕은 무엇에 비유해 표현했는지 쓰시오.

( )

4~5 다음 글을 읽고 물음에 답하시오.

(가) 윗동네도 아랫동네도 서로를 의심하는 마음이 차츰차츰 쌓여 갔어.
　그러다 나중에는 서로 잡아먹을 듯이 미워하게 되었지.
　세월이 흘러갈수록 담은 점점 더 높아졌지.
　그러다 어느 때부터인가 아무도 그 담에 관심을 갖지 않게 되었어.
　언제 담을 세웠는지, 왜 세웠는지조차 사람들은 까맣게 잊고 만 거야.
　담을 넘는 사람들이 없어지자 보초도 사라졌고, 황금 사과까지 사라졌어.
　오직 남은 것은 가슴 깊숙이 뿌리박힌 서로 미워하는 마음뿐이었지.
(나) 아이는 아무도 살지 않는 으스스한 그곳으로 걸어갔어. / 그런데 담 쪽으로 다가가 보니 작은 문이 언뜻 보이는 거야.
　몸이 오싹거렸지만 그 아이는 계속 다가갔어.
　열쇠 구멍에서 희미한 빛이 새어 나왔거든.
　아이는 무서운 마음을 꾹 누르고 구멍 속을 들여다보았어. / "와, 세상에 이럴 수가!"
　아이의 눈에 보인 건 공을 가지고 즐겁게 노는 아이들이었어.
　엄마가 말한 끔찍한 괴물들이 아니라 자기하고 비슷한 또래 친구들 말이야.

2. 이야기를 간추려요

4 두 동네 사람들 사이에 어떤 일이 일어났습니까? ( )

① 담을 쌓고 미워하는 마음만 남았다.
② 두 동네 사이에 있던 담을 허물었다.
③ 서로 문을 활짝 열고 사이좋게 지냈다.
④ 담은 있었지만 자유롭게 왕래하며 지냈다.
⑤ 서로에게 관심을 갖으며 사랑하게 되었다.

서술형 2. 이야기를 간추려요

5 이 글을 읽고 우리의 분단 현실에서 평화를 유지하려면 어떻게 해야 할지 쓰시오.

6~8 다음 그림을 보고 물음에 답하시오.

---

3. 짜임새 있게 구성해요

6 다음은 그림 ㉮~㉰ 가운데 어떤 그림과 관련 있는 내용인지 기호를 쓰시오.

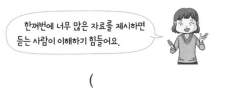

한꺼번에 너무 많은 자료를 제시하면 듣는 사람이 이해하기 힘들어요.

( )

---

3. 짜임새 있게 구성해요

7 그림 ㉯의 발표자가 정확하게 밝혀야 하는 것은 무엇입니까? ( )

① 출처
② 발표 시간
③ 자료 종류
④ 발표 장소
⑤ 발표자 나이

---

3. 짜임새 있게 구성해요

8 그림 ㉰의 발표자에게 자료를 활용하는 방법과 관련하여 해 줄 수 있는 말을 쓰시오.

_____

_____

---

4. 주장과 근거를 판단해요

9 다음은 논설문의 특성을 정리한 것입니다. '서론, 본론, 결론' 가운데 무엇인지 각각 쓰시오.

(1)	글쓴이의 주장에 대한 적절한 근거를 제시한다.
(2)	글 내용을 요약하고 글쓴이의 주장을 다시 한번 강조한다.
(3)	글쓴이가 글을 쓴 문제 상황과 글쓴이의 주장을 밝힌다.

서술형

4. 주장과 근거를 판단해요

10 논설문에서 다음과 같은 표현을 쓰면 무엇인 문제인지 쓰시오.

• 건강하려면 반드시 밖으로 나가 걸어야만 한다.
• 국립 공원에 절대로 케이블카를 설치해서는 안 된다.

_____

_____

_____

---

5. 속담을 활용해요

11 '행복한 학교생활을 하려면 우리가 지켜야 할 일'을 말하고 있습니다. 빈칸에 들어갈 알맞은 속담은 무엇입니까? ( )

수업 준비물을 잘 챙겨 와야겠습니다. 미리미리 준비를 잘하여 □□□ 이 없도록 합시다.

① 소 잃고 외양간 고치는 일
② 우물을 파도 한 우물을 파는 일
③ 원숭이도 나무에서 떨어지는 일
④ 하룻강아지 범 무서운 줄 모르는 일
⑤ 콩 심은 데 콩 나고 팥 심은 데 팥 나는 일

5. 속담을 활용해요

12 속담과 사용되는 상황을 바르게 줄로 이으시오.

(1) 백지장도 맞들면 낫다 · · ㉠ 친구들과 물건을 함께 옮길 때

(2) 우물을 파도 한 우물을 파라 · · ㉡ 여러 가지 일을 하다 보니 아무것도 이룬 것이 없을 때

(3) 가는 말이 고와야 오는 말이 곱다 · · ㉢ 고운 말을 쓰자고 주장할 때

13~14 다음을 읽고 물음에 답하시오.

㉠ 윤수는 체육 자료실에 깔개를 차곡차곡 쌓아 놓았다.
㉡ 고구려는 국경 지방에 천리장성을 쌓으면서 외적의 침략에 대비했다.

6. 내용을 추론해요

13 ㉠, ㉡ 가운데 다음 문장과 같은 뜻으로 '쌓다'를 사용한 것의 기호를 쓰시오.

『화성성역의궤』는 수원 화성에 성을 쌓는 과정을 기록한 책인 의궤야.

( )

6. 내용을 추론해요

14 이와 같이 여러 가지 뜻이 있는 낱말을 무엇이라고 합니까? ( )

① 다의어　　　② 외국어
③ 모국어　　　④ 유행어
⑤ 동형어

15~16 다음 그림을 보고 물음에 답하시오.

7. 우리말을 가꾸어요

15 그림 ❸의 밑줄 그은 말을 바르게 고친 것은 무엇입니까? ( )

① 귀찮단 말이에요.
② 신이 난단 말이에요.
③ 너무 즐겁단 말이에요.
④ 매우 재미없단 말이에요.
⑤ 알아듣지 못한단 말이에요.

서술형
7. 우리말을 가꾸어요

16 아빠와 말이 잘 통하려면 여자아이가 어떤 점을 고쳐야 할지 쓰시오.

_____

_____

17~18 다음 글을 읽고 물음에 답하시오.

(가)　　고려 말 상황

고려 말에 새로 등장한 정치 세력과 무인들은 고려 사회를 개혁하려고 했다. 그러나 그들 가운데에서 정몽주와 이성계가 생각하는 개혁 방법은 서로 달랐다. 정몽주는 고려를 유지하면서 개혁해야 한다고 생각했고, 이성계는 고려를 무너뜨리고 새로운 왕조를 세우고자 했다. 이러한 상황에서 이성계의 아들 이방원은 「하여가」를 썼고 정몽주는 「단심가」를 썼다.

(나)

이런들 어떠하며 저런들 어떠하리
만수산 드렁칡이 얽혀진들 어떠하리
우리도 이같이 얽혀져 백 년까지 누리리

(다)

이 몸이 죽고 죽어 일백 번 고쳐 죽어
백골이 진토 되어 넋이라고 있고 없고
임 향한 일편단심이야 가실 줄이 있으랴

8. 인물의 삶을 찾아서

17 글 (나)와 (다)처럼 고려 말부터 발달해 온 우리나라 고유의 시를 무엇이라고 합니까? (　　　)

① 동시　　　　　② 시조
③ 동요　　　　　④ 민요
⑤ 판소리

8. 인물의 삶을 찾아서

18 글 (나)와 (다)의 안에 들어갈 제목을 글 (가)에서 찾아 각각 쓰시오.

(1) (나) (　　　　　　　　　)
(2) (다) (　　　　　　　　　)

19~20 다음을 보고 물음에 답하시오.

지수 : 정민아, 아까 과학 시간에 물을 엎질러서 정말 미안해.

정민 : 아니야, 지수야. 일부러 그런 것도 아니잖아.

지수 : 그래도 옷이 젖어서 불편했지?

정민 : 아니야, 괜찮았어. 그나저나 너도 많이 놀랐겠다.

지수 : 응, 사실 나도 깜짝 놀랐어.

정민 : 그래, 난 정말 괜찮으니까 너도 너무 걱정하지 마.

지수 : 그래, 고마워. 그리고 진심으로 미안해.

9. 마음을 나누는 글을 써요

19 지수가 문자 메시지를 보낸 목적은 무엇입니까? (　　　)

① 친구의 안부를 묻기 위해서
② 일상생활을 기록하기 위해서
③ 친구에게 자신의 소식을 전하기 위해서
④ 미안한 마음을 친구에게 표현하기 위해서
⑤ 선생님께 감사한 마음을 표현하기 위해서

9. 마음을 나누는 글을 써요

20 나누려는 마음을 이와 같은 방법으로 쓰면 좋은 점은 무엇입니까? (　　　)

① 받는 사람을 정하지 않아도 된다.
② 내 생각이나 느낌을 바로 전할 수 있다.
③ 나누려는 마음을 줄임 말로 쓸 수 있다.
④ 맞춤법과 띄어쓰기를 지키지 않아도 된다.
⑤ 받을 사람, 첫인사, 전하고 싶은 말, 끝인사의 차례대로 쓸 수 있다.

1~2 다음 시를 읽고 물음에 답하시오.

나는 풀잎이 좋아, ㉠풀잎 같은 친구 좋아
바람하고 엉켰다가 풀 줄 아는 풀잎처럼
헤질 때 또 만나자고 손 흔드는 친구 좋아.

나는 바람이 좋아, ㉡바람 같은 친구 좋아
풀잎하고 헤졌다가 되찾아 온 바람처럼
만나면 얼싸안는 바람, 바람 같은 친구 좋아.

1. 비유하는 표현

1 친구를 무엇과 무엇에 비유했습니까? (,   )

① 만나면 얼싸안는 풀잎
② 헤어질 때 손 흔드는 친구
③ 헤어져도 또 만나자며 엉키는 바람
④ 바람하고 엉켰다가 풀 줄 아는 풀잎
⑤ 풀잎하고 헤어졌다가 되찾아 온 바람

1. 비유하는 표현

2 '은유법'과 '직유법' 가운데 ㉠이나 ㉡으로 나타낸 것처럼 표현하는 방법을 무엇이라고 하는지 쓰시오.

(   )

1. 비유하는 표현

3 비유하는 표현에 대한 설명으로 알맞지 <u>않은</u> 것은 무엇입니까? (   )

① 비유하는 표현을 읽으면 생생한 느낌이 든다.
② 은유법은 '~은/는 ~이다'로 표현하는 방법이다.
③ 비유하는 표현에 등장하는 두 대상 사이에는 공통점이 없어도 된다.
④ 어떤 현상이나 사물을 비슷한 현상이나 사물에 빗대어 표현하는 것이다.
⑤ 직유법은 '~같이', '~처럼', '~듯이'와 같은 말을 써서 표현하는 방법이다.

4~5 다음 글을 읽고 물음에 답하시오.

어느 작은 도시 한가운데에 예쁜 사과나무가 있었어.

나무는 두 동네를 정확하게 반으로 가르는 곳에 있었지.

하지만 아무도 그 나무를 눈여겨보지 않았어.

그 나무에 황금 사과가 열린다는 걸 누군가 알아채기 전까지는 말이야.

"얘기 들었어? 사과나무에 황금 사과가 열린대!"

"황금 사과? 말도 안 돼!"

"가 보면 알 거 아냐. 우린 눈으로 직접 확인하자고!"

그 소식은 아랫동네부터 윗동네까지 쫙 퍼져 나갔지.

사람들은 황금 사과를 따려고 마법의 나무 주위로 벌 떼처럼 우르르 몰려들었어.

"이 사과들은 우리 거예요!"

"천만에! 이건 우리 것입니다!"

"이 사과를 처음 본 건 우리라고요."

두 동네 사이에는 툭하면 싸움이 벌어졌어.

다들 황금 사과를 갖겠다고 아우성이었지.

2. 이야기를 간추려요

4 어느 작은 도시 한가운데에 어떤 나무가 자라고 있었습니까? (   )

① 꽃나무
② 감나무
③ 처음 보는 나무
④ 예쁜 꽃이 피는 나무
⑤ 예쁜 황금 사과나무

서술형

2. 이야기를 간추려요

5 이 글의 사건을 정리하여 빈칸에 알맞게 쓰시오.

두 동네 가운데에 있는 사과나무에서 황금 사과가 열렸다.

↓

두 동네 사람들은 _____

다음 연설을 읽고 물음에 답하시오.

선생님: 다음은 기호 2번 나성실 학생의 소견 발표를 들어 보겠습니다.

나성실: 안녕하세요? 저는 전교 학생회 회장단 선거에 입후보한 나성실입니다. 저는 가고 싶은 학교, 즐거운 학교를 만들고 싶어서 이 자리에 섰습니다. 우리 학교에서는 지난해에 학생들이 학교에 바라는 점을 설문 조사 했습니다. 학생들이 바라는 점 가운데에서 가장 많이 나온 의견은 바로 "깨끗한 화장실을 만들어 주세요."라는 의견으로 47퍼센트가 나왔습니다.

6 3. 짜임새 있게 구성해요

어떤 말하기 상황인지 찾아 ○표를 하시오.

(1) 공식적인 말하기 상황 ( )
(2) 비공식적인 말하기 상황 ( )

7 3. 짜임새 있게 구성해요

이와 같은 말하기 상황에서 후보자의 태도로 알맞지 않은 것은 어느 것입니까? ( )

① 또박또박 말한다.
② 높임 표현을 쓴다.
③ 바른 자세와 태도로 말한다.
④ 내용에 적절한 표정과 몸짓을 한다.
⑤ 공약과 상관없는 재미있는 농담을 한다.

8 3. 짜임새 있게 구성해요

후보자는 소견을 발표할 때 어떤 자료를 활용하였습니까? ( )

① 지도
② 사진
③ 동영상
④ 관광 안내서
⑤ 설문 조사 결과 표

다음 글을 읽고 물음에 답하시오.

㈎ 요즘에 우리 전통 음식보다 외국에서 유래한 햄버거나 피자와 같은 음식을 더 좋아하는 어린이를 쉽게 볼 수 있습니다. 이러한 음식은 지나치게 많이 먹으면 건강이 나빠지기도 합니다. 그에 비해 우리 전통 음식은 오랜 세월에 걸쳐 전해 오면서 우리 입맛과 체질에 맞게 발전해 왔기 때문에 여러 가지 면에서 우수합니다. 우리 전통 음식을 사랑합시다. 왜 우리 전통 음식을 사랑해야 할까요?

㈏ 첫째, 우리 전통 음식은 건강에 이롭습니다. 우리가 날마다 먹는 밥은 담백해 쉽게 싫증이 나지 않으며 어떤 반찬과도 잘 어우러져 균형 잡힌 영양분을 섭취하기 좋습니다. 또한 된장, 간장, 고추장과 같은 발효 식품에는 무기질과 비타민이 풍부하게 들어 있어 몸을 건강하게 해 줍니다. 특히 청국장은 항암 효과는 물론 해독 작용까지 뛰어나다고 합니다. 된장도 건강에 이로운 식품으로 알려져 있습니다.

㈐ 우리나라 전통 음식은 세계 여러 나라 사람에게 주목받고 있습니다. 우리 조상의 넉넉한 마음과 삶에서 배어 나온 지혜가 담긴 우리 전통 음식은 그 맛과 멋과 영양의 삼박자를 모두 갖추고 있습니다. 우리는 우리 전통 음식의 과학성과 우수성을 알고 우리 전통 음식에 관심을 가지고 우리 전통 음식을 사랑해야겠습니다.

9 4. 주장과 근거를 판단해요

다음은 ㈎~㈐ 가운데 어느 글에 대한 설명인지 기호를 쓰시오.

글을 쓴 문제 상황과 글쓴이의 주장을 밝힌다.

글 ( )

10 4. 주장과 근거를 판단해요

글쓴이의 주장은 무엇인지 쓰시오.

11~13 다음 글을 읽고 물음에 답하시오.

독장수는 지게 옆에 벌렁 누웠습니다.

"야, 정말 시원하구나. 저 독 둘은 팔아 빚을 갚는 데 쓰고, 나머지 독을 팔면 다른 독 두 개는 살 수 있겠지? 그 독 둘을 다시 팔면 독 네 개를 살 수 있고, 넷을 팔면 가만있자, 이 이는 사, 이 사 팔. 그래 여덟 개를 살 수 있구나. 그다음에 여덟 개를 팔면, 가만있자……."

이렇게 계산해 나가니 열여섯 개가 서른두 개가 되고, 서른두 개면 예순네 개가 되고, 예순네 개는 백스물여덟 개가 되었습니다.

"야, 이렇게 계산해 보니 며칠 안 가 독이 천만 개나 되겠는걸. 그럼 그 돈으로 논과 밭을 사는 거야. 그리고 남은 돈으로는 고래 등 같은 기와집을 짓는 거야."

독장수는 너무 기쁜 나머지 팔을 번쩍 들었습니다. 그러다가 팔로, 옆에 지게를 받치던 지겟작대기를 밀어 버렸습니다. 지게는 기우뚱하더니 옆으로 팍 쓰러졌습니다. 지게에 있던 독들도 와장창 깨지고 말았습니다.

㉠"아이고, 망했다. 이걸 어쩐다?"

독장수는 눈물을 뚝뚝 흘리며 박살 난 독 조각들을 쓰다듬었습니다.

이와 같이 허황된 것을 궁리하고 미리 셈하는 것을 '독장수 구구'라고 하고, 실현성이 없는 허황된 계산은 도리어 손해만 가져온다는 뜻으로 ㉡"독장수구구는 독만 깨뜨린다."라는 속담이 쓰입니다.

<small>5. 속담을 활용해요</small>
11 독장수가 독을 팔아 하고 싶은 일이 아닌 것은 무엇입니까? (　　　)

① 논을 산다.　　② 밭을 산다.
③ 빚을 갚는다.　④ 지게를 산다.
⑤ 고래 등 같은 기와집을 짓는다.

<small>5. 속담을 활용해요</small>
12 ㉠에서 짐작할 수 있는 독장수의 마음은 어떤 마음인지 쓰시오.

(　　　　　　　　　　　　　)

<small>5. 속담을 활용해요</small>
13 ㉡의 뜻은 무엇일지 쓰시오.

_____

_____

<small>6. 내용을 추론해요</small>
14 글에 직접 드러나 있지 않은 부분을 글의 앞뒤 사실로 미루어 생각하며 읽는 방법을 무엇이라고 합니까? (　　　)

① 상상하며 읽기　　② 추론하며 읽기
③ 생략하며 읽기　　④ 요약하며 읽기
⑤ 이해하며 읽기

서술형
<small>6. 내용을 추론해요</small>
15 다음 글을 읽고 추론할 수 있는 사실에 알맞게 빈 곳에 알맞은 내용을 쓰시오.

『화성성역의궤』는 수원 화성에 성을 쌓는 과정을 기록한 책인 의궤야. 수원 화성은 일제 강점기를 거치면서 성곽 일대가 훼손되기 시작하고 6.25 전쟁 때 크게 파괴되었는데, 『화성성역의궤』를 보고 원래의 모습대로 다시 만들어졌단다. 덕분에 수원 화성이 1997년에 유네스코 세계 문화유산으로 등록될 수 있었어.

| 알 수 있는 내용 | 수원 화성이 1997년 유네스코 세계 문화유산으로 등록되었다. |

↓

| 추론한 사실 | 수원 화성은 _____ |

16~17 다음 그림을 보고 물음에 답하시오.

솔연아, 너희 모둠은 그 정도밖에 못하니? 그냥 기권하지 그래.

9 4

솔연

7. 우리말을 가꾸어요

16 이기고 있는 모둠 친구의 말을 듣고 솔연이의 마음은 어떠하였겠습니까? (   )

① 즐겁다.
② 무섭다.
③ 미안하다.
④ 기분이 나쁘다.
⑤ 걱정해 줘서 고맙다.

7. 우리말을 가꾸어요

17 솔연이가 문제 16번에서 답한 것과 같은 기분이 든 까닭은 무엇일지 골라 ○표를 하시오.

⑴ 친구가 무시하며 비난의 말을 했기 때문이다.
(   )
⑵ 친구가 자신의 의도와 마음을 드러내지 않았기 때문이다.
(   )
⑶ 친구가 슬픈 표정으로 말했기 때문이다.
(   )

7. 우리말을 가꾸어요

18 다음 그림 속 친구들이 고쳐야 할 점이 <u>아닌</u> 것은 무엇입니까? (   )

야, 넌 눈도 없나? 똑바로 보고 다녀야지!

뭐라고? 재수 없어. 네가 날 쳤잖아.

① 되도록 간단히 말한다.
② 언어 예절에 맞게 말한다.
③ 품위 있는 말을 사용한다.
④ 듣는 사람을 배려하며 말한다.
⑤ 아름답고 고운 말을 사용한다.

19~20 다음 글을 읽고 물음에 답하시오.

　나쁜 꿈은 바로 다음 날 현실로 드러났습니다. 면이 마을을 기습해 온 일본군과 싸우다가 죽었다는 소식이 날아든 것입니다. 일본군이 이순신에 대한 분풀이로 이순신의 고향 마을을 공격한 것이 분명했습니다. 면은 이제 겨우 스물한 살의 젊디젊은 청년이었습니다. 이순신은 이 일이 자기 탓처럼 여겨졌습니다.
　'내가 죽을 것을 그 애가 대신 죽었구나.'
　마음속에서는 이런 소리가 터져 나왔습니다. 밤이면 몇 번씩 자다 깨다 했습니다. 그러다가 코피를 한 사발씩 쏟기도 했습니다. 잠깐만 눈을 붙여도 아들 면의 모습이 보였습니다. 이순신은 자기도 모르게 이를 악물었습니다.
　'이제는 끝내야만 해.'
　"아직도 저에게는 12척의 배가 있습니다. 비록 배는 적지만, 제가 죽지 않는 한 적이 감히 우리를 업신여기지 못할 것입니다."

8. 인물의 삶을 찾아서

19 다음 상황에서 이순신이 한 말이나 행동을 쓰시오.

인물이 처한 상황	인물의 말이나 행동
아들 면의 죽음	

8. 인물의 삶을 찾아서

20 이순신이 자신이 상황에서 그렇게 말하고 행동한 까닭은 무엇일지 쓰시오.

이순신은 군사와 배가 적었지만 쉽게 포기하지 않았어.

교과서에 실린 작품

실린 단원	제재 이름	지은이	나온 곳
독서 단원	대기질 예·경보 그림		에어코리아 한국환경공단 누리집
	우리가 마시는 것		한국방송광고진흥공사, 2010.
	타면 탈수록 살아납니다		한국방송광고진흥공사, 2001.
1 비유하는 표현	뻥튀기	고일	『뻥튀기』, ㈜주니어이서원, 2014.
	봄비	심후섭	『내 마음의 동시 6학년』, 계림닷컴, 2011.
	풀잎과 바람	정완영	『가랑비 가랑가랑 가랑파 가랑가랑』, ㈜사계절출판사, 2015.
	황금 사과	송희진	『황금 사과』, 뜨인돌어린이, 2011.
	우주 호텔	유순희	『우주 호텔』, 해와나무, 2012.
3 짜임새 있게 구성해요	'100대 기업의 인재상 변화' 표		대한상공회의소, 2018.
	일자리의 미래	한국교육방송공사	「지식 채널 e」, 한국교육방송공사, 2018.
5 속담을 활용해요	속담 하나 이야기 하나: 독장수 구구	임덕연	『속담 하나 이야기 하나』, 산하, 1994.
	속담 하나 이야기 하나: 까마귀 고기를 먹었나	임덕연	『믿거나 말거나 속담 이야기』, 산하, 1994.
연극 단원	버들잎 편지	주평	『등대섬 아이들』, 신아출판사, 2016.
	숲이 준 마법 초콜릿	배봉기	『말대꾸하면 안 돼요?』, ㈜ 창비, 2010.
6 내용을 추론해요	우리는 이미 하나	브랜드 센세이션	한국방송광고진흥공사, 2016.
	야묘도추	김득신	간송미술관
	씨름	김홍도	국립중앙박물관
	수원 화성을 어떻게 만들었을까	유지현	『조선 왕실의 보물 의궤』, 토토북, 2009.
7 우리말을 가꾸어요	〈사례 1〉 욕해도 될까요	한국교육방송공사	「EBS 다큐 프라임」 한국교육방송공사, 2011.
8 인물의 삶을 찾아서	제게 12척의 배가 있으니	이강엽	『불패의 신화가 된 명장 이순신』, 웅진씽크빅, 2005.
	버들이를 사랑한 죄	황선미	『샘마을 몽당깨비』, ㈜창비, 2013.
9 마음을 나누는 글을 써요	주어라, 또 주어라(원제목: 남을 도울 줄 아는 사람이 되거라)	정약용 글 한문희 엮음	『아버지의 편지』, 함께읽는책, 2004.

선생님이 강 력 추 천하는

개념+ PLUS
단원평가

국어

정답과 풀이

6-1

정답과 풀이

1 비유하는 표현

1 비유 2 공통점 3 장면 4 운율 5 은유 6 직유 7 노래 8 장면 9 내용 10 장면

개념을 다져요
10~11쪽

1 비유 2 ② 3 ④ 4 ③ 5 ③ 6 (1) ○

 풀이

1 두 대상의 공통점을 생각하여 직유법이나 은유법을 사용하여 표현합니다.
2 '~은/는 ~이다'로 표현하는 방법을 은유법이라고 합니다.
3 비유하는 표현을 읽으면 생생한 느낌이 들고, 장면이 쉽게 떠오르며, 내용을 이해하기 쉽습니다.
4 남학생은 꽃들의 아름다운 모습을 표현하고 싶다고 하였습니다.
5 '잎보다 먼저 피는 꽃'은 비유하는 표현이 아니라 '개나리'에 대한 사실을 쓴 내용입니다.
6 '시화'는 시를 곁들인 그림을 말합니다. 시화를 그릴 때에는 시 내용이 잘 드러나도록 시의 장면을 상상하며 그려야 합니다.

1회 단원 평가 도전
12~15쪽

1 ④ 2 ②, ④, ⑤ 3 ⑤ 4 ①, ④ 5 예 뻥튀기하는 상황을 독자들에게 더 생생하게 전달하기 위해서이다. 6 ⑤ 7 예 여러 가지 소리가 섞여 있는 것이 비슷하다. 8 ②, ⑤ 9 (1) ㉡ (2) ㉢ (3) ㉠ 10 (1) 퐁퐁 포옹 퐁 (2) 풍풍 푸웅 풍 11 ⑤ 12 영태 13 ① 14 ⑤ 15 예 바다 같은 친구 좋아 / 세상에 있는 모든 물을 넉넉하게 보듬어 주는 바다처럼 16 ② 17 ③ 18 예 활짝 핀 벚꽃 같았어.
19 ② 20 ②, ⑤

풀이

1 이 글의 제목은 「뻥튀기」입니다. 뻥튀기를 튀기는 상황을 표현하고 있습니다.
2 뻥튀기 냄새를 메밀꽃 냄새, 멍멍이 냄새, 새우 냄새, 옥수수 냄새로 표현하였습니다.
3 메밀꽃 냄새는 뻥튀기 냄새를 비유하는 표현입니다.
4 비유하는 표현에 등장하는 두 대상 사이에는 공통점이 있습니다. 모양과 관련이 없는 것을 찾아봅니다.
5 비유하는 표현을 사용하면 상황이 실감 나게 느껴지고 장면이 쉽게 떠오릅니다.
6 봄비를 '큰 은혜로 내리는 교향악'으로 표현했습니다. 이 시 「봄비」를 읽고 봄비 내리는 장면을 떠올릴 수 있습니다.
7 비유하는 표현의 두 대상 사이에는 공통점이 있습니다.
8 지붕, 세숫대야 바닥과 앞마을 냇가, 뒷마을 연못, 외양간 엄마 소가 악기가 된다고 하였습니다.
9 지붕을 큰북으로, 세숫대야 바닥을 작은북으로, 비 내리는 모습을 왈츠로 비유하였습니다.
10 운율은 시에 음악성이 담기게 하는 것으로, 소리가 비슷한 글자나 일정한 글자 수가 반복될 때 느껴집니다.
11 바람하고 엉켰다고 풀 줄 아는 풀잎의 모습이 헤어질 때 또 만나고 손 흔드는 친구 같기 때문입니다.
12 기정, 지우가 한 말에는 은유법이 사용되었고, 영태가 한 말에는 직유법이 사용되었습니다.
13 2연으로 보아, 친구와 바람의 공통점은 다시 찾아온다는 점, 다시 만난다는 것입니다.
14 풀잎이 흔들리는 모습, 바람이 불어 몸을 감싸는 느낌을 사람이 손을 흔들고 얼싸안는다고 표현했습니다. 비유하는 표현은 사물을 새롭게 보게 해 줍니다.
15 '~같이', '~처럼', '~듯이'와 같은 말을 써서 두 대상을 서로 직접 견주어 표현하는 방법을 씁니다.
16 새롭게 만난 대상 가운데 사람인 친구가 알맞습니다. '놀부'는 '흥부'와 반대인 인물입니다. 사물은 '잘 웃는다.'와 같은 공통점이 없습니다.
17 친구와 호수나 바다의 공통점이 될 수 있는 것을 찾아봅니다.
18 '~같이', '~처럼', '~듯이'와 같은 말을 써서 두 대상을 서로 직접 견주어 표현하는 방법이나 다른 사물에 빗대는 표현 방법을 씁니다. 그림을 벚꽃과 친구의 얼굴을 생각하는 모습입니다.

19 시를 낭송할 때에는 반복되는 글자 수에 맞게 끊어 읽어야 합니다.

20 시가 주는 분위기와 느낌을 최대한 살릴 수 있는 음악을 찾아야 합니다. 클래식이나 통기타 음악은 잔잔한 분위기에 어울립니다.

2회 단원 평가 실전

16~19쪽

1 ①, ②　2 ①　3 예 뻥튀기가 튀겨지는 상황을 훨씬 실감 나게 묘사하기 위해서이다.　4 ①　5 ②
6 ②　7 (2) ○　8 (1) 악기 (2) 큰북 (3) 예 작은 소리가 나는 것이 비슷해서 (4) 왈츠　9 ①　10 ②, ③, ④　11 ㉢　12 ②　13 ③, ⑤　14 ④, ⑤　15 (1) 예 편함 (2) 예 가족 같은 친구 좋아 / 곁에서 슬픔과 기쁨을 같이 나누어서 좋은 가족처럼 (3) 예 가족처럼 항상 기쁨과 슬픔을 같이해서　16 ③　17 ④
18 (1) 예 사람 (2) 예 설렘, 기대, 희망　19 예 시에서 떠오르는 장면을 상상하면서 읽는다.　20 ②

풀이

1 뻥튀기를 하는 모습이 마치 눈에 보이는 듯한 느낌이 들고, 뻥튀기 냄새가 나는 것 같습니다.

2 뻥튀기를 다른 사물로 표현하였습니다.

3 뻥튀기하는 상황을 실감 나게 묘사하기 위해서, 상황을 강조하기 위해서 등입니다.

4 새우 냄새와 옥수수 냄새는 고소하고 달콤합니다.

5 글만 있을 때보다 상황이나 내용이 훨씬 실감 납니다.

6 봄비 내리는 소리를 여러 가지 소리가 섞여 있어서 교향악이라고 표현하였습니다.

7 봄비가 냇가와 연못에 내리는 장면을 표현한 것입니다.

8 이 세상 모든 것은 악기에 비유하였고, 지붕은 큰북, 세숫대야 바닥은 작은북에 비유하였습니다. 비유한 대상과 두 대상 사이의 공통점을 찾아봅니다.

9 춤 추듯 온 세상에 봄비가 흩어져 내리는 장면, 봄비가 하루 종일 내리는 장면을 비유적으로 표현한 것입니다.

10 비유하는 표현이 있고, '~은/는 ~이다'로 넌지시 빗대어 나타내서 표현하는 '은유법'을 쓴 시입니다.

11 친구하고 싸워서 화해한 모습, 다시 만나자고 약속하는 모습 등이 떠오릅니다.

12 ②를 제외한 나머지는 시의 내용과 형식에 관련한 질문입니다.

 더 알아볼까요!

「풀잎과 바람」을 읽고 질문 만들기

시의 느낌과 감상에 관련한 질문	• 이 시를 읽고 무엇을 느꼈나요? • 시를 읽으면서 어떤 친구가 생각났나요? • 이 시를 읽으면 어떤 장면이 떠오르나요?
시의 내용과 형식에 관련한 질문	• 이 시의 주제는 무엇인가요? • 이 시는 몇 연 몇 행인가요? • 이 시에서 운율이 느껴지는 부분은 어디인가요?

13 친구가 친근하게 느껴지고 친구의 모습에 대해 훨씬 구체적으로 느낄 수 있습니다. 또한 친구의 성격이나 특성을 생각해 볼 수 있습니다.

14 친구를 풀잎과 바람에 비유하였습니다.

15 친구의 의미를 다른 사물에 빗대어 표현해 보고 그 까닭도 써 봅니다.

16 '칠판, 의자, 책상'이 있는 곳은 교실입니다.

17 ①, ⑤는 여름과 관련된 것입니다.

18 새롭게 만난 대상을 통해 표현하고 싶은 생각이나 마음을 써 봅니다.

19 시 낭송을 할 때에는 친구들 앞에서 부끄러워하지 않고 자신 있게 읽어야 하며, 노래하듯이 부드럽고 자연스럽게 읽어야 합니다.

20 시의 분위기에 따라 많이 사용되는 색은 달라질 수 있습니다.

더 알아볼까요!

시에 어울리는 그림을 그리는 방법

• 그림은 시를 잘 표현해야 합니다.
• 그림이 시 읽는 것을 방해하면 안 됩니다.
• 시 내용이 잘 드러나게 그려야 합니다.
• 시의 장면을 상상하며 그려야 합니다.

창의서술형 평가

1 ㉮ 새 학년이 되면 만나고 싶은 친구들을 비유하는 표현을 써서 말하고 있다.   2 ㉮ '따뜻한 손', '자석', '호수'로 표현했다.   3 ㉮ 구름같이 마음이 깨끗한 친구를 만나고 싶다.   4 ㉮ 봄비 내리는 장면을 주의 깊게 관찰했을 것이다.   5 ㉮ 개구리가 우는 장면, 새싹   6 (1) ㉮ 새싹 (2) ㉮ 클라리넷 (3) ㉮ 클라리넷의 여린 소리가 새싹의 여린 모습과 닮아서

풀이

1 아이들은 새 학년이 되면 만나고 싶은 친구들을 비유하는 표현을 써서 말하고 있습니다.

상	'비유하는 표현'을 써서 말하는 상황인 것에 대해 썼다.
중	무엇을 하는 상황인지 파악해 표현하고 있는 것에 대해 썼다.
하	무엇을 하고 있는지 쓰지 못하였다.

2 "따뜻한 손 같은 친구", "자석같이 늘 붙어 다니는 단짝", "마음이 호수같이 맑은 친구"라고 표현했습니다.

상	비유하는 표현을 알고, 모두 찾아 썼다.
중	비유하는 표현을 한두 개 찾아 썼다.
하	비유하는 표현을 찾아 쓰지 못하였다.

3 비유하는 표현을 써서 새로 만나고 싶은 친구를 표현해 봅니다.

상	새로 만나고 싶은 친구를 비유하는 표현을 살려 썼다.
중	비유하는 표현에 대해 알고 있으나 생각을 쓰는 것이 부족하다.
하	비유하는 표현을 쓰지 못하였다.

4 평소에 그냥 지나쳤던 비 내리는 모습이나 소리를 비유하는 표현으로 새롭게 생각해 보았을 것입니다.

상	비유하는 표현을 써서 '봄비'를 표현하기 위해 글쓴이가 관찰을 했을 것이라는 내용을 썼다.
중	글쓴이가 관찰을 통해 '봄비'를 시로 표현했을 것이라고 썼다.
하	시를 쓰기 위한 과정을 파악하지 못하였다.

5 봄비 내리는 장면을 충분히 떠올려 보고 써 봅니다. 봄비를 맞고 서 있는 개나리나 진달래, 강물, 우산, 비를 맞고 서 있는 가로수도 떠올릴 수 있습니다.

상	봄비에 대한 경험을 떠올려 어떤 느낌이 들었는지 생각하여 알맞은 사물을 썼다.
중	봄비에 대한 경험을 떠올려 사물을 썼다.
하	봄비를 본 경험을 쓰지 못하였다.

더 알아볼까요!

비유하는 표현이 주는 효과
- 평소에는 별 생각 없이 바라보던 봄비를 새롭게 바라볼 수 있었습니다.
- 봄비에 대해 깊이 있게 생각해 보는 시간이 되었습니다.

6 봄비 내리는 장면을 떠올려 보고 떠올린 사물의 특징을 다른 악기에 비유해 써 봅니다.

상	봄비 내리는 장면에서 떠올린 대상의 특징을 다른 악기에 비유해 썼다.
중	악기에 비유하여 표현하였다.
하	대상의 특징을 악기에 비유하지 못하였다.

더 알아볼까요!

봄비 내리는 장면에서 떠올린 대상의 특징을 다른 악기에 비유하여 표현하기 ㉮

대상	비유하는 표현	비유한 까닭
가로수	리코더	일자로 서 있는 모습이 비슷하기 때문에
개구리	캐스터네츠	개구리의 우는 소리가 캐스터네츠의 소리와 비슷해서

정답과 풀이

개념을 확인해요
23쪽

1 흐름 **2** 행동 **3** 전개 **4** 절정 **5** 구조 **6** 삭
제 **7** 결과 **8** 마음 **9** 구조 **10** 사건

개념을 다져요
24~25쪽

1 ⑤   **2** ②, ④, ⑤   **3** (3) ○   **4** 결말   **5** ⑤   **6**
사건

풀이 ▶

1 이야기 속 흐름을 살펴보는 것은 이야기에 쓰인 표
현의 특징을 파악하는 것과 관련이 적습니다.
2 사건의 흐름을 정리할 때에는 중요한 사건을 골라서
원인과 결과를 중심으로 정리하는 것이 효과적입니
다.
3 문학 작품에서 흥분, 긴장 따위가 가장 높은 정도에
이른 상태로, 절정을 '클라이맥스'라고 합니다.
4 이야기의 결말 부분에 해당합니다.
5 이야기를 요약할 때에는 사건의 흐름이 자연스럽게
이어지도록 요약하는 것이 중요합니다.
6 이야기의 주제도 자연스럽게 사건이 전개되는 과정
에서 드러납니다.

1회 단원 평가 도전
26~29쪽

1 ⑤   **2** ⑤   **3** 예 황금 사과를 팔아서 공원이나 도
로와 같이 두 동네에 필요한 일에 사용하거나 두 동
네가 똑같이 나누어 가진다.   **4** ②   **5** ④, ⑤   **6**
④   **7** 괴물   **8** ⑤   **9** ④   **10** 예 서로 정보를 주
고받고 도와야 해.   **11** 볏짚 한 단   **12** ②   **13** 예
이승에서 덕진에게 갚기로 하고 저승에 있는 덕진의
곳간에서 쌀 삼백 석을 꾸어 셈을 치렀다.   **14** ④
15 예 원님은 빚을 갚으러 왔다며 덕진에게 쌀 삼백
석을 주었다.   **16** 소년, 소녀   **17** (1) ○   **18** 예
몸이 약한 소녀를 배려하는 소년의 마음이 느껴진다.
19 ⑤   **20** (1) 예 소녀는 죽기 전에 어떤 말을 남겼
나요? (2) 예 제목이 뜻하는 것은 무엇인가요?

풀이 ▶

1 황금 사과를 서로 가지고 싶어서 싸우게 되었습니
다.
2 사람들은 금보다 더 확실하고 분명한 방법을 필요로
하였습니다.
3 두 동네 사이의 갈등을 해결할 수 있는 방법을 생각
해 봅니다.
4 오직 남은 것은 가슴 깊숙이 뿌리박힌 서로 미워하
는 마음뿐이라고 하였습니다.
5 ①~③은 글에서 답을 찾을 수 있는 질문입니다. ④,
⑤는 생각을 알고 싶은 질문으로 글에서 답을 찾을
수 없습니다.
6 담 너머에는 심술궂고 못된, 아주 나쁜 사람들이 산
다고 하였습니다.
7 담 너머에는 무시무시한 괴물들이 산다고 하였습니
다.
8 윗동네는 커다란 현대식 건물들로 가득 찬 엄청나게
큰 동네가 되었습니다.
9 아랫동네는 높은 담 때문에 멀리까지 그늘이 졌고,
그늘진 곳에 살던 사람들은 따뜻하고 밝은 곳을 찾
아 떠났습니다.
10 '교류를 많이 한다, 자주 왕래한다, 서로 여행을 다
닌다.' 등을 쓸 수 있습니다.
11 고작 볏짚 한 단만 있을 뿐이었습니다.
12 다른 사람들을 돕고 사는 덕진의 저승 곳간에는 곡
식이 가득 차 있다는 것으로 짐작할 수 있습니다.
13 원님은 자신의 곳간이 비어 있어 덕진의 곳간에서
쌀 삼백 석을 꾸어 셈을 치르고 이승으로 오게 되었
습니다.
14 덕진은 쌀을 좋은 일에 쓰기로 마음먹고 쌀을 팔아
마을 앞을 가로지르는 강에 다리를 놓기로 하였습니
다.
15 원님이 이승으로 돌아와 덕진에게 쌀 삼백 석을 갚
는 내용을 씁니다.
16 시골 소년과 도시에서 전학 온 소녀가 만나 이야기
가 전개됩니다.
17 소나기가 오고, 반팔과 긴팔을 같이 입는 것으로 보
아 늦여름에서 초가을이라는 것을 알 수 있습니다.
18 등장인물을 떠올리며 인물과 같은 처지가 되어 생각
해 써 봅니다.
19 소녀의 분홍 스웨터에는 소년과 소녀의 추억이 담겨

있습니다.

20 일어난 사실에 대한 질문은 작품을 보고 알 수 있는 내용을 질문할 수 있습니다.

「소나기」를 보고 질문 만들기 예

일어난 사실에 대한 질문	• 소년은 주로 어디에서 소녀와 마주쳤나요? • 소녀는 소년에게 "이 바보."라고 하면서 무엇을 던졌나요? • 소녀는 소년에게 어디에 가자고 했나요? • 소녀는 죽기 전에 어떤 말을 남겼나요?
이야기 내용을 추론하는 질문	• 소년은 왜 소녀에게 비켜 달라는 말도 못 했나요? • 소녀가 소년에게 하얀 조약돌을 던지며 "이 바보."라고 외친 까닭은 무엇인가요? • 소녀의 옷에 묻은 얼룩은 어떻게 해서 생겼나요?
친구들 생각을 알고 싶은 질문	• 왜 소년과 소녀의 이름이 나오지 않을까요? • 제목「소나기」가 뜻하는 것은 무엇인가요? • 소녀가 죽기 전에 자신이 입던 옷을 입혀서 묻어 달라고 한 까닭은 무엇인가요?

2회 단원 평가 실전

30~33쪽

1 예 그곳에는 아이들이 즐겁게 놀고 있었다. 2 예 아이가 담 옆에 못 가게 하기 위해서이다. 3 ⑤
4 (2) ○ 5 예 괴물이 살고 있다며 담 근처에도 가지 말라는 어른들과 달리 먼저 가서 대화를 나누는 아이가 용기 있다고 생각한다. 6 ④ 7 ③ 8 수고비 9 ⑤ 10 예 이승에 있을 때 남에게 덕을 베푼 일이라고는 아낙에게 볏짚 한 단을 구해다 준 게 전부이기 때문이다. 11 덕진 12 ④ 13 ④
14 ③ 15 절정 16 ①, ⑤ 17 절정 18 ①
19 ① 20 ❸

풀이

1 두 동네 사이에서 일어난 일을 생각하며 글 ㈏의 내용을 요약해 봅니다.

2 엄마는 아이가 담 옆에 가지 못하게 하려고 못된 사람들이 살았다고 하였습니다.

3 문을 연 아이가 본 것은 엄마가 말한 끔찍한 괴물들이 아니라 자기하고 비슷한 또래 친구들이 공을 가지고 즐겁게 노는 모습이었습니다.

4 이야기의 주제는 '서로 대화하고 소통하자'입니다.

5 아이는 무서운 마음을 꾹 누르고 구멍 속을 들여다보았고, 친구들에게 먼저 다가갔습니다.

6 원님은 죽어서 염라대왕 앞에 있습니다.

7 원님은 "이승에서 좀 더 살게 해 주십시오."라고 머리를 조아리며 간청했습니다.

8 그냥 보내 줄 수는 없다며 헛걸음을 했으니 수고비를 내놓으라고 하였습니다.

9 저승 곳간은 이 세상에서 좋은 일을 한 만큼 재물이 쌓이게끔 되어 있습니다.

10 원님은 이승에 있을 때 남에게 덕을 베푼 일이 없습니다. 가난한 아낙이 아이를 낳을 때 볏짚 한 단을 구해다 준 게 전부입니다.

11 원님은 덕진의 곳간에서 쌀 삼백 석을 꾸어 셈을 치르고 이승으로 올 수 있었습니다.

12 원님이 생각한 내용에 나와 있습니다.

13 덕진을 시험하기 위해 돈을 빌려 달라고 하였습니다.

14 원님은 이승으로 돌아와 덕진의 말과 행동에 크게 감명을 받았습니다.

15 '절정'은 사건 속의 갈등이 커지면서 긴장감이 가장 높아지는 부분입니다.

16 '중요하지 않은 내용 삭제, 사건의 원인 찾기, 비슷한 사건은 하나로 묶기'를 해야 합니다.

17 '기쁘다', '행복하다'와 같은 긍정적 감정이 생기기 시작한 부분으로 '절정'에 해당합니다. '기쁘다', '행복하다'와 같은 긍정적 감정은 위쪽에 표시하고, '슬프다', '화가 난다'와 같은 부정적 감정은 아래쪽에 표시되었습니다. 메이가 그린 우주 그림을 보는 부분에서 종이 할머니는 어릴 적 꿈을 떠올렸기 때문에 감동을 받았습니다.

18 절정에서 종이 할머니는 꿈을 떠올렸고, 결말에서 자신이 밀쳤던 눈에 혹이 난 할머니와 친구처럼 지

정답과 풀이 **5**

내게 되었습니다. '꿈을 가지면 삶이 변화한다.', '이웃과 함께 더불어 살면 행복해진다.' 등이 주제입니다.

19 개울가, 산, 수숫단으로 보아 농촌 마을임을 짐작할 수 있습니다.

20 소나기가 많이 오던 날 소녀가 비를 흠뻑 맞은 사건이 소녀의 죽음과 연결됩니다.

창의서술형 평가
34~35쪽

1 ⑩ 만인에게 적선하는 것이 어떤 것인지 생각하였다.　**2** ⑩ 저승 곳간에서 원님이 빌린 쌀 삼백 석을 갚기 위해서이다.　**3** (1) 저승 (곳간)에서 (2) 원님이 덕진에게　**4** ⑩ 무기력했던 삶에서 조금씩 애착이 생기기 시작했다.　**5** ⑩ 행복할 것 같다. 눈에 혹이 난 할머니와 함께 마음을 나누며 살기 때문이다.

풀이

1 글 ㈏의 원님이 마지막에 생각한 내용에서 찾을 수 있습니다.

상	원님이 덕진에게 열 냥을 빌렸을 때 원님은 어떤 마음이 들었을지 떠올리며 원님의 생각을 썼다.
중	원님이 덕진의 행동을 보고 어떤 생각을 했는지 글에서 찾아 썼다.
하	원님의 생각을 쓰지 못하였다.

2 원님은 덕진의 저승 곳간에서 쌀 삼백 석을 빌렸습니다.

상	글 ㈎에서 원님이 겪은 일을 파악해 덕진에게 쌀 삼백 석을 준 까닭을 썼다.
중	글 ㈎에서 찾아 내용에 맞게 썼다.
하	내용을 파악해 정답을 쓰지 못하였다.

3 저승에서 원님이 덕진에게 쌀 삼백 석을 빚을 졌습니다.

상	글 ㈎에서 원님이 겪은 일을 파악해 어디에서 누가 누구에게 진 빚인지 썼다.
중	글 ㈎에서 찾아 물음에 맞게 썼다.
하	정답을 쓰지 못하였다.

4 종이 할머니는 메이가 그린 우주 그림을 보고 어릴 적 꿈을 떠올렸습니다. 그리고 이웃에게 먼저 다가갔습니다.

상	메이가 그린 그림을 보고 난 뒤에 궁금한 것이 생기고 무기력했던 삶에 조금씩 애착이 생기기 시작했다는 내용을 썼다.
중	메이가 그린 그림을 보고 난 뒤에 종이 할머니의 삶이 변화했다는 내용을 썼다.
하	종이 할머니의 처지를 파악해 쓰지 못하였다.

5 종이 할머니는 이웃과 더불어 살면 행복해진다는 것을 느꼈을 것입니다.

상	눈에 혹이 난 할머니와 함께 밥을 먹고 차를 마셔서 행복하다는 내용을 썼다.
중	눈에 혹이 난 할머니와 함께 마음을 나누었을 때의 마음이나 감정을 썼다.
하	종이 할머니의 감정을 쓰지 못하였다.

더 알아볼까요!

「우주 호텔」 알아보기

　땅만 보며 살던 종이 할머니는 자신의 상자를 눈에 혹이 난 할머니가 가져가려고 하자 밀어 버립니다. 메이가 그린 우주 그림을 본 뒤에 하늘을 보며 어릴 적 꿈을 떠올리게 되고 외계인과 우주 호텔에서 차를 마시는 그림 속 아이처럼 이웃과 함께 하게 되었습니다.
　종이 할머니는 자신이 사는 곳을 인생이라는 여행에서 잠시 쉬어 가며 친구를 만나는 곳이기 때문에 우주 호텔이라고 생각하게 되었습니다.

3 짜임새 있게 구성해요

개념을 확인해요
37쪽

1 공식 **2** 높임 **3** 자료 **4** 흥미 **5** 효과 **6** 출처 **7** 차례 **8** 집중 **9** 중요 **10** 자료

개념을 다져요
38~39쪽

1 ② **2** ②, ③ **3** ② **4** ⑩ 친구들이 흥미 있게 발표를 들을 수 있다. **5** ③ **6** ④

풀이

1 공식적인 말하기 상황에서는 상대방을 공경하는 마음을 가지고 상냥하고 공손한 태도로 인사말을 해야 합니다. 여러 사람 앞에서 말할 때에는 높임 표현을 써야 합니다.

2 자료를 효과적으로 활용하여 발표하면 듣는 사람이 쉽게 이해할 수 있고, 내용을 더 생생하게 전달할 수 있습니다.

3 강수량은 수량의 변화 정도를 알 수 있는 도표를 활용하는 것이 적절합니다.

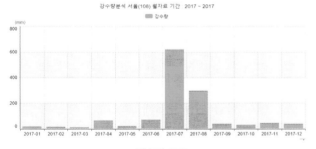

▲강수량 도표

4 발표 내용을 잘 구성하면 내용이 앞뒤의 연관과 체계를 제대로 갖춘 상태로 발표할 수 있습니다.

더 알아볼까요!

발표 내용을 잘 구성해야 하는 까닭
- 발표 내용을 잘 구성해야 짜임새 있게 발표할 수 있습니다.
- 발표 내용을 잘 구성해야 친구들이 흥미 있게 발표를 들을 수 있습니다.

5 자료가 너무 길거나 복잡하지 않아야 합니다.

6 궁금한 점은 발표가 모두 끝난 뒤에 발표자에게 질문하는 것이 바른 태도입니다.

1회 단원 평가
40~43쪽

1 (1) ⓒ, ⓒ (2) ⓒ, ⓒ **2** (1) ○ **3** 높임말 **4** (1) 강당 (2) 학생들 **5** ①, ② **6** ⑩ 그림 ㉮는 친구에게 개인적으로 이야기하고 있고, 그림 ㉯는 친구들에게 공식적으로 말하고 있다. **7** ③ **8** (1) ❷ (2) ⑩ 사진을 보여 주면서 발표하여 더 쉽게 이해할 수 있기 때문이다. **9** (1) 동영상 (2) 도표 **10** ② **11** 표 **12** ② **13** ⑩ 설명하려는 내용을 더 생생하게 전달하여 듣는 사람이 더 쉽게 이해할 수 있다. **14** (1) ⓒ (2) ⓒ (3) ⓒ **15** ⑩ 멀리 있는 친구까지 잘 보이도록 자료를 크게 확대해 사용하는 것이 좋다. **16** ㉮ **17** ③ **18** 나래 **19** ⑤ **20** ⑩ 주제와 어울린다. 미래에 필요한 인재상을 설명할 때 변화를 보여 주며 흥미를 끌 수 있기 때문이다.

풀이

1 사적인 관계의 상대방에게 하는 말하기인지, 공적인 관계의 청중을 상대로 하는 말하기인지 구분해 봅니다.

2 텔레비전 방송에서 아나운서(앵커)가 뉴스를 진행하고 있습니다.

3 공식적인 상황에서는 공적인 청중을 상대로 말을 하는 것이므로 높임 표현을 사용해야 합니다.

4 전교 학생회 회장단 후보의 선거 연설로 강당에서 학생들에게 말하고 있습니다.

5 연설은 여러 사람 앞에서 말하므로 높임 표현을 사용해야 합니다.

6 그림 ㉮는 친구와 운동장 의자에서 자유롭게 말하는 장면입니다.

7 그림 ❷에서 사진을 보여 주며 소개하고 있습니다.

8 자료를 활용해 발표하면 소개하는 음식이 무엇인지 한눈에 알아볼 수 있습니다.

9 동영상을 활용하면 생생하게 전달할 수 있고, 음악이나 자막을 넣어 분위기를 잘 전달할 수 있습니다.

10 대상의 모습을 정확하게 알려 줄 때에는 사진을 활용하는 것이 좋습니다.

11 그림 ㉮의 학생은 사라진 직업의 종류와 까닭을 표로 정리하여 활용하였습니다.

12 그림 ❹의 학생은 과거 직업인 보부상의 모습을 생생하게 보여 주려고 동영상을 활용하여 발표하였습니다.

13 다양한 시청각 자료를 활용하여 생생하게 전달하면 듣는 사람이 내용을 더 쉽게 이해할 수 있습니다.

14 여행지의 자연환경은 대상의 모습을 정확하게 보여 주는 사진이나 동영상을 활용하는 것이 좋고, 여행지까지 가는 길처럼 복잡한 대상을 단순하게 설명할 때에는 그림이나 지도가 적절합니다.

15 교실에서 학급 친구들에게 발표할 때에는 듣는 사람의 수가 많고 발표 장소가 넓어 듣는 사람과의 거리가 멀리 떨어져 있으므로 멀리 있는 친구들이 잘 볼 수 있도록 자료를 확대하여 활용하는 것이 효과적입니다.

16 자료를 활용할 때에는 자료의 출처를 꼭 밝혀 저작권을 보호해야 합니다. 저작권은 문학, 예술, 학술에 속하는 창작물에 저작자나 그 권리를 이어받은 사람이 행사하는 권리를 말합니다. 다른 사람의 창작물을 사용할 때에는 반드시 허락을 구하거나 출처를 밝혀야 합니다.

17 한꺼번에 너무 많은 자료를 제시하면 듣는 사람이 이해하기 힘듭니다.

18 그림 ❹의 발표자는 너무 많은 자료를 복잡하게 제시하였습니다. 이를 적절하게 파악하여 조언한 친구를 찾아 씁니다.

19 발표할 내용을 미리 정리한 글로, 제목, 시작하는 말, 자료, 설명하는 말로 구성되어 있습니다.

20 발표할 내용과 활용할 자료의 특성을 생각하여, 발표할 내용을 효과적으로 전달할 수 있는 자료를 선택하였는지 판단해 봅니다.

2회 단원 평가 실전

44~47쪽

1 ③   2 ②, ③, ⑤   3 ⑤   4 ①   5 ③   6 ④   7 동영상   8 ㉢   9 ①   10 (1) 표 (2) 동영상   11 지도   12 동영상   13 ③   14 ③   15 ①   16 ①, ④   17 ①   18 ①, ②   19 (1) ○   20 예 텔레비전으로 자료를 보여 준다.

풀이 ▶

1 ③만 비공식적인 상황에서의 말하기이고 나머지는 모두 공식적인 상황에서의 말하기입니다.

2 그림의 상황은 공식적인 말하기 상황으로 높임 표현을 사용해야 하는 상황입니다.

3 연설은 공식적인 말하기 상황입니다.

4 의견을 발표할 때 책『오늘의 순위』를 활용했습니다.

5 "여러분이 꿈을 찾을 수 있게 여러 가지 직업을 체험할 수 있는 직업 체험학습을 가도록 노력하겠습니다."라고 하였습니다.

6 대상의 수량을 비교할 때에는 도표를 활용하는 것이 좋습니다.

7 동영상을 활용하면 움직이는 대상의 모습을 잘 전달할 수 있고, 음악이나 자막을 넣어 분위기를 전달할 수 있습니다.

8 영상은 텔레비전으로 보여 줍니다. 휴대 전화로 보면 잘 보이지 않습니다.

9 과거의 직업을 발표하고 있습니다.

10 그림 ㉠는 표를 활용했고, 그림 ㉡는 동영상을 활용했습니다.

11 여행지의 교통편에 대하여 발표할 때에는 지도를 활용하는 것이 좋습니다.

12 여러 나라의 민요에 대해 동영상 자료를 보여 주면서 발표하면 듣는 사람이 이해하기 쉽습니다.

13 한꺼번에 너무 많은 자료를 제시하면 듣는 사람이 이해하기 힘듭니다.

14 교실에서 학급 친구들에게 발표하는 상황은 발표 장소가 넓어 듣는 사람과의 거리가 멀리 떨어져 있고, 듣는 사람의 수가 많습니다. 이러한 상황에서는 멀리 있는 친구들이 잘 볼 수 있도록 자료를 확대하여 활용할 수 있습니다.

15 자료를 너무 길면 보는 사람이 지루해 합니다.

16 표 자료, 동영상 자료를 준비했습니다.

17 미래에 필요한 인재, 일자리의 미래 등으로 보아 '미래의 인재'에 대한 발표 주제임을 짐작할 수 있습니다.

18 설명하는 말에 자료에 담긴 핵심 내용이 들어가야 하며, 자료의 출처를 밝혀야 합니다.

19 활용한 자료는 출처를 반드시 밝혀 저작권을 보호해야 합니다.

20 멀리까지 잘 들리도록 또박또박 큰 목소리로 말하고, 큰 자료를 활용한다 등도 쓸 수 있습니다.

더 알아볼까요!

발표 상황을 생각하며, 발표할 때 주의할 점
- 준비한 자료를 차례에 맞게 잘 보여 주면서 말합니다.
- 자료를 보여 줄 때에는 친구들이 집중할 수 있도록 자세히 소개합니다.
- 멀리까지 잘 들리도록 또박또박 큰 목소리로 말합니다.
- 발표 장소가 넓을 때에는 뒤쪽에서도 잘 보이도록 큰 자료를 활용합니다.

창의서술형 평가
48~49쪽

1 예 여러 사람 앞에서 말하기 때문에 바른 자세로 말하고 높임 표현을 사용해야 한다. **2** (1) 예 말하는 사람과 듣는 사람이 있다. (2) 예 그림 ㉮는 친구에게 개인적으로 이야기하고 있고, 그림 ㉯는 친구들에게 공식적으로 말하고 있다. **3** 예 발표 주제와 관련된 내용을 한눈에 볼 수 있는 자료를 보여 주면 좋다. **4** 예 친구들이 가장 흥미 있을 내용을 넣어 마지막까지 집중해서 들을 수 있도록 하기 위해서이다.

풀이

1 공식적인 말하기 상황의 특성을 생각해 봅니다.

상 자신이 경험한 공식적인 말하기 상황을 떠올려 보고, 공식적인 말하기 상황의 특성을 생각해 썼다.

중 공식적인 말하기 상황의 특성을 생각해 썼다.

하 공식적인 말하기 상황의 특성을 쓰지 못하였다.

---

2 그림 ㉮는 친구들과 자유롭게 말하는 것이고, 그림 ㉯는 교실에서 여러 사람 앞에서 발표하는 것이라는 점이 다릅니다. 그림 ㉮는 친구들이 교실 밖에서 대화하는 모습이고, 그림 ㉯는 한 친구가 교실에서 발표하는 모습입니다.

상 공식적인 말하기 상황의 비슷한 점과 다른 점을 비교해 썼다.

중 두 가지 말하기 상황의 비슷한 점이나 다른 점을 썼다.

하 말하기 상황을 파악해 쓰지 못하였다.

---

3 발표 주제와 관련한 내용이나 발표 주제와 관련해 흥미를 가질 만한 자료를 보여 주면 좋습니다.

상 자료를 구성하는 방법을 알고 시작하는 말에는 듣는 사람의 주의를 집중시킬 수 있는 내용이 들어가야 한다는 것에 대해 썼다.

중 시작하는 말의 역할을 알고 썼다.

하 발표 내용과 자료를 파악해 쓰지 못하였다.

---

4 동영상은 그림이나 신문 기사 자료보다 흥미를 끌기 좋은 자료입니다.

상 발표 마지막 부분에 흥미 있는 내용을 넣어 집중해서 들을 수 있도록 하기 위함이라는 내용을 썼다.

중 마지막에 구성한 자료에 대해 썼다.

하 동영상 자료의 특성을 쓰지 못하였다.

더 알아볼까요!

발표할 내용을 구성하는 방법
- 시작하는 말에는 우리가 발표하려는 주제와 제목을 넣습니다.
- 시작하는 말에는 듣는 사람의 주의를 집중시킬 수 있는 내용을 넣습니다.
- 자료를 설명하는 말에는 자료를 가져온 곳을 반드시 밝혀야 합니다.
- 끝맺는 말에는 발표한 내용을 간단하게 정리하고, 함께 생각할 점을 넣습니다.

정답과 풀이

4. 주장과 근거를 판단해요

개념을 확인해요
51쪽

1 존중　2 근거　3 서론　4 문제 상황　5 주장
6 요약　7 주장　8 뒷받침　9 주관　10 문제 상황

개념을 다져요
52~53쪽

1 현욱　2 논설문　3 결론　4 ⑤　5 ②　6 (1) 1
(2) 2 (3) 3

풀이

1 자기의 주장만 중요하다고 생각하지 말고 주장에 대한 근거가 적절하다면 다양한 주장들을 존중해 주어야 합니다.

2 글에 드러난 주장과 근거를 파악하면 글의 내용을 잘 이해할 수 있는 글은 논설문입니다.

3 논설문의 결론에서는 글을 마무리하며 글쓴이의 의견을 정리합니다.

더 알아볼까요!

논설문의 특성
• 논설문은 읽는 사람을 설득하는 것이 목적입니다.
• 논설문에는 글쓴이가 내세우는 주장이 담겨 있습니다.
• 논설문에는 주장을 뒷받침하는 근거와 예시 자료가 있습니다.

논설문의 구성

서론	• 글을 쓴 문제 상황을 밝힌다. • 글쓴이가 글 전체에서 내세우는 주장을 분명하게 나타낸다.
본론	• 서론에서 글쓴이가 제시한 주장의 근거와 그 근거를 뒷받침하는 내용으로 구성한다. • 근거를 뒷받침하는 내용에는 구체적인 예나 다양한 자료를 포함한다.
결론	• 글 내용을 요약한다. • 글쓴이의 주장을 다시 한번 강조한다.

4 근거가 실천 가능한지, 주장과 관련이 있는지, 주장을 뒷받침하는지 등을 판단하여야 합니다.

5 주관적인 표현, 모호한 표현, 단정하는 표현을 쓰지 말아야 합니다.

6 논설문을 쓰려면 펼치고 싶은 문제 상황을 정한 다음 주장과 근거를 정하는 과정을 거칩니다.

1회 단원 평가 도전
54~57쪽

1 예 좁은 우리에 갇혀 생활하는 동물들이 스트레스를 많이 받는다는 것이다.　2 (1) ○　3 ②, ③　4 ②　5 예 사람마다 겪은 일이 다르고 처한 상황이 다르기 때문이다.　6 ❶　7 예 우리 전통 음식을 사랑하자는 주장을 하기 위해서이다.　8 ⑤　9 ②　10 ①, ⑤　11 예 자연은 우리 후손이 살아갈 삶의 터전이다.　12 ④　13 ②　14 ②　15 예 무리한 자연 개발은 생태계를 파괴한다는 것과 자연은 우리 후손이 살아갈 삶의 터전이라는 근거는 주장과 연결된다.　16 객관　17 ③　18 ③　19 예 일회용품을 많이 쓰는 문제가 있다.　20 ④

풀이

1 동물원은 동물의 생태와 습성, 자연환경의 소중함을 배울 수 있는 교육의 장소이지만 좁은 우리에 갇혀 생활하는 동물들은 스트레스를 많이 받는다는 것입니다.

2 지훈이는 동물원은 우리에게 즐거움을 주고 동물원이 동물을 보호해 준다고 하였기 때문에 있어야 한다는 내용이 적절합니다.

3 지훈이는 동물원은 우리에게 큰 즐거움을 주고 동물원이 동물을 보호해 준다는 근거를 들어 동물원이 필요하다는 주장을 펼치고 있습니다.

4 서울 동물원에만 한 해 평균 350만 명이 방문한다는 공개 자료를 인용하여 근거를 제시하였습니다.

5 같은 문제 상황에 대해서도 서로 다른 주장을 할 수 있습니다.

6 문단 ❶은 서론 부분에 해당하며 문제 상황이 나타나 있습니다.

7 글쓴이는 우리 전통 음식을 사랑하자는 주장을 하려고 이 글을 썼습니다.

8 된장, 간장, 고추장과 같은 발효 식품에는 무기질과 비타민이 풍부하게 들어 있어 몸을 건강하게 해 줍니다.

9 '햄버거'는 외국에서 유래한 음식입니다. 전주비빔밥, 해주비빔밥, 통영비빔밥, 김치는 지역에 따라 다양한 맛으로 만들어진 예입니다.

10 전통 음식은 건강에 이로우며, 전통 음식을 가까이 하면 계절과 지역에 따라 다양한 맛을 즐길 수 있다

고 하였습니다.

11 '둘째, 셋째'로 시작하는 문단의 중심 문장이 주장에 대한 근거입니다.

12 동식물이 살 수 없는 곳은 사람도 살 수 없는 곳이 됩니다. 동식물은 삶의 터전을 잃을 수 있으므로 사람과 자연은 조화를 이룰 수 없게 됩니다.

13 조상으로부터 금수강산을 물려받은 우리는 후손에게 아름다운 자연을 물려주어야 할 의무가 있다고 하였습니다.

14 우리 모두 자연 보호를 실천해야 한다고 하였습니다.

15 근거가 글쓴이의 주장을 이해하는 데 도움이 되었는지 생각하며 판단해 봅니다.

16 논설문에서는 객관적인 표현을 써야 합니다. '나는 ~을/를 좋아한다.'와 같은 주관적인 표현으로는 다른 사람을 논리적으로 설득하기 어렵습니다. 논설문에서는 자신만의 생각이나 감정에 치우치는 주관적인 표현보다는 사실을 있는 그대로 드러내는 객관적인 표현을 써야 합니다.

17 모호한 표현을 쓰고 있습니다. 논설문은 자신의 견해나 관점을 정확하게 표현하는 글이므로 모호한 표현을 쓰지 않도록 합니다. 모호한 표현은 낱말이나 문장이 나타내는 의미가 분명하지 않아 정확하게 해석할 수 없는 표현입니다. 논설문은 자기 견해나 관점을 정확하게 표현하는 글이므로 모호한 표현을 쓰지 않아야 합니다.

더 알아볼까요!

근거의 타당성과 표현의 적절성을 판단하는 방법
• 근거가 주장과 관련 있는지 살펴봅니다.
• 근거가 주장을 뒷받침하는지 살펴봅니다.
• 주관적인 표현, 모호한 표현, 단정하는 표현을 쓰지 않았는지 살펴봅니다.

18 '반드시', '절대로', '결코'와 같이 어떤 사실을 딱 잘라 판단하거나 결정하는 표현이 단정하는 표현입니다.

19 우리 주변에서 일어나는 문제 상황을 생각해 봅니다. 편식하는 문제, 아무 곳에나 쓰레기를 버리는 문제, 교실에서 뛰어 다니는 문제 등이 있습니다.

20 즉석 음식을 즐겨 먹는 문제를 해결하기 위한 내용이어야 합니다.

1 ① 2 ② 3 ③, ⑤ 4 (1) 예 동물원이 있어야 한다. (2) 예 동물원에서 평소에 볼 수 없는 동물들을 보았을 때 동물을 사랑하는 마음이 생겼던 경험이 있기 때문이다. 5 (1) × 6 (1) 우리 전통 음식은 건강에 이롭습니다. (2) 우리 전통 음식을 가까이하면 계절과 지역에 따라 다양한 맛을 즐길 수 있습니다. 7 ❶ 8 (1) ①, ③ (2) ②, ④ 9 청국장 10 예 글쓴이가 제시한 주장이 근거와 그 근거를 뒷받침하는 내용을 제시한다. 11 ① 12 ③, ④ 13 ③ 14 예 오염된 환경을 되살리는 데는 수십, 수백 배의 시간과 노력이 들기 때문이다. 15 ㉠ 16 ②, ④ 17 ④ 18 ① 19 ④ 20 예 학교에서 올바른 스마트폰 이용 습관을 형성할 수 있도록 교육을 실시해야 한다.

풀이

1 마지막 문장에서 동물원은 없어져야 한다고 말한 것을 통해 짐작할 수 있습니다.

2 첫 번째 문장이 미진이의 주장입니다.

3 미진이는 동물원에 대한 부정적인 생각을 가지고 있습니다.

4 '동물원은 필요한가'라는 문제에 찬성이나 반대 주장을 정하고 그 근거를 써야 합니다.

5 자신의 생각과 다르더라도 다양한 주장을 존중해야 합니다.

6 본론은 첫째, 둘째 문장 다음에 중심 문장이 나옵니다.

7 서론에 대한 설명이므로 문단 ❶에 해당합니다.

8 글을 쓴 목적이나 발효 식품이 몸을 건강하게 해 주는 까닭은 글을 읽고 찾을 수 있는 내용입니다.

9 특히, 청국장은 항암 효과는 물론 해독 작용까지 뛰어나다고 하였습니다.

10 문단 ❷, ❸은 본론입니다.

11 겨울을 나려고 김장을 하고, 고기와 어패류를 보관하기 위한 염장 기술을 통해 우리 조상의 슬기를 경험할 수 있습니다.

12 결론에는 글 내용 요약과 글쓴이의 주장을 다시 한 번 강조하는 내용이 들어가야 합니다.

13 우리나라뿐만 아니라 세계 곳곳에서 벌어지는 자연 개발은 우리 삶을 위협하고 있는 상황을 제시했습니다.

14 오염된 환경을 되살리는 데는 수십, 수백 배의 시간과 노력이 든다. 자연의 힘이 아무리 위대해도 자정 능력을 넘어서는 오염을 감당하기는 어렵다고 하였습니다.

15 자연을 보호해야 한다는 것이 글쓴이의 주장입니다.

16 지나친 개발로 인한 지구 온난화와 이상 기후 현상이 더 이상 심해지지 않도록 노력해야 한다는 내용으로 알 수 있습니다.

17 자연을 보호해야 한다는 주장에 맞는 근거를 찾아야 합니다.

18 주관적인 표현, 모호한 표현, 단정하는 표현을 쓰지 않아야 합니다. ③, ④는 주관적인 표현을 쓴 것이며, ⑤는 모호한 표현입니다.

19 논설문에서는 객관적인 표현을 써야 합니다.

20 스마트폰 중독에서 벗어날 수 있는 해결 방법을 생각해야 합니다.

더 알아볼까요!

> **우리 주변의 문제를 해결하려고 노력하면 좋은 점**
> • 더 좋은 환경을 만들 수 있습니다.
> • 잘못된 점을 고쳐서 바른 습관을 가질 수 있습니다.

창의서술형 평가

62~63쪽

> **1** (1) 동물원은 우리에게 큰 즐거움을 준다. (2) 동물원은 없애야 한다. (3) ⑩ 동물원은 인공적인 환경이기 때문에 자연을 대신할 수 없다. **2** ⑩ 동물원은 없애야 한다고 생각한다. 동물원에 있는 동물들도 자유를 누릴 권리가 있기 때문이다. **3** (1) 서론 ; 우리는 자연의 목소리에 귀를 기울이고 자연을 보호해야 한다. (2) 본론 ; 자연은 한번 파괴되면 복원되기가 어렵다. (3) 결론 ; 이제 우리 모두 자연 보호를 실천해야 한다. **4** (1) ⑩ 자연을 보호해야 한다. (2) ⑩ 이상 기후 현상이 점점 심각해지는 지금 상황에서 이 주장은 중요하다.

풀이

1 어떤 문제를 놓고 글쓴이가 내세우는 생각인 주장과, 주장을 뒷받침하는 근거로 이루어져 있습니다.

상	주장과 주장을 뒷받침하는 근거를 썼다.
중	주장과 주장을 뒷받침하는 근거 가운데 두 개 이상 알맞게 썼다.
하	글에 나타나 있는 주장과 근거를 쓰지 못하였다.

2 글 (가), (나)를 바탕으로 하여 동물원이 필요한지 자신의 생각을 까닭을 들어 써 봅니다.

상	'동물원은 필요한가'라는 주제에 찬성이나 반대 주장을 정하고 그 근거를 썼다.
중	주제에 알맞게 주장과 근거를 썼다.
하	자신의 생각을 쓰지 못하였다.

3 글 (가)는 문제 상황과 주장을 알 수 있는 서론, (나)는 주장에 대한 근거를 제시한 본론, (다)는 글쓴이가 주장을 다시 한번 강조한 결론에 해당합니다. 논설문은 주장과 근거로 이루어져 있으며 '서론, 본론, 결론'으로 짜여 있습니다.

상	각 문단에서 중심 문장을 찾아 논설문의 짜임에 맞게 썼다.
중	중심 문장을 알맞게 썼다.
하	각 부분의 중심 문장을 쓰지 못하였다.

4 자연을 보호하자는 주장은 가치 있고 중요한 것인지 판단해 써 봅니다. 내용이 타당한지 판단할 때에는 주장이 가치 있고 중요한지, 근거가 주장과 관련 있는지, 근거가 주장을 뒷받침하는지 판단해 봅니다.

상	글쓴이의 주장을 쓰고, 주장이 가치 있고 중요한지 판단해 까닭을 들어 썼다.
중	주장이 가치 있고 중요한지에 대해 썼다.
하	주장을 쓰지 못하였다.

5 속담을 활용해요

개념을 확인해요

65쪽

1 격언 **2** 지혜 **3** 흥미 **4** 주장 **5** 의견 **6** 태산 **7** 삶 **8** 뜻 **9** 말 **10** 동물

개념을 다져요

66~67쪽

1 속담 **2** (1) ○ (2) ○ (4) ○ **3** ⑤ **4** ① **5** ②
6 예 글의 주제를 알아본다. / 사용된 속담과 비슷한 속담을 찾아본다.

풀이 ▶

1 속담으로 옛날 사람들의 생각과 지혜를 알 수 있고 자신의 주장을 논리적으로 표현할 수 있습니다.

2 속담을 사용하면 짧은 말로 자신의 생각을 표현할 수 있습니다.

3 자기가 남에게 말이나 행동을 좋게 하여야 남도 자기에게 좋게 한다는 뜻의 속담이 어울립니다.

4 협력하면 훨씬 쉽다는 말입니다. 속담을 쓰면 조상의 지혜와 슬기를 알 수 있습니다.

5 소를 도둑맞은 다음에서야 빈 외양간의 허물어진 데를 고치느라 수선을 떤다는 뜻으로 쓰인 말이 알맞습니다.

6 글을 읽고 인물들이 말하는 상황과 말한 내용들을 살펴보고 알 수도 있습니다.

1회 단원 평가 도전

68~71쪽

1 속담 **2** ④ **3** 예 손이 많으니 일도 쉽다. / 종이도 네 귀를 들어야 바르다. **4** ⑤ **5** ⑤ **6** 예 수업 준비물을 챙겨 오지 않아 난감해 한 친구에게 "소 잃고 외양간 고친다."라는 속담을 쓴 적이 있다. **7** ㉑ **8** ① **9** ④ **10** ④ **11** ④ **12** ① **13** ㉡ **14** (1) ㉠ (2) ㉡ **15** ① **16** (1) 콩 (2) 팥 (3) 오이 (4) 자신 **17** ⑤ **18** ④ **19** ⑤ **20** 재욱

풀이 ▶

1 그림 ❸에서 선생님은 협동을 말한 속담에는 또 무엇이 있냐고 물어보셨습니다.

2 선생님께서 협동의 힘을 알았다고 하신 상황에 알맞은 속담을 찾아봅니다.

3 많은 손은 일을 가볍게 만든다는 뜻의 속담을 생각해 봅니다.

4 "사공이 많으면 배가 산으로 간다."라는 속담은 '주관하는 사람이 없이 여러 사람이 자기주장만 내세우면 일이 제대로 되기 어렵다.'라는 뜻입니다.

5 자기주장만 내세웠던 일을 떠올리며 본인의 생각을 효과적으로 드러내기 위해 "사공이 많으면 배가 산으로 간다."라는 속담을 사용했습니다.

6 속담을 사용하면 자기 의견을 쉽고 효과적으로 전달할 수 있으며 조상의 지혜와 슬기, 생활 모습을 알 수 있습니다.

7 그림 ㉑의 여학생은 퓨마가 탈출했던 동물원에서 안전 관리 실태를 점검하고 있다는 뉴스를 말하였습니다.

8 소를 도둑맞은 다음에서야 빈 외양간의 허물어진 데를 고치느라 수선을 떤다는 뜻으로 쓰인 "소 잃고 외양간 고친다."가 알맞습니다.

9 일 년 동안 동전을 모아서 20만 원이 되었다는 상황에 쓰인 속담입니다.

10 "우물을 파도 한 우물을 파라"는 '어떤 일이든 한 가지 일을 끝까지 해야 성공할 수 있다.'는 뜻의 속담입니다.

11 "하룻강아지 범 무서운 줄 모른다."는 난 지 얼마 안 되는 어린 강아지가 호랑이 무서운 줄을 모른다는 뜻입니다.

12 ①은 배가 불러 앞으로 나왔다는 뜻으로, 임신부의 배가 부름을 비유적으로 이르는 말이고, ②~⑤는 모두 주된 것보다 부수적인 더 크거나 많아서 마땅히 작아야 할 것이 크고, 커야 할 것이 작다는 뜻의 속담입니다.

13 글 ㈏와 같은 상황을 나타내기에는 "바람 가는데 실 간다."와 같은 속담이 알맞습니다.

14 글 ㈏에서는 사람의 긴밀한 관계를 비유적으로 이르는 말을 쓰고, 글 ㈐에서는 아무리 어려운 일이 계속되어 고생이 심해도 언젠가는 좋은 날이 올 수 있다는 뜻을 가진 속담을 사용하는 알맞습니다.

15 글 ㈐는 아무리 어려운 일이 계속되어 고생이 심해도 언젠가는 좋은 날이 올 수 있다는 뜻의 희망과 관련된 속담을 사용하기에 알맞은 상황입니다.

16 모든 일은 근본에 따라 거기에 걸맞은 결과가 나타난다는 뜻의 속담을 완성합니다.

17 독장수가 자신도 모르게 지겟작대기를 밀어 버려서 지게가 쓰러지는 바람에 지게에 있던 독들이 깨졌습니다.

18 헛된 생각을 하다가 실수로 독을 깨뜨려 속상해하는 마음을 알 수 있습니다.

19 "독장수구구는 독만 깨뜨린다."는 실속 없이 허황된 것을 궁리하고 미리 셈하는 것을 비유하는 말로, ⑤의 상황에서 사용할 수 있습니다.

20 독장수의 행동을 통해서 '헛된 욕심은 손해를 가져온다.'는 것을 말하고 있습니다.

5 그림 ㉯처럼 자신의 생각을 말할 때 속담을 사용하면 주장의 논리를 뒷받침할 수 있어 쉽게 설득할 수 있습니다.

6 자기가 남에게 말이나 행동을 좋게 하여야 남도 자기에게 좋게 한다는 말을 찾아봅니다.

7 안 좋은 일이 연달아 일어날 때 쓰는 속담입니다.

8 '질서를 지키는 습관을 가지자.'라는 생각을 말할 때 활용할 수 있는 속담은 "세 살 적 버릇이 여든까지 간다."가 가장 알맞습니다.

9 그동안 배우다 그만둔 것을 말하자, 한 가지라도 열심히 배우면 좋겠다고 말하는 상황입니다.

10 그림 ㉯의 "하룻강아지 범 무서운 줄 모른다."는 '철없이 함부로 덤빈다.'는 뜻입니다.

11 "배보다 배꼽이 더 크다."는 상황이 이치에 맞지 않는다는 뜻입니다.

12 비슷한 속담으로 '응달에도 볕 들 날이 있다.', '마룻구멍에도 볕 들 날이 있다.' 등이 있습니다.

13 "콩 심은 데 콩 나고 팥 심은 데 팥 난다."는 자기가 뿌리고 노력한 만큼 거두게 된다는 뜻의 속담입니다.

더 알아볼까요!

속담의 뜻	
배보다 배꼽이 더 크다	상황이 이치에 맞지 않는다는 뜻으로, 중심이 되는 것보다 부분적인 것이 더 크거나 많은 것처럼 마땅히 작아야 할 것이 크고, 커야 할 것이 작다는 말이다.
바늘 가는 데 실 간다	사람의 긴밀한 관계를 비유적으로 이르는 말이다.
쥐구멍에도 볕 들 날 있다	아무리 어려운 일이 계속되어 고생이 심해도 언젠가는 좋은 날이 올 수 있다는 뜻으로, 희망을 가지라는 말이다.
콩 심은 데 콩 나고 팥 심은 데 팥 난다	모든 일은 근본에 따라 거기에 걸맞은 결과가 나타난다는 뜻으로, 자기가 뿌리고 노력한 만큼 거두게 된다는 말이다.

14 "발 없는 말이 천 리 간다"는 말을 삼가야 함을 비유적으로 이르는 말입니다. "세 살 적 버릇이 여든까지 간다"는 어릴 때부터 나쁜 버릇이 들지 않도록 잘 가르쳐야 함을 비유적으로 이르는 말입니다.

15 무슨 일이나 그 일의 시작이 중요하다는 말입니다.

16 자기가 남에게 말이나 행동을 좋게 하여야 남도 자기에게 좋게 한다는 말의 뜻을 가진 속담을 씁니다.

17 까마귀가 말고기를 먹으려고 입을 벌리는 순간, 물고 있던 편지가 바람에 날려 어디론가 사라졌습니다.

2회 단원 평가 (실전)

72~75쪽

1 백지장도 맞들면 낫다   2 ③   3 ③, ④   4 ①
5 (1) ② (2) ①   6 ④   7 예 어렵거나 나쁜 일이 겹치어 일어나다.   8 ㉯   9 ①   10 ①   11 ㈎   12 ㈐   13 (3) ○   14 (1) ㉢ (2) ㉡ (3) ㉠   15 ③   16 예 가는 말이 고와야 오는 말이 곱다   17 예 말고기를 먹으려고 입을 벌리는 순간 편지가 바람에 날려 사라졌다.   18 ⑤   19 예 중요한 것과 사소한 것을 구분하지 못하는 모습   20 ②

풀이

1 "백지장도 맞들면 낫다."라는 말이 있다고 하였습니다.

2 쉬운 일도 협력해 하면 훨씬 쉽다는 뜻으로 사용한 말이므로 협동이 알맞습니다.

3 ①, ②는 '잘 아는 일이라도 세심하게 주의를 하라는 말.'이고, ⑤는 '한 마디 한 마디의 말이 중요하다는 말.'입니다.

4 일부만 보고 전체를 미루어 안다는 말입니다.

18 까마귀가 강 도령에게 편지도 전하지 않고 말고기를 먹는 모습을 보고, '중요한 일을 잊어버리지 않도록 노력하자.'고 생각할 수 있습니다.

19 잔꾀를 부리는 모습, 중요한 것과 사소한 것을 구분하지 못하는 모습 등과 관련할 수 있습니다.

20 ②의 '말'은 동물이 아니라 사람이 하는 말로, 말만 잘하면 어려운 일이나 불가능해 보이는 일도 해결할 수 있다는 속담입니다.

창의서술형 평가 76~77쪽

1 ⑩ 고운 말을 사용하면 좋겠습니다. **2** ⑩ 소 잃고 외양간 고친다 **3** (1) ⑩ 쉬운 일도 협력해 하면 훨씬 쉽다. (2) ⑩ 말은 비록 발이 없지만 천 리 밖까지도 순식간에 퍼진다. **4** (1) ⑩ 소 잃고 외양간 고친다 (2) ⑩ 일이 이미 잘못된 뒤에는 손을 써도 소용이 없다는 상황이다. (3) ⑩ 호랑이도 제 말 하면 온다 (4) ⑩ 다른 사람에 대한 이야기를 하는데 공교롭게도 그 사람이 나타나는 상황이다. **5** (1) ⑩ 입은 비뚤어져도 말은 바로 해라 (2) ⑩ 부모 말을 들으면 자다가도 떡이 생긴다 (3) ⑩ 우리는 관계를 중요하게 생각하는데 말을 통해 상대의 마음을 읽을 수 있기 때문이다.

풀이

1 '먼저 좋은 말을 하면 좋은 말이 내게 돌아온다.'는 뜻이 담긴 속담에 알맞은 주장을 생각해 봅니다.

상	의견을 생각해 보고 속담의 뜻을 파악해 알맞은 생각을 썼다.
중	속담에 어울리는 생각을 썼다.
하	생각을 쓰지 못하였다.

2 '일이 이미 잘못된 뒤에는 손을 써도 소용이 없다.'는 뜻이 담긴 속담을 생각해 봅니다.

상	인물이 한 말을 참고하여 어울리는 속담을 썼다.
중	알맞은 속담을 썼다.
하	속담을 쓰지 못하였다.

3 그림 ❸은 협동과 그림 ❹는 말조심과 관련이 있는 속담입니다.

상	속담의 뜻을 파악해 썼다.
중	두 가지 가운데 한 가지 속담의 뜻만 썼다.
하	속담의 뜻을 쓰지 못하였다.

4 소와 관련 있는 속담은 '황소 뒷걸음치다가 쥐 잡는다.', '소 닭 보듯'이 있으며 호랑이와 관련된 속담은 '호랑이 없는 골에 토끼가 왕 노릇 한다', '호랑이에게 물려 가도 정신만 차리면 산다' 등이 있습니다.

상	동물과 관련된 속담과 그 상황을 모두 썼다.
중	동물과 관련된 속담에 대해 네 가지 물음 가운데 두 가지 이상 썼다.
하	속담과 상황을 쓰지 못하였다.

5 우리 조상은 함께 모여 생활하며 다른 사람에 대한 관심과 다른 사람의 마음을 읽는 것을 중요하게 생각했기 때문에 말과 관련 있는 속담이 많이 있습니다. '낮말은 새가 듣고 밤말은 쥐가 듣는다, 말이 씨가 된다, 말이 많으면 쓸 말이 적다, 가루는 칠수록 고와지고 말은 할수록 거칠어진다, 말 한마디에 천 냥 빚도 갚는다' 등이 있습니다.

상	말과 관련된 속담과 말과 관련 있는 속담이 많은 까닭을 썼다.
중	말과 관련 있는 속담은 썼으나 말과 관련된 속담이 많은 까닭은 쓰지 못했다.
하	속담과 까닭을 쓰지 못하였다.

6 내용을 추론해요

개념을 확인해요
79쪽

1 추론 2 배경 3 단서 4 사실 5 뜻 6 사실
7 질문 8 요약 9 사실 10 주제

개념을 다져요
80~81쪽

1 ③ 2 ⑤ 3 ③ 4 ① 5 ⑤ 6 ㉮, ㉠, ㉣, ㉡, ㉢, ㉯

풀이

1 출판사를 보고 책의 내용을 추론하기는 어렵습니다.
2 어떤 내용이나 상황에 대한 예비지식을 가지고 있으면 이해하기 쉬워집니다.
3 추론과 추론하며 읽기에 대한 설명입니다.
4 독서 감상문은 책이나 글 따위를 읽고 난 뒤의 느낌 또는 그런 느낌을 적은 글로 내용을 추론하는 것과는 관계가 적습니다.
5 앞뒤 문장에서 알 수 있는 사실을 바탕으로 하여 그 뜻을 추론할 수 있습니다.
6 먼저 영상 광고 주제를 정한 다음 만들 순서를 정하고 촬영하여 완성합니다.

1회 단원 평가 도전
82~85쪽

1 ①, ④, ⑤ 2 예 대부분이 북한 이탈 주민을 환자나 학생처럼 도와주어야 할 대상으로 여기기 때문이다. 3 ① 4 (2) ○ 5 ㉢ 6 ③ 7 ①, ②, ③ 8 ① 9 예 『화성성역의궤』를 만든 우리 조상들은 우수하다. 10 이야기에서 찾을 수 있는 단서 확인하기 11 ① 12 ③ 13 ② 14 경복궁, 창덕궁, 창경궁, 경희궁, 경운궁 15 ③ 16 신분 17 ① 18 ① 19 창덕궁 20 ④, ⑤

풀이

1 초등학교 선생님, 봉사단 단원, 한의사입니다.
2 진찰을 받는 환자가 아니라 진찰을 해주는 한의사, 배우는 학생이 아니라 가르치는 선생님으로서의 북한 이탈 주민의 모습을 보여 주고 있습니다.
3 모두 북한 이탈 주민입니다. '탈북'이라는 말로 알 수 있습니다.
4 우리 가운데 북한 이탈 주민이 많고 그들과 서로 존중하고 더불어 살아가야 행복하다는 것을 알려 주는 광고입니다.
5 부채를 들고 있는 것으로 보아 날씨가 더울 것이며, 사람들의 표정을 보니 흥미진진한 경기로 보입니다.
6 이 글은 『화성성역의궤』와 수원 화성이 만들어진 과정에 대한 글입니다.
7 참여 인원, 사용된 물품, 설계 등에 대한 기록과 그림이 실려 있습니다.
8 일제 강점기를 거치면서 훼손되기 시작하고 6.25 전쟁 때 크게 파괴되었다고 하였습니다.
9 글에 직접 드러나지 않은 부분을 글의 앞뒤 사실로 미루어 생각해 봅니다.
10 글을 읽고 짐작할 수 있는 내용입니다.
11 '다의어'는 1차적인 의미가 같아 사전에서 같은 항목으로 분류되는 낱말의 집단이며, '동형어'는 낱말의 소리는 같으나 뜻이 전혀 다른 경우를 가리킨다는 점에 주의합니다.
12 '담을 쌓다, 둑을 쌓다, 성을 쌓다, 탑을 쌓다'는 물건을 차곡차곡 포개어 얹어서 구조물을 이루는 것의 뜻입니다.
13 '주로 예술 작품을 이해하여 즐기고 평가함.', '하찮은 일에도 쓸쓸하고 슬퍼져서 마음이 상함. 또는 그런 마음.'의 뜻을 가진 '감상'이 알맞습니다.
14 현재 서울에 남아 있는 조선 시대의 궁궐은 경복궁, 창덕궁, 창경궁, 경희궁, 경운궁입니다.
15 궁궐에서 가장 신분이 높은 왕과 왕비가 살았습니다.
16 건물의 명칭 또한 주인의 신분에 따라 달랐습니다.
17 '큰 복을 누리며 번성하라'라는 뜻을 가졌습니다.
18 창덕궁은 경복궁 동쪽에 있다고 하여, 창경궁과 함께 '동궐'로도 불렸습니다.
19 창덕궁은 유네스코 세계 문화유산으로 기록된 아름다운 궁궐입니다.

20 건물이 산자락에 자연스럽게 배치되었고, 넓은 후원의 정자와 연못들이 우리나라 전통 정원의 모습을 잘 보여 주고 있기 때문입니다.

8 『화성성역의궤』에는 수원 화성 공사에 사용된 물품, 설계 등의 기록이 실려 있습니다.

9 수원 화성은 정조 임금이 엄격하게 고른 좋은 자리에 지었습니다.

10 부용지는 '하늘은 둥글고 땅은 네모나다'는 전통적 사상을 반영한 모습입니다.

▲ 창덕궁 부용지

11 창경궁은 성종이 할머니들을 모시려고 지은 궁궐입니다.

▲ 창경궁 문정전

2회 단원 평가 실전

86~89쪽

1 예 북한 이탈 주민이 여러 가지 직업을 가지고 있다는 사실을 알게 되었어.   2 (1) ○   3 ⑤   4 예 병아리를 물고 달아나는 고양이와 그 고양이를 잡으려는 사람을 재미있게 나타냈다.   5 융건릉, 용주사
6 ①   7 (1) ○   8 예 『화성성역의궤』가 자세하게 기록되었기 때문이다.   9 예 정조 임금은 수원 화성을 건축하는 데 많은 관심을 가졌다.   10 부용지
11 성종이 할머니들을 모시려고 지었다.   12 (2) ○
13 사도 세자   14 ③, ⑤   15 ⑤   16 ③   17 ①
18 ①, ②, ③   19 ⑤   20 예 모두가 적극적으로 참여할 수 있도록 공평하게 역할을 나눈다.

풀이

1 알려진 정보를 근거로 삼아 내용을 추론해 써 봅니다. 영상에 나오는 사람들의 직업, 영상에 나오는 사람들의 공통점을 생각해 봅니다.

2 신영이는 여행했던 경험을 떠올렸습니다.

3 고양이가 병아리를 물고 가서 깜짝 놀랐을 것입니다.

4 남자가 긴 막대기를 뻗으며 마루에서 뛰쳐나가고 고양이가 입에 병아리를 물고 있는 것을 볼 수 있습니다. 이 그림은 병아리를 물고 달아나는 고양이와 그 고양이를 잡으려는 사람의 모습을 순간적으로 포착해 재미있게 나타냈습니다.

5 융건릉과 용주사가 있습니다.

6 경주 여행을 갔던 자신의 경험을 떠올려 추론한 모습입니다.

7 수원 화성은 세계적인 문화유산으로 인정받을 만큼 훌륭하다는 사실을 추론할 수 있습니다.

12 (1)은 '정자'의 뜻입니다.

13 창경궁은 사도 세자가 목숨을 잃은 비극이 일어난 곳입니다.

14 성종이 할머니들을 모시려고 지은 궁궐로, 효자로 유명한 정조가 태어난 곳이기도 하여 효와 인연이 깊습니다.

15 일제 강점기에는 일본 사람들이 창경궁에 동물원과 식물원을 만들면서 많은 건물을 헐고, 이름도 '창경원'으로 바꾸었습니다.

16 경희궁의 처음 명칭은 '경덕궁'이며, 경희궁의 다른 이름이 '서궐'입니다.

17 일제 강점기에 강제로 헐려 터만 남게 되었습니다.

18 숭정전과 태령전은 '경희궁'에 있는 건물입니다.

19 ⑤ → ① → ④ → ② → ③의 순서대로 만듭니다.

20 친구들 모두가 참여할 수 있도록 하며, 서로 의견이 맞지 않을 때에는 민주적인 절차를 거쳐 역할을 나누어야 합니다.

창의서술형 평가

90~91쪽

1 (1) ❶ (2) ❷　**2** (1) ⓔ 주로 예술 작품을 이해하여 즐기고 평가함. (2) ⓔ 우리 모두 혜윤이가 그린 작품을 함께 감상해 보자.　**3** (1) ⓔ 글쓴이가 수원 화성이 훼손되었던 과정을 기록한 까닭은 무엇일까? (2) ⓔ 『화성성역의궤』를 만든 우리 조상들의 우수함을 알리기 위해서이다.　**4** ⓔ 『화성성역의궤』는 수원 화성 공사와 관련된 공식 문서, 참여 인원, 사용된 물품, 설계 등에 대한 기록과 그림이 함께 실려 있는 우리 조상들의 우수함을 알 수 있는 귀중한 자료이다.

풀이

1 '쌓다'가 문장에서 어떤 의미로 쓰였는지 파악하여 각 낱말의 뜻을 써 봅니다.

> **상** '쌓다'가 어떤 뜻으로 쓰이는지 알고 그에 맞게 번호를 썼다.
>
> **중** '쌓다'의 뜻에 맞게 번호를 썼다.
>
> **하** 정답을 쓰지 못하였다.

더 알아볼까요!

'쌓다'의 뜻
1. 동사 여러 개의 물건을 겹겹이 포개어 얹어 놓다.
   ⓔ 광에 볏섬을 쌓다.
   아궁이 앞에다 장작을 쌓았다.
   창고에 물건을 쌓아 놓았다.
2. 동사 물건을 차곡차곡 포개어 얹어서 구조물을 이루다.
   ⓔ 담을 쌓다.
   둑을 쌓다.
   탑을 쌓다.

2 문장에 쓰인 '감상'은 '주로 예술 작품을 이해하여 즐기고 평가함.'의 뜻을 가진 낱말입니다.

더 알아볼까요!

'감상'의 뜻
- 감상 명사 주로 예술 작품을 이해하여 즐기고 평가함.
  ⓔ 영화 감상
- 감상 명사 하찮은 일에도 쓸쓸하고 슬퍼져서 마음이 상함. 또는 그런 마음.
  ⓔ 감상에 젖다 / 감상에 빠지다

> **상** '주로 예술 작품을 이해하여 즐기고 평가함.'이라는 뜻을 썼고, 그에 맞는 짧은 글을 썼다.
>
> **중** '감상'의 뜻을 썼지만 짧은 글은 쓰지 못했다.
>
> **하** 낱말의 뜻과 짧은 글을 쓰지 못하였다.

3 글에서 찾을 수 있는 단서를 확인하고 글의 내용을 추론해 봅니다. 자신이 평소에 아는 사실과 경험한 것을 떠올려 보고 무엇을 더 알 수 있는지 생각해 봅니다. 알 수 있는 내용과 더 추론할 수 있는 사실을 살펴봅니다. 글의 내용을 바탕으로 하여 친구들과 함께 질문을 만들고 서로 묻거나 답해 봅니다.

> **상** 글쓴이의 생각을 추론할 수 있는 질문과 답을 알맞게 썼다.
>
> **중** 질문과 답 가운데 한 가지만 썼다.
>
> **하** 질문과 답을 쓰지 못하였다.

4 글쓴이는 『화성성역의궤』를 만든 우리 조상들의 우수함을 알리고 싶어 합니다.

> **상** 글쓴이의 생각을 추론할 수 있는 질문과 답을 바탕으로 하여 글쓴이의 생각을 추론해 썼다.
>
> **중** 글쓴이의 생각을 추론해 썼다.
>
> **하** 글쓴이의 생각을 추론해 쓰지 못하였다.

더 알아볼까요!

「수원 화성을 어떻게 만들었을까」를 바탕으로 하여 추론할 수 있는 사실

알 수 있는 내용	추론한 사실
수원 화성이 1997년 유네스코 세계 문화유산으로 등록되었다.	수원 화성은 세계적인 문화유산으로 인정받을 만큼 훌륭한 건축물이다.
『화성성역의궤』에는 수원 화성 공사에 사용된 물품, 설계 등의 기록이 실려 있다.	『화성성역의궤』가 자세하게 기록되었기 때문에 수원 화성을 원래의 모습대로 만들 수 있었다.
수원 화성은 정조 임금이 엄격하게 고른 좋은 자리에 지었다.	정조 임금은 수원 화성을 건축하는 데 많은 관심을 가졌다.
더 둘러보고 싶은 친구는 근처의 융건릉과 용주사에 가 볼 수 있다.	융건릉과 용주사에도 볼거리가 많다.

7 우리말을 가꾸어요

개념을 확인해요 93쪽

1 점검 2 조사 3 출처 4 강조 5 듣는 6 효과
7 질문 8 근거 9 의견 10 역할

개념을 다져요 94~95쪽

1 예 부모님께서는 무슨 뜻인지 쉽게 이해하지 못하셔서 대화가 제대로 이루어지지 않을 것이다. **2** ③
3 서아 **4** 예 거리의 간판, 뉴스, 책, 텔레비전 프로그램, 인터넷 신문 **5** 예 아름답고 고운 말을 써야 해. **6** ②, ④

풀이

줄임 말을 하면 대화가 제대로 이루어지지 않을 수도 있습니다. "이번 생선은 심멋한 걸요."는 "이번 생일 선물은 심장이 멋도록 좋은 걸요."로 바꾸어 말해야 합니다.

다른 사람을 배려하며 말하기를 하고, 욕설이나 비속어를 사용하지 않아야 합니다.

올바르지 않은 말을 사용하면 친구들과 말다툼이 일어날 수도 있고, 듣는 사람의 기분이 나빠지기도 합니다.

우리말 사용 사례를 다룬 자료들은 다양한 매체에서 찾을 수 있습니다.

더 알아볼까요!

우리말 사용 실태를 다룬 자료

▲ 국립국어원 누리집

어법에 맞는 아름답고 고운 말을 쓰면 자신과 상대방을 존중하면서 바르게 의사소통할 수 있습니다.

줄임 말, 비속어, 공격적인 말, 유행어, 비속어 등은 폭력적이고 부정적인 말이므로 올바른 우리말이 아닙니다.

1회 단원 평가 도전 96~99쪽

1 ②, ③ **2** ② **3** 예 여자아이가 우리말을 파괴하는 말을 썼기 때문이다. **4** ③ **5** ② **6** ② **7** ⑤
8 ④ **9** 대중 매체 환경이 빠르게 바뀌기 **10** ②
○ **11** ⑤ **12** ③, ⑤ **13** ① **14** ⑤ **15** 예 올바르지 못한 언어를 사용하면 아름다운 우리말을 파괴하는 것이므로 올바른 우리말을 사용해야겠다는 생각이 들었다. **16** 예 힘내자. **17** ⑤ **18** 긍정하는 말 **19** ❺ **20** 예 고운 말을 사용하면 말하는 사람과 듣는 사람의 마음을 아름답게 해 줍니다.

풀이

1 '생선, 핵노잼, 헐'을 이해하지 못하셨습니다.

2 여자아이는 줄임 말이 재미있어서 사용하고 있습니다.

3 어법에 맞는 고운 말로 고쳐 써야 다른 사람들과 의사소통이 편해집니다.

4 이기고 있는 모둠 친구의 말은 솔연이의 기분을 고려하지 않고 한 말이므로 솔연이는 무시당하는 것 같아 속상했을 것입니다.

5 듣는 사람을 배려하여 신중하게 말하면 다른 사람과의 관계가 좋아지고 다른 사람의 마음을 헤아려 말할 수 있습니다.

6 '고유어'는 우리말에 본디부터 있던 말이나 그것에 기초하여 새로 만들어진 말로 우리가 잘 살려 써야 하는 말입니다.

7 텔레비전 프로그램에서 조사한 것입니다.

8 욕을 하는 학생들은 문제아나 불량 청소년이 아닙니다. 초등학생 절반가량이 열 개 이상이 욕을 버릇처럼 사용하고 있었고, 서른 개 이상의 욕을 사용하는 아이도 있었다고 하였습니다.

9 대중 매체 환경이 빠르게 바뀌면서 아이들이 최초로 욕설이나 비속어를 대하는 나이가 더욱 어려지고 있다고 하였습니다.

10 거친 말을 사용해서 서로의 기분이 좋지 않아 싸움이 일어났습니다.

11 텔레비전 뉴스 기사를 검색하였습니다.

12 줄임 말과 신조어 사용이 심각한 상태라는 뉴스를 찾았습니다.

13 중화는 선생님과 학생들끼리도 서로 높임말을 사용

정답과 풀이

하는 학교의 언어생활 문화를 조사했습니다.

14 서로 존칭과 높임말을 쓴다고 하였으므로 ⑤가 알맞습니다.

15 올바른 우리말을 사용하기 위해 어떤 점을 생각해 보면 좋을지 정리해 자신의 생각을 씁니다.

16 문단 ❸에 제시된 예가 아니더라도 긍정하는 말은 정답으로 합니다. '다시 할 거야. 해 보자. 재밌어.' 등이 있습니다.

17 대화할 때 짜증난다는 부정적인 말과 비속어, 욕설 등의 거친 말을 서슴지 않고 하는 것이 문제 상황입니다.

18 우리 반 친구들을 대상으로 조사해 보니 긍정하는 말이 부정하는 말보다 듣기가 좋다는 결과가 나왔다고 하였습니다.

19 이 글은 주장하는 글로, 결론에서 글의 내용을 요약하고 글쓴이의 주장을 다시 한번 강조합니다.

20 문단 ❹에서 근거를 한 가지 더 찾아봅니다.

2회 단원 평가 실전
100~103쪽

1 (2) ○   2 (1) 예 매우 재미없다. (2) 예 아 / 이런
3 예 자기들만 아는 언어를 써서 어른들과 의사소통이 되지 않는다.   4 ⑤   5 (2) ○   6 ⑤   7 ①   8 ②   9 ④   10 예 거리의 간판이 우리말보다는 외국어로 된 것이 너무 많다.   11 ⑤   12 ④   13 ②   14 ①   15 ①, ④, ⑤   16 예 긍정하는 말과 고운 우리말을 사용하자는 주장을 펴기 위해서이다.   17 ④, ⑤   18 ⑤   19 예 긍정하는 말과 고운 우리말 20 ③

풀이 ▶

1 여자아이는 생일 선물을, 아빠는 물고기 생선을 떠올렸습니다. 그림 ❷에서 여자아이의 말을 살펴봅니다.

2 여자아이는 아빠가 이해하지 못하는 줄임 말을 쓰고 있습니다.

3 특정 집단 사람들만 알아듣게 말하면 다른 집단 사람들과의 의사소통이 힘들어집니다.

4 듣는 사람을 배려하여 신중하게 말하면 다른 사람과의 관계가 좋아지고 다른 사람의 마음을 헤아려 말할 수 있습니다.

5 솔연이가 처한 상황을 고려하여 솔연이에게 위로하는 말을 한 것을 고릅니다.

6 이기고 있는 모둠 친구의 말은 강민이에게 힘을 내라고 격려의 말을 한 것이므로 강민이는 기분이 좋았을 것입니다.

7 〈사례 1〉에 드러난 내용을 잘 살펴봅니다.

8 두 아이 모두 먼저 미안하다는 말부터 해야 합니다.

9 불필요한 외래어·외국어 사용에 대한 내용입니다. 반려동물 돌봄이, 길고양이 돌봄이로 바꿔 쓸 수 있는 말입니다.

10 우리말이 있는데도 우리말보다 외국어를 너무 쉽게 사용하는 것에 대한 문제, 친구들이 감탄사에 비속어를 많이 쓰는 문제 등에 대해 쓸 수 있습니다.

11 '시나브로'는 '모르는 사이에 조금씩 조금씩.'의 뜻을 나타내는 순 우리말입니다.

12 지원이는 「초등학생 줄임 말, 신조어 '심각」이라는 뉴스를 찾아보았습니다.

13 서로 존칭과 높임말을 쓴다고 하였습니다. "난 선생님과 학생…… 조사했어."를 참고해 봅니다.

14 출처를 밝혀 저작권을 보호해야 합니다. 조사한 내용을 정리할 때에는 내용을 설명하는 그림이나 사진 자료를 덧붙이는 게 좋고, 조사한 자료는 출처를 밝혀서 정리합니다.

15 발표할 때는 일정한 목소리보다는 중요한 부분은 강조하며 발표합니다. 매체는 많은 분량을 보여 주지 않고 자세한 내용은 말로 발표합니다.

16 올바른 우리말 사용에 대해 자기의 주장을 내세운 글입니다.

17 본론에서 찾아봅니다.

18 마지막 문단에 글쓴이의 주장이 나타나 있습니다.

19 제목은 글의 내용을 모두 포함할 수 있는 것이나 글쓴이의 생각이 나타날 수 있는 것으로 정해야 합니다.

20 속담 사전이 아니라 우리말 사전에서 조사하여야 합니다.

창의서술형 평가

104~105쪽

1 ㉠ ○○초등학교의 ○○반의 우리말 사용 실태 조사 결과 도표를 보고 있다. **2** ㉠ 자신의 언어생활에서 바람직한 점을 생각해 본다. **3** ㉠ 우리말을 올바로 사용하고 언어 예절을 지킨다. **4** ㉠ 국립국어원 우리말 다듬기 누리집에서 새로운 우리말을 만든다고 하는데, 그 자료를 사례집으로 엮었다. **5** 신문 **6** (1) ㉠ 올바른 우리말 길라잡이 (2) ㉠ 우리말을 학습하고 자료를 수집해 올바르게 고쳐 쓴 사례집을 만들겠다. (3) ㉠ 광고 (4) ㉠ 신문에서 조사하겠다.

풀이

1 ○○반의 우리말 사용 실태 조사 결과 도표가 있습니다.

상	○○반의 우리말 사용 실태 조사 결과 도표를 보고 있다는 내용을 썼다.
중	도표를 보고 있다는 내용을 썼다.
하	정답을 쓰지 못하였다.

2 자신의 언어생활에서 고칠 점, 개선하려고 노력할 점 등을 생각해 봅니다.

상	올바른 우리말을 사용하기 위해 어떤 점을 생각해 보면 좋을지를 알맞게 썼다.
중	언어생활에서 바람직한 점, 고칠 점, 개선하려고 노력할 점 등을 썼다.
하	자신의 생각을 쓰지 못하였다.

3 욕설이나 비속어, 줄임 말은 품격을 떨어뜨리는 말입니다.

상	품격 있는 사람이 되려면 우리말을 올바로 사용해야 한다는 내용을 썼다.
중	품격 있는 사람이 되려면 어떻게 해야 할지 썼다.
하	자신의 생각을 쓰지 못하였다.

4 국립국어원 우리말 다듬기 누리 사랑방에 접속해 들어온 지 얼마 안 된 어려운 외국어를 쉬운 우리말로 만든다는 내용입니다.

상	국립국어원 우리말 다듬기 누리집에서 자료를 수집해서 우리말로 다듬은 낱말에 대한 내용을 사례집으로 만들었다는 것을 썼다.
중	다듬을 말과 다듬은 말에 대해 썼다.
하	내용을 파악해 쓰지 못하였다.

5 신문 같은 매체 형식으로 만들었습니다. '다듬은 우리말 신문'으로 알 수 있습니다.

상	'다듬은 우리말 신문'과 20○○년 ○○월 호를 보고 신문 형식임을 알고 썼다.
중	신문 형식임을 썼다.
하	정답을 쓰지 못하였다.

6 우리말 사례집을 어떤 매체를 활용해 만들지 생각해 써 봅니다.

상	주제는 무엇으로 정할지, 어떤 내용으로 만들지, 어떤 형식으로 만들지를 알맞게 썼다.
중	네 가지 물음 가운데 두 가지 이상 썼다.
하	내용을 정리해 쓰지 못하였다.

더 알아볼까요!

우리말 사례집을 만들기 위해 오갔을 의견

주제는 무엇으로 정할까요?
- '심각한 말 줄임, 올바른 우리말 사용'은 어떨까?
- '우리말 바로 하기'로 정해 보는 건 어때?
- '새로운 우리말' 사례집을 만들면 좋을 것 같아.

어떤 내용으로 만들까요?
- 뜻을 쉽게 이해할 수 없는 줄임 말을 설문으로 조사해서 바른 우리말로 고쳐 보는 건 어때?
- 좋은 시를 참고해서 나쁜 말을 고운 우리말로 다듬어 보는 건 어때?
- 국립국어원 누리집에서 올바른 우리말을 조사해 보는 건 어때?

어떤 형식으로 만들까요?
- 신문 같은 자료 형식으로 만들면 어떨까?
- 책으로 만드는 건 어때?
- 영상 광고나 만화 영화로도 좋을 것 같아.

8 인물의 삶을 찾아서

개념을 확인해요
107쪽

1 주제 2 낱말 3 내용 4 목적 5 행동 6 가치 7 말 8 가치 9 경험 10 인물

개념을 다져요
108~109쪽

1 ④ 2 (4) × 3 ① 4 지욱 5 ② 6 ④

풀이

1 작품에서 글쓴이가 나타내고자 하는 기본적인 사상을 가리킵니다.
2 글의 주제는 글의 제목, 중요한 낱말, 중심 문장을 살펴보면 파악할 수 있습니다.
3 인물이 추구하는 삶을 파악할 때에 인물의 생김새를 살펴볼 필요는 없습니다.
4 인물이 추구하는 가치를 파악하며 이야기를 읽는다고 이야기의 결말을 미리 알 수 있는 것은 아닙니다.
5 인물이 처한 상황에서 한 말과 행동에는 그 인물의 생각과 추구하는 가치가 담겨 있습니다.
6 인물이 추구하는 가치를 파악하고 자신의 삶과 관련지을 때 재미있는 표현을 찾아보는 것은 도움이 되지 않습니다.

1회 단원 평가 도전
110~113쪽

1 ① 2 ② 3 ⑤ 4 ①, ③, ④ 5 노인과 바다
6 (1) 예 새로운 나라를 세우려고 한다. (2) 예 고려를 지키려고 한다. 7 ① 8 (1) ㉡ (2) ㉠ 9 일편단심
10 이방원 11 ② 12 ⑤ 13 ① 14 예 진심을 담아 상대를 대하는 것을 추구한다. 15 ⑤ 16 ⑤
17 ② 18 ⑤ 19 예 우후루 공원을 지키려고 애썼다. "우후루 공원은 모든 사람의 것이야."라고 말했다. 20 ③

풀이

1 이 글에는 '꿈, 책' 등의 말이 자주 사용되었고, 중요한 낱말입니다.
2 이 글의 주제는 '책을 읽자.'입니다.
3 자신이 받은 도움을 생각하며 어려운 사람들을 돕는 모습이 글쓴이의 마음을 울렸습니다.
4 글쓴이는 책 읽는 사람이 다양한 경험을 할 수 있고, 내 삶을 되돌아보는 기회를 가질 수 있으며 작가가 말하고자 하는 생각을 듣게 되어 지혜롭게 세상을 살 수 있다고 하였습니다.
5 글쓴이는 『노인과 바다』에서 온갖 어려움에도 의지를 굽히지 않는 늙은 어부의 용기와 도전을 만날 수 있었다고 하였습니다.
6 고려 말에는 새로운 정치 세력과 무인들의 등장으로 혼란스러웠습니다.
7 고려 말부터 발달해 온 우리나라 고유의 시를 '시조'라고 합니다.
8 이방원은 '만수산 드렁칡'에, 정몽주는 '백골이 진토 된다'는 표현에 빗대어 자신의 생각을 말하고 있습니다.
9 '일편단심'이란 한 조각의 붉은 마음이라는 뜻으로, 진심에서 우러나오는 변치 아니하는 마음을 이르는 말입니다.
10 정몽주는 변함없이 고려에 충성을 다하겠다는 생각을 갖고 있습니다.
11 미미가 몽당깨비의 이야기를 듣고 가엾다며 눈물을 흘렸습니다.

더 알아볼까요!

인물이 처한 상황

몽당깨비	• 버들이를 사랑한다. • 버들이가 샘가에 오두막을 짓고 살고 싶어 한다. • 버들이가 샘을 기와집 뒤란으로 옮겨 달라고 한다.
버들이	• 어머니가 편찮으셔서 돌봐 드려야 한다. • 어머니의 병을 낫게 하려고 도깨비 샘물을 뜨다가 몽당깨비를 만났다. • 몽당깨비에게 이런저런 도움을 받을 수 있게 되었다.

12 몽당깨비가 듣고 행복해한 말을 찾아봅니다.
13 버들이는 현실적인 이익을 추구하는 인물입니다.

14 몽당깨비는 진심을 담아 상대를 대하고, 믿음과 사랑을 추구합니다.

더 알아볼까요!

인물이 추구하는 가치를 파악하는 방법
• 인물이 처한 상황을 살펴봐야 합니다.
• 인물이 한 말과 행동을 살펴봐야 합니다.

15 인간의 이기심을 경고하는 이야기입니다. '상부상조'는 '서로서로 도움.'이라는 뜻입니다.

16 외국에서 공부를 마치고 케냐로 돌아온 왕가리 마타이는 황폐해진 케냐의 마을 풍경을 보고 깜짝 놀랐습니다.

17 왕가리 마타이는 나무를 심기로 마음먹고, 방법을 고민한 끝에 나무를 심어 주는 회사를 세웠습니다.

18 왕가리 마타이는 도심 속 녹지대와 시민들의 쉼터가 계속 보전되어야 한다고 생각했습니다.

19 관련 회사와 정부에 편지를 쓰고 언론에 자신의 주장을 알리며 우후루 공원을 지키려고 애썼습니다. "우후루 공원은 모든 사람의 것이야."라고 말했습니다.

20 왕가리 마타이는 보다 많은 사람들의 이익과 행복을 추구합니다.

2회 단원 평가 실전

114~117쪽

1 (이야기를 쓰는) 작가 2 ② 3 재하 4 ④ 5 (3) ○ 6 이순신 7 ④ 8 예 실제로는 배가 충분하지 못했으므로 전쟁에서 이길 가능성이 거의 없어 보였다. 9 ①, ②, ④ 10 ⑤ 11 ③ 12 ③, ⑤ 13 예 진심을 다하는 14 무서워하는 15 예 현실적인 이익을 추구한다. 16 (1) ○ 17 푸른 도시 18 ① 19 ④ 20 ④

풀이

1 글쓴이는 이야기를 쓰는 작가입니다.

2 "이야기가 어찌나 흥미로웠던지 발데마르 본젤스처럼 작가가 되는 꿈을 갖게 되었지."라고 하였습니다.

3 글 (내를 보면 책 읽는 사람이 지혜롭게 세상을 살 수

있는 까닭을 이야기하면서 책을 읽자고 말하고 있음을 알 수 있습니다.

4 글의 주제를 파악한다고 해서 글에 나타난 표현법을 익힐 수 있는 것은 아닙니다.

5 '뜻을 함께 모아 새 나라를 세우자.'는 생각이 나타나 있는 시조로 '우리'에서 친근감을 드러내며 뜻을 같이 하자는 마음이 느껴집니다.

6 단 13척의 배로 133척의 배를 물리친 명량 대첩 때 이순신이 활약한 이야기입니다.

7 이순신은 적은 것을 갑자기 늘릴 방법은 없으나 많아 보이게 할 수는 있다고 하였습니다.

8 이순신은 적은 수의 배와 군사를 가졌지만 쉽게 포기하지 않았습니다.

9 어떤 고난도 포기하지 않고 극복하려는 의지, 용기, 자신감을 추구합니다.

10 명량 대첩은 단 13척의 배로 133척의 배를 물리친 기적 같은 전투였습니다.

더 알아볼까요!

명량 대첩

조선 선조 때인 1597년에 이순신 장군이 이끄는 조선의 수군이 명량 해협에서 일본의 수군을 크게 격파한 전투입니다. 이순신은 남아 있던 배 13척을 가지고 싸울 준비를 했지만, 전함 133척에 3만여 명의 군사를 앞세운 일본과 싸워 승리하기에는 매우 어려운 상황이었습니다.

울돌목과 명량 해협

11 글 ㈎의 "너도 사람이 되고 싶었니?"라는 말을 보면 알 수 있습니다.

12 버들이는 어머니가 편찮으셔서 돌봐 드려야 했고, 몽당깨비에게 이런저런 도움을 받을 수 있게 되었습니다.

13 인물이 처한 상황에서 어떤 선택을 하고 어떤 행동을 했는지 살펴보면 그 인물이 추구하는 가치를 알 수 있습니다.

14 "버들이가 묻더군. 도깨비가 제일 무서워하는 게 뭐냐고."를 떠올려 봅니다.

15 버들이는 자신을 위해 희생한 몽당깨비를 생각하지 않고 자신의 이익만 추구했습니다.

16 왕가리 마타이는 회사의 운영이 어려워지자 묘목 장사를 해서 회사를 살리기로 하고 나이로비에서 열린 국제 전람회에 참석했습니다.

17 왕가리 마타이는 국제연합 해비탯 회의에서 테레사 수녀와 마거릿 미드에게 큰 감명을 받고, 나무와 숲이 있는 더 푸른 도시를 만들기로 결심했습니다.

18 왕가리 마타이를 맞이한 것은 말라 죽은 묘목들이었습니다.

19 "나무 심기를 포기할 수는 없어요."와 포기하지 않는 모습을 보고 왕가리 마타이의 성격을 짐작할 수 있습니다.

20 인내심을 가지고 나무를 심어 줄 것을 부탁했습니다. 그리고 미래의 케냐를 위해서 나무를 심어야 한다고 말했습니다.

창의서술형 평가
118~119쪽

1 예 왕가리 마타이가 모두의 이익과 행복을 추구하는 모습이 자신의 부모님께서 추구하는 모습과 같다는 것과 관련지었다.   **2** 예 왕가리 마타이가 모두의 이익과 행복을 추구한다는 생각은 같지만, 환경 보호 운동에 앞장선 것은 모두의 이익보다는 자연을 사랑하는 마음이 더 크기 때문일 것이라는 점에서는 다르다.   **3** 작품 제목, 지은이, 소개할 인물의 이름, 성별, 나이, 특징, 인물에게 일어난 일, 인물에 대해 말해 주는 질문과 대답 등   **4** 예 인물에 대해 말해 주는 질문과 대답, 기억나는 인물의 말과 행동   **5** 예 진심을 담아 상대를 대하는 것을 추구한다.

풀이 ▶

1 승수에게도 자신뿐 아니라 모두의 이익과 행복을 추구하는 부모님이 계십니다.

상	모두의 이익과 행복을 추구하는 왕가리 마타이의 가치를 알고, 자신의 삶과 관련지은 내용을 썼다.
중	왕가리 마타이가 추구하는 가치를 자신의 삶과 관련지어 썼다.
하	자신의 삶과 관련지어 쓰지 못하였다.

2 자신과 승수의 생각은 어떤 점에서 비슷하고, 어떤 점에서 다른지 까닭을 들어 자유롭게 써 봅니다.

상	자신과 승수의 생각이 다른 까닭을 생각해 썼다.
중	자신의 생각을 썼다.
하	비슷한 점과 다른 점을 쓰지 못하였다.

3 작품 제목, 지은이, 소개할 인물의 이름, 성별, 나이, 특징, 인물에게 일어난 일, 인물에 대해 말해 주는 물음과 대답, 기억나는 인물의 말과 행동이 들어 있습니다.

상	지은이, 이름, 성별, 나이, 특징, 인물에게 일어난 일, 인물을 말해 주는 질문과 대답, 기억나는 인물의 말과 행동을 썼다.
중	인물 소개서의 내용 가운데 세 가지 이상 썼다.
하	인물 소개서를 파악해 쓰지 못하였다.

4 인물이 처한 상황에서의 말과 행동, 그렇게 말하고 행동한 까닭을 통해 인물이 추구하는 가치를 파악할 수 있습니다.

상	인물을 말해 주는 질문과 대답, 기억나는 인물의 말과 행동이라고 썼다.
중	인물이 추구하는 가치가 드러나는 내용 가운데 한 가지를 썼다.
하	정답을 쓰지 못하였다.

5 인물들이 추구하는 가치를 파악하기 위해서는 인물이 한 말과 행동을 살펴봐야 합니다.

상	'진심을 담아 상대를 대하는 것을 추구한다. 사랑과 용서를 추구한다.' 등을 썼다.
중	몽당깨비가 추구하는 가치를 파악해 썼다.
하	추구하는 가치를 쓰지 못하였다.

9 마음을 나누는 글을 써요

✏️ 개념을 확인해요
121쪽

1 상황 2 누가 3 마음 4 사건 5 편지 6 문자 7 사건 8 쉬운 9 마음 10 인상

개념을 다져요
122~123쪽

1 ④ 2 (1) 어머니께 (2) 감사한 마음 (3) 편지 (4) 친구(혜교)에게 (5) 미안한 마음 (6) 문자 메시지 3 (1) ⓒ (2) ⓒ 4 끝 부분 5 ⑤ 6 ⓐ, ㉮, ⓓ, ㉯, ㉰

풀이 ▶

1 글을 쓸 상황과 목적을 파악하기 위해서는 글을 쓰게 된 계기와 방법을 생각해 봅니다.

2 읽을 사람은 누구인지, 어떤 마음을 썼는지, 어디에 썼는지 정리해 봅니다.

3 읽을 사람이 친구이면 친구가 읽기 쉽게 친근한 표현, 쉬운 표현을 사용하고 읽을 사람이 선생님이면 높임말을 써서 공손한 표현을 사용합니다.

4 처음 부분에는 간단한 인사말과 글을 쓸 생각을 하게 된 사건, 가운데 부분에는 일어난 사건에 대한 자신의 생각과 읽는 이에게 하고 싶은 말, 끝 부분에는 나누려는 마음을 표현하고 끝 인사말을 씁니다.

5 마음을 나누는 글을 쓸 때에는 읽는 이와의 관계를 고려해서 씁니다.

6 우리 반이 겪은 일 가운데에서 인상적인 일을 정해 신문을 만드는 과정을 생각해 봅니다.

🔖 더 알아볼까요!

학급 신문을 만드는 과정
❶ 인상 깊었던 일을 정합니다.
❷ 쓸 내용을 정리합니다.
❸ 인상 깊었던 일을 글로 씁니다.
❹ 쓴 글과 그림이나 사진 자료로 신문 기사를 완성합니다.
❺ 신문 기사를 모아 학급 신문을 만듭니다.

어떤 일이 인상
깊었지?

1회 단원 평가 도전
124~127쪽

1 ⑩ 무분별한 벌목으로 아마존 밀림의 크기가 줄어들고 있다는 뉴스를 시청했기 때문이다. 2 ⑩ 학교 교실 3 ①, ⑤ 4 (1) 친구들, 부모님, 선생님 등 (2) 게시판, 누리집, 문자 메시지 등 5 ② 6 최연아, 선생님 7 ① 8 ① 9 ⑤ 10 ⑩ 친구가 모르는 문제를 가르쳐 주었을 때야. / 부모님께서 갖고 싶었던 선물을 사 주셨을 때야. 11 ② 12 ⑤ 13 ①, ③, ⑤ 14 (1) 첫인사 (2) 나누려는 마음 (3) 끝인사 15 (1) ○ 16 ④ 17 ①, ② 18 ④ 19 ⑩ 다른 사람의 도움을 바라지만 말고 먼저 베풀면서 살아라. 20 ㉠, ㉡

풀이 ▶

1 뉴스를 보면서 무분별한 벌목으로 아마존 밀림의 크기가 줄어들고 있다는 안타까운 사실을 알았기 때문입니다.

2 쉬는 시간에 학교에서 일어난 일입니다.

3 서연이는 자원을 낭비해서 자연이 파괴되는 것을 안타까워합니다.

4 서연이가 글을 쓴다면 읽는 사람은 독자(친구들, 부모님, 선생님 등)이고, 글은 다양한 매체(게시판, 누리집, 문자 메시지)로 쓸 수 있습니다.

5 서연이가 나누려는 마음은 학용품을 아꼈으면 하는 것입니다.

6 이 글은 편지로 받을 사람은 선생님, 쓴 사람은 최연아입니다.

7 연아는 처음에는 국어가 싫었지만 나중에는 좋아졌다고 하였습니다.

8 연아는 선생님 덕분에 싫어하던 국어 공부를 좋아하게 되었고, 그에 대한 고마운 마음을 편지를 써서 나누었습니다.

9 연아는 선생님께서 수업 시간에 늘 말씀하시는 것처럼 몸과 마음이 건강한 사람이 되도록 노력하겠다고 다짐하였습니다.

10 상대에게 감사한 마음을 전하는 상황을 생각하여 씁니다.

11 신우는 미역국을 엎질렀을 때 도와준 지효에게 고마운 마음을 전하고 있습니다.

12 미역국을 엎질러서 지효 가방이 더러워졌지만 지효가 오히려 자신을 도와줬던 일에 감동해서 편지를 썼습니다.

13 마음을 나누는 글에는 일어난 사건, 나누려는 마음, 일어난 사건에 대한 글쓴이의 생각이나 행동을 표현합니다.

14 글의 마지막에 나누려는 마음을 표현하고 끝인사를 합니다. 그리고 글을 쓴 사람을 밝힙니다.

15 친구가 읽기 쉽게 친근한 표현, 쉬운 표현을 사용하는 것, 친구들이 잘 이해할 수 있도록 맞춤법, 띄어쓰기를 잘 지키는 것은 '표현하기'에 대한 내용입니다.

16 두 아들이 사람의 본분을 망각하지는 않았는지 걱정이 되어 편지를 보냈습니다.

17 하늘을 원망하고 사람들을 미워하는 말투, 남이 도와주기를 바라고 좋지 않은 여건을 탓하는 것입니다.

18 다른 사람에게 따뜻하게 말하고 도와주기를 바라고 있습니다.

19 '다른 사람을 위해 먼저 베풀어라.'가 정약용이 아들에게 하는 말입니다.

20 편지에 나타난 '하고 싶은 말'을 찾아봅니다.

2회 단원 평가 실전

128~131쪽

1 예 무분별한 벌목으로 아마존 밀림의 크기가 점점 줄어든다. 2 예 찾지 않는다는 것을 알게 되었다. 3 ③ 4 ⑤ 5 예 학용품을 자연 자원을 이용해서 만들기 때문이다. 6 ① 7 ④, ⑤ 8 ② 9 ③ 10 예 내 생각이나 느낌을 바로 전할 수 있어. / 읽는 사람의 반응을 바로 확인할 수 있어. 11 ⑤ 12 ① 13 (1) 지효 (2) 예 편지 쓰기 14 ③, ④ 15 예 고마운 마음이 들었을 것이다. 16 ④ 17 ③ 18 5월 19 ⑤ 20 ②

풀이

1 뉴스를 보면서 무분별한 벌목으로 자연이 파괴된다는 안타까운 사실을 알았기 때문입니다.

더 알아볼까요!

그림 속 상황 살펴보기
• 서연이는 무분별한 벌목으로 자연이 파괴된다는 뉴스를 시청했습니다.
• 분실물 보관함에 쌓여 있는 연필과 지우개 등 자연 자원으로 만든 학용품을 보았습니다.
• 친구들이 학용품을 소중히 다루지 않아 안타까운 마음이 들었습니다.

2 친구들은 연필이나 지우개를 잃어버리고도 찾지 않았습니다.

3 학용품은 자연 자원을 이용해서 만듭니다. 학용품을 아껴 사용하면 자원 절약을 할 수 있습니다.

4 자원을 낭비해서 자연이 파괴되는 안타까움을 나누기 위해서, 친구들이 자연이 파괴되고, 낭비되는 것에 안타까운 마음을 가지고 학용품을 아꼈으면 하는 것에서 글을 쓸 것입니다.

5 학용품을 아껴 사용하면 자원 절약을 할 수 있기 때문입니다.

6 이 글은 문자 메시지로 친구에게 쓴 것입니다.

7 지수는 과학 시간에 물을 엎질러서 정민이 옷이 젖어서 미안하고 당황스러웠습니다.

8 지수는 미안한 마음, 사과하는 마음을 나누려고 이 글을 썼습니다.

9 지수는 정민이에게 '아까 과학 시간에 물을 엎질러서 정말 미안해.'라고 하였습니다.

10 휴대 전화의 문자 메시지 기능을 사용하면 직접 만나지 않고도 바로 대화할 수 있습니다. 내 생각이나 느낌을 바로 전할 수 있고, 읽을 사람의 반응을 바로 확인할 수 있습니다.

더 알아볼까요!

나누려는 마음을 쓰면 좋은 점

편지	하고 싶은 말을 자세히 표현할 수 있다.
문자 메시지	• 내 생각이나 느낌을 바로 전할 수 있다. • 읽을 사람의 반응을 바로 확인할 수 있다.

11 점심시간에 미역국을 엎질러서 지효 가방이 더러워진 일 때문입니다.

더 알아볼까요!

신우가 지효에게 글을 쓰는 상황과 목적 살펴보기
• 신우는 어떤 사건 때문에 글을 쓰려고 하나요?
➡ 점심시간에 미역국을 엎질러서 지효 가방이 더러워진 일
• 어떤 마음을 나누려고 하나요? ➡ 미안한 마음, 고마운 마음

12 지효에게 미안한 마음과 고마운 마음을 나누는 글을 써 보겠다고 하였습니다.

13 지효에게 문자 메시지나 편지 쓰기 방법으로 글을 쓰면 좋습니다.

14 '감동했단다, 고마워, 정말 고마워, 네 따뜻한 마음을 잊지 않을게.'에 신우의 마음이 느껴집니다.

15 신우는 지효의 마음을 고려해 썼기 때문에 글을 읽은 뒤에 지효는 기분이 좋았을 것입니다.

16 마음속으로 남의 은혜를 받고자 하는 생각을 버린다면 절로 마음이 평안하고 기분이 화평해질 것이라고 하였습니다.

17 다른 사람을 위해 베푸는 일에 대한 것입니다.

18 체육 대회의 모습입니다.

19 먼저 인상 깊은 일을 정합니다.

20 신문 기사를 쓸 때에는 사실을 있는 그대로 씁니다. 학급 신문 기사를 쓸 때에는 읽을 사람의 마음을 고려해야 합니다.

더 알아볼까요!

인상 깊었던 일로 학급 신문 만들기
• 자신이 정한 인상 깊었던 일로 학급 신문을 만드는 과정을 살펴봅니다.
• 먼저 인상 깊었던 일을 정합니다.
• 두 번째로 학급 신문에 쓸 내용을 정합니다.
• 세 번째로 인상 깊었던 일을 글로 씁니다.
• 네 번째로 쓴 글과 그림이나 사진 자료로 신문 기사를 완성합니다.
• 마지막으로 신문 기사를 모아 학급 신문을 만듭니다.

창의서술형 평가

132~133쪽

1 (1) 예 인터넷에 글을 올리고 있다. (2) 예 친구에게 문자 메시지를 보내고 있다. **2** 예 친구에게 고마웠던 마음을 전하기 위해서이다. **3** 예 부끄러워서 하지 못한 말을 할 수 있다. **4** (1) 예 친한 친구가 전학을 가서 슬펐을 때 그 친구에게 문자 메시지를 썼다. (2) 예 고생하시는 경찰관 분들을 위해 고마운 마음을 누리집 게시판에 글을 쓴 적이 있다. (3) 예 부모님 마음을 상하게 해서 죄송한 마음을 편지에 쓴 적이 있다. **5** (1) 예 감사한 마음 (2) 예 선생님 (3) 예 편지 쓰기 (4) 예 국어 공부를 재미있는 하는 방법을 알려 주신 선생님께 감사한 마음을 전하려고 글을 쓴다.

풀이

1 여학생은 컴퓨터 앞에 앉아 인터넷에 글을 올리고 있고, 남학생은 휴대 전화를 들고 문자 메시지를 보내고 있습니다.

상	인터넷에 글을 올리고 있는 것과 문자 메시지를 보내고 있는 것을 썼다.
중	두 가지 질문 가운데 한 가지만 썼다.
하	인물이 하고 있는 일을 쓰지 못하였다.

2 "나영아, 오늘 청소할 때 도와줘서 고마워."라고 하였습니다.

상	문자 메시지의 내용을 보고 '고마움을 전하기 위해'와 같은 말을 썼다.
중	문자 메시지의 내용을 파악해 썼다.
하	문자 메시지를 보낸 까닭을 쓰지 못하였다.

3 부끄러워서 직접 하지 못한 말도 할 수 있으며, 여러 명의 사람과 마음을 나눌 수 있습니다.

상	'여러 명과 마음을 나눌 수 있다.', '부끄러워서 하지 못한 말을 할 수 있다.' 등을 생각해 썼다.
중	글을 써서 마음을 나누면 좋은 점을 생각해 썼다.
하	마음을 나누면 좋은 점을 쓰지 못하였다.

4 마음을 나누는 글을 써 본 자신의 경험을 떠올려 봅니다.

상	마음을 나누는 글을 써 본 경험을 떠올려 각각의 마음에 맞게 썼다.
중	세 가지 가운데 두 가지만 썼다.
하	마음에 맞게 쓰지 못하였다.

5 선생님께서 국어 공부를 재미있게 하는 방법을 알려 주셨으므로 감사한 마음, 고마운 마음 등을 나눌 수 있습니다.

상	선생님께 고마운 마음을 전하고 싶고 감사한 마음을 표현하기 위해 글을 쓴다는 내용을 썼다.
중	네 가지 질문 가운데 두 가지 이상 썼다.
하	상황에 알맞은 내용을 쓰지 못하였다.

1회 100점 예상문제

136~139쪽

1 ③, ④ **2** ④ **3** ①, ④ **4** ⑭ **5** ④ **6** ⑩ 좋은 일을 한 적이 없었기 때문이다. **7** ③ **8** ①, ⑤ **9** ③, ⑤ **10** ⑭ **11** ③ **12** ⑩ 자료를 가져온 곳을 꼭 밝힌다. **13** (1) 동물원이 있어야 한다. (2) 동물원은 없애야 한다. **14** ② **15** ⑭ **16** ② **17** ④ **18** ⑤ **19** ⑩ 자기 생각을 효과적으로 드러내기 위해서이다. **20** ②

풀이 ▶

1 보기는 '~처럼'이라는 말을 넣어 '뻥튀기가 흩날리는 모양'을 '봄날 꽃잎'에 비유하는 직유법이 사용되었습니다. ③은 '~같은'을 넣어 친구를 풀잎에 비유하였고, ④는 '~처럼'을 넣어 어깨동무하고 있는 모습을 쌍동밤에 비유하였습니다.

2 사진은 '가족'입니다. 비유하는 표현을 써서 가족을 소개하는 글을 찾아봅니다.

3 ②, ③, ⑤는 느낌과 감상에 관련한 질문입니다.

4 ㉮는 '친구'의 사전적 뜻이며, ㉯는 '친구'에 대한 생각을 비유하는 표현 없이 까닭을 들어 썼습니다.

5 시의 전체적인 분위기에 어울리게 그림을 그려야 합니다. 무조건 밝게 그리는 것은 아닙니다.

더 알아볼까요!

비유하는 표현의 특징
- 어떤 현상이나 사물을 비슷한 현상이나 사물에 빗대어 표현하는 것을 비유하는 표현이라고 합니다.
- 비유하는 표현은 대상 하나를 다른 대상에 빗대어 표현하기 때문에 두 대상 사이에는 공통점이 있습니다.
- '~은/는 ~이다'로 빗대는 표현 방법을 은유법이라고 합니다.
- '~같이', '~처럼', '~듯이'와 같은 말을 써서 두 대상을 직접 견주어 표현하는 방법을 직유법이라고 합니다.
- 비유하는 표현은 대상을 새롭게 보게 해 줍니다.

비유하는 표현의 좋은 점 알기
- 글이나 그림책의 내용이 쉽게 이해됩니다.
- 글쓴이의 의도를 쉽게 파악할 수 있습니다.
- 상황이 실감 나게 느껴집니다.
- 장면이 쉽게 떠오릅니다.

6 글 ㉮에서 저승 곳간은 이 세상에서 좋은 일을 한 만큼 재물이 쌓인다고 하였으므로 원님의 저승 곳간에 재물이 없는 것은 이 세상에서 좋은 일을 하지 않았기 때문이라는 것을 알 수 있습니다.

7 글 ㉯에서 저승사자가 덕진의 저승 곳간에서 쌀을 꾸어 계산을 하고 세상에 나가서 갚으라고 하는 제안을 원님이 받아들였습니다.

8 덕진의 저승 곳간이 가득 찬 일, 원님에게 쌀을 받은 덕진이 그 쌀을 자신을 위해서 쓰지 않고 마을 사람들을 위해서 쓴 일 등으로 성격을 알 수 있습니다.

9 자료를 활용해 발표하면 듣는 사람의 흥미를 불러일으킬 수 있고, 정보를 효과적으로 전달할 수 있으며 듣는 사람이 더 이해하기 쉽습니다.

더 알아볼까요!

자료를 활용해서 말하면 좋은 점
- 자료를 활용해서 말하면 듣는 사람이 흥미를 느끼게 할 수 있습니다.
- 자료를 활용해서 말하면 정보를 효과적으로 전달할 수 있습니다.
- 자료를 활용해서 말하면 듣는 사람이 더 잘 이해할 수 있습니다.

10 움직이는 대상을 생생하게 보여 주고 싶을 때에는 동영상을 발표 자료로 활용하는 것이 적절합니다.

11 한꺼번에 너무 많은 자료를 제시하면 듣는 사람이 이해하기 힘듭니다.

12 자료를 활용하여 발표할 때에는 자료의 출처를 반드시 밝혀야 합니다.

13 지훈이와 미진이는 동물원에 대해 서로 다른 주장을 펼치고 있습니다.

14 동물원은 동물의 자유를 구속하고, 동물에게 사람의 구경거리가 되는 고통을 느끼게 합니다.

15 주장에 대한 근거를 제시하는 부분은 본론이므로 글 ㉯에 해당합니다.

16 글쓴이의 주장을 나타내는 부분입니다.

17 논설문은 글쓴이의 주장과 이를 뒷받침하는 근거로 이루어지는 글입니다.

18 '사공이 많으면 배가 산으로 간다.'는 주관하는 사람 없이 여러 사람이 자기주장만 내세우면 일이 제대로 되기 어렵다는 뜻입니다.

19 '자기주장만 내세우면 일이 제대로 되기 어렵다.'는 자기 생각을 효과적으로 드러내기 위해 "사공이 많으면 배가 산으로 간다."라는 속담을 사용했습니다.

20 예로부터 민간에 전해 오는 쉬운 격언이나 잠언으로 우리 민족의 지혜와 해학, 생활 방식과 교훈이 담겨 있는 말은 속담입니다.

2회 100점 예상문제

140~143쪽

1 ⓒ 2 ④ 3 화성 열차 4 ② 5 ⑤ 6 ⓔ 기분이 나빠지고 화가 나서 다툼도 일어난다 7 ④ 8 ①, ④ 9 ⓔ 재밌어. 10 ⑤ 11 ④, ⑤ 12 ① 13 ② 14 ⓔ 희생과 봉사의 마음이 느껴져 왕가리 마타이에게 고마운 생각이 든다. 15 (1) 경험 (2) 비교 (3) 말, 행동 16 문자 메시지로 쓰기 17 친근한 18 ② 19 ① 20 ⑤

풀이

1 '수원 화성은 정조 임금이 엄격하게 고른 좋은 자리에 지었다.'로 알 수 있는 내용입니다.

2 『화성성역의궤』에는 수원 화성 공사에 사용된 물품, 설계 등의 기록이 실려 있었습니다. 자세하게 기록되었기 때문에 화성을 원래의 모습대로 만들 수 있었습니다.

3 화성 열차는 수원 화성 구경을 하러 온 사람들을 위해 마련한 열차입니다.

▲ 화성성역의궤

4 다의어와 동형어가 쓰인 경우 이야기에 사용된 뜻을 국어사전에서 찾습니다.

5 짜증 난다는 부정적인 말과 비속어, 욕설 등의 거친 말을 사용하는 것이 문제점입니다.

6 짜증 난다는 말이나 비속어, 욕설을 들으면 기분이 나빠지고 화가 나서 다툼도 일어납니다.

7 고운 우리말 사용은 아름다운 소통이고, 진정한 말맛을 느끼게 해 준다고 하였으므로 주변 사람들과 즐겁게 대화하는 시간이 늘어날 것입니다.

8 긍정하는 말과 고운 우리말을 사용하자는 것이 글쓴이의 주장입니다.

9 '귀찮아.'는 부정하는 말입니다. 긍정하는 말로 고쳐 봅니다.

10 파괴된 환경이 그녀와 그녀의 아이들 그리고 케냐의 모든 이에게 고통을 주고 있다는 것을 깨달은 왕가리 마타이는 나무를 심겠다고 생각했습니다.

11 왕가리 마타이는 나무를 심어 주는 회사가 헐벗고 삭막한 도시를 풍요롭게 만들 뿐만 아니라, 가난한 사람들에게 나무를 심고 관리하는 일자리를 제공할 것이라고 생각했습니다.

12 왕가리 마타이는 어려운 상황에서 포기하지 않았습니다.

13 환경 운동가인 왕가리 마타이는 환경 보호 운동에 앞장선 노력을 인정받아 2004년에 아프리카 여성 최초로 노벨 평화상을 받았습니다.

14 사람들이 노년이 되면 은퇴를 하고 휴식을 취하는 것과 달리 왕가리 마타이는 노년이 되어서도 환경 보호 운동에 앞장섰습니다.

15 자신이 처한 문제나 고민 해결에 도움을 준 인물의 말과 행동을 생각해 봅니다.

더 알아볼까요!

인물이 추구하는 가치를 자신의 삶과 관련짓는 방법
• 이야기와 관련한 자신의 경험을 생각해 봅니다.
• 인물과 자신의 삶을 비교해 보고 느낀 점을 생각해 봅니다.
• 자신이 처한 문제나 고민 해결에 도움을 준 이물의 말과 행동을 생각해 봅니다.

16 나누려는 마음을 문자 메시지로 썼습니다.

17 친구가 읽기 쉽게 친근한 표현을 사용합니다.

18 '너희가 사람의 본분을 망각하지는 않았는지 걱정이다. 그래서 내가 이 편지를 보낸다.'로 당부하는 말을 전하는 편지임을 알 수 있습니다.

19 다른 사람을 원망하는 말입니다.

20 글 ㈏의 '다른 사람을 위해 먼저 베풀어라.'가 글쓴이가 전하고자 하는 말입니다.

더 알아볼까요!

정약용(1762. 6. 16 ~ 1836. 2. 22)
조선 후기의 실학자입니다. 유배 기간 동안 500여 권에 이르는 방대한 저술을 남겼고, 이 저술을 통해서 조선 후기 실학사상을 집대성한 인물로 평가되고 있습니다. 75세의 나이로 세상을 뜰 때까지 고향인 마현에서 자신의 학문을 마무리하여 실학사상을 집대성하였습니다.

3회 100점 예상문제

144~147쪽

1 ③   2 ㉯   3 큰북   4 ①   5 ㉞ 남과 북이 서로 자주 만나야 한다.   6 ㉣   7 ①   8 ㉞ 중요한 내용만 정리해서 자료의 양을 적절하게 제시해야 듣는 사람이 더 쉽게 이해할 수 있어.   9 (1) 본론 (2) 결론 (3) 서론   10 ㉞ 어떤 사실을 딱 잘라 판단하거나 결정하는 단정하는 표현은 쓰지 말아야 한다.   11 ①   12 (1) ㉠ (2) ㉡ (3) ㉢   13 ㉡   14 ①   15 ④   16 ㉞ 줄임 말과 신조어, 비속어 등을 사용하지 말고 올바른 우리말을 사용한다.   17 ②   18 (1) 「하여가」 (2) 「단심가」   19 ④   20 ②

풀이 ▶

1 봄비 내리는 소리를 여러 가지 소리가 섞여 있어서 교향악이라고 표현하였습니다.

2 ㉠에는 '~은 ~이다'와 같이 표현하는 은유법이 사용되었습니다.

3 지붕은 큰북에 비유해 표현했습니다.

4 담을 높게 쌓고 의심하는 마음이 차츰 생겼으며, 서로 미워하는 마음만 남았습니다.

5 '남과 북이 문화 교류를 많이 해야 한다.', '남과 북이 자주 왕래해야 한다.' 등을 씁니다.

6 그림 ㉣의 발표자는 너무 많은 자료를 복잡하게 제시하였습니다.

7 자료의 출처를 정확히 밝히고 원작자의 동의를 구합니다.

8 한 번에 적절한 양의 내용을 보여 주어야 한다는 말을 해 주어야 합니다.

9 결론에는 앞에서 주장한 내용을 요약하고, 주장을 다시 한번 강조합니다.

10 '반드시', '절대로'는 단정하는 표현입니다. 논설문에서는 단정하는 표현을 쓰지 않습니다.

11 일이 이미 잘못된 뒤에는 손을 써도 소용이 없다는 뜻으로 소를 도둑맞은 다음에서야 빈 외양간의 허물어진 데를 고치느라 수선을 떤다는 뜻인 '소 잃고 외양간 고친다.'가 알맞습니다.

12 다양한 상황에서 쓰이는 속담과 그 뜻을 알아봅니다.

13 ㉡에 쓰인 '쌓다'는 '물건을 차곡차곡 포개어 얹어서 구조물을 이루다.'라는 뜻입니다.

14 '다의어'는 1차적인 의미가 같아 사전에서 같은 항목으로 분류되는 낱말의 집단입니다.

15 '핵노잼'은 '매우 재미없다'는 뜻입니다.

16 어법에 맞는 고운 말로 고쳐 써야 다른 사람들과 의사소통이 편해집니다.

17 고려 말기부터 발달하여 온 우리나라 고유의 시를 시조라고 합니다.

18 글 ㉯는 이방원의 「하여가」이고 글 ㉢는 정몽주의 「단심가」입니다.

더 알아볼까요!

「하여가」와 「단심가」 살펴보기

하여가

이방원

이런들 어떠하며 저런들 어떠하리
만수산 드렁칡이 얽혀진들 어떠하리
우리도 이같이 얽혀져 백 년까지 누리리

- 만수산: 개성 북쪽에 있는 산. 송악산의 다른 이름.
- 드렁칡: 드렁(두렁의 방언)에 있는 칡덩굴.
- 얽혀진들: 얽힌들.
- 얽혀져: 얽혀.

단심가

정몽주

이 몸이 죽고 죽어 일백 번 고쳐 죽어
백골이 진토 되어 넋이라도 있고 없고
임 향한 일편단심이야 가실 줄이 있으랴

- 백골: 죽은 사람의 몸이 썩고 남은 뼈.
- 진토: 티끌과 흙을 통틀어 이르는 말.
- 일편단심: 한 조각의 붉은 마음이라는 뜻으로, 진심에서 우러나오는 변치 않는 마음을 이르는 말.
- 가시다: 어떤 상태가 없어지거나 달라지다.

고려 말부터 발달해 온 우리 고유의 시를 시조라고 합니다. 이방원과 정몽주는 자신의 생각을 시조로 전하고 있습니다. 「하여가」와 「단심가」는 후대 사람들이 붙인 이름입니다.

고려 말기에 이방원은 충신 정몽주의 마음을 떠보고 회유하기 위하여 지은 것이나, 정몽주는 이에 고려에 충성을 다짐하는 「단심가」로 회답하였다고 합니다.

19 과학 시간에 물을 엎질러서 정말 미안하다는 사과의 마음을 전달하기 위해 썼습니다.

20 이 글은 나누려는 마음을 문자 메시지로 썼습니다. 내 생각이나 느낌을 바로 전할 수 있고, 읽는 사람의 반응을 바로 확인할 수 있습니다.

4회 100점 예상문제

148~151쪽

1 ④, ⑤   2 직유법   3 ③   4 ⑤   5 예 황금 사과를 서로 가지겠다고 싸웠다.   6 (1) ○   7 ⑤   8 ⑤   9 ㈎   10 예 우리 전통 음식을 사랑합시다.   11 ④   12 예 속상해하는 마음   13 예 실현 가능성이 없는 허황된 계산을 하거나 헛수고로 애만 쓴다는 뜻이다.   14 ②   15 예 세계적인 문화유산으로 인정받을 만큼 훌륭한 건축물이다.   16 ④   17 (1) ○   18 ①   19 예 이제는 끝내야만 한다고 생각함.   20 예 어떤 어려움도 극복할 수 있다고 생각하는 사람이기 때문에 그렇게 행동했을 거야.

풀이

1 바람하고 엉켰다가 풀 줄 아는 풀잎, 풀잎하고 헤어졌다가 되찾아 온 바람에 비유했습니다.

2 '친구'를 '풀잎 같은 친구'나 '바람 같은 친구'로 나타낸 것처럼 '~같이', '~처럼', '~듯이'와 같은 말을 써서 두 대상을 직접 견주어 표현하는 방법을 직유법이라고 합니다.

3 비유하는 표현은 표현하고자 하는 두 대상 사이의 공통된 속성을 바탕으로 하여 이루어지기 때문에 비유하는 표현에 등장하는 두 대상 사이에는 공통점이 있어야 합니다.

4 어느 작은 도시 한가운데에 예쁜 사과나무가 자라고 있었습니다.

5 두 동네 사이에서 일어난 일을 생각하며 요약해 봅니다.

6 사적인 관계의 상대방에게 하는 말하기인지, 공적인 관계의 청중을 상대로 하는 말하기인지 생각해 봅니다.

7 공식적인 말하기 상황이므로 분위기에 맞게 행동해야 합니다.

8 학교에 바라는 점에 대한 설문 조사 결과를 활용했습니다.

9 서론에 대한 설명입니다.

10 글 ㈎와 글 ㈐에서 우리 전통 음식을 사랑하자는 주장이 나타나 있습니다.

11 독장수는 독을 판 돈으로 논과 밭을 사고, 고래 등 같은 기와집을 짓고 싶어 합니다.

12 헛된 생각을 하다가 실수로 독을 깨뜨려 속상해하는 마음을 알 수 있습니다.

13 독장수의 행동을 통해서 '헛된 욕심은 손해를 가져온다.'는 것을 말하고 있으며 이러한 상황에서 쓰일 수 있는 속담으로 '독장수 구구'가 있습니다.

14 추론하며 읽기란 글에 직접 드러나 있지 않은 부분을 글의 앞뒤 사실로 미루어 생각하며 읽는 방법입니다.

15 수원 화성의 훌륭함에 대해 쓰면 정답입니다.

16 솔연이는 무시당하는 느낌이 들어 기분이 나쁘고 속상했을 것입니다.

17 친구가 솔연이가 처한 상황을 고려하지 않고 비난의 말을 했기 때문에 기분이 상한 것입니다.

18 친구들은 비속어를 사용하고 있습니다.

19 이순신은 아들 면이 자기 대신 죽었다고 생각합니다. '이를 악묾.', '이제는 끝내야만 한다고 생각함.' 등을 써야 합니다.

20 이순신은 용기와 자신감을 추구합니다.

MEMO

www.kyohak.co.kr

전과목 **단원평가 총정리**

변형 국배판 / 1~6학년 / 학기별

- 디자인을 참신하게 하여 학습 효율성을 높였습니다.
- 단원 평가에 완벽하게 대비할 수 있도록 전 범위를 수록하였습니다.
- 교과 내용과 관련된 사진 자료 등을 풍부하게 실어 학습에 흥미를 느낄 수 있도록 하였습니다.
- 수준 높은 서술형 문제를 실었습니다.

정답과 풀이

국어